圖1　阿卡城之圍（一一八九至一一九一年）。第三次東征的十字軍使用強大的重力型拋石機來轟擊城牆。

圖2　與敵人交易時使用的貨幣。按照法蒂瑪王朝第納爾所仿製成的拜占庭金幣，鑄造於十字軍治下的耶路撒冷（第一）王國（約一一五〇至一一八七年）。在戰爭的表面下，大量的商貿行為存在於穆斯林與基督教世界之間，讓教宗看得很不順眼。

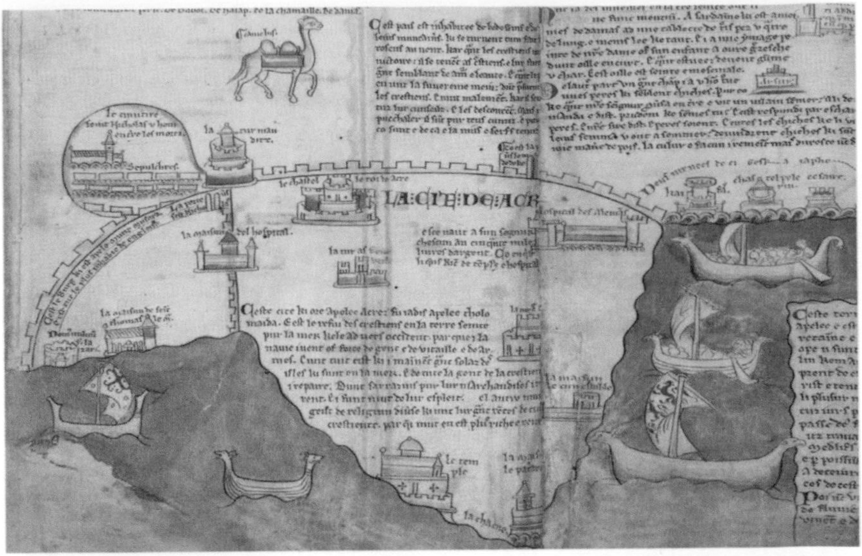

圖3　十三世紀中期的馬修．派瑞斯地圖，以示意圖的風格描繪出了阿卡城的布局。圓形的詛咒之塔被顯著地標示在外城牆上。左邊屬於郊區的蒙特穆薩德則與舊城隔著一堵內牆。

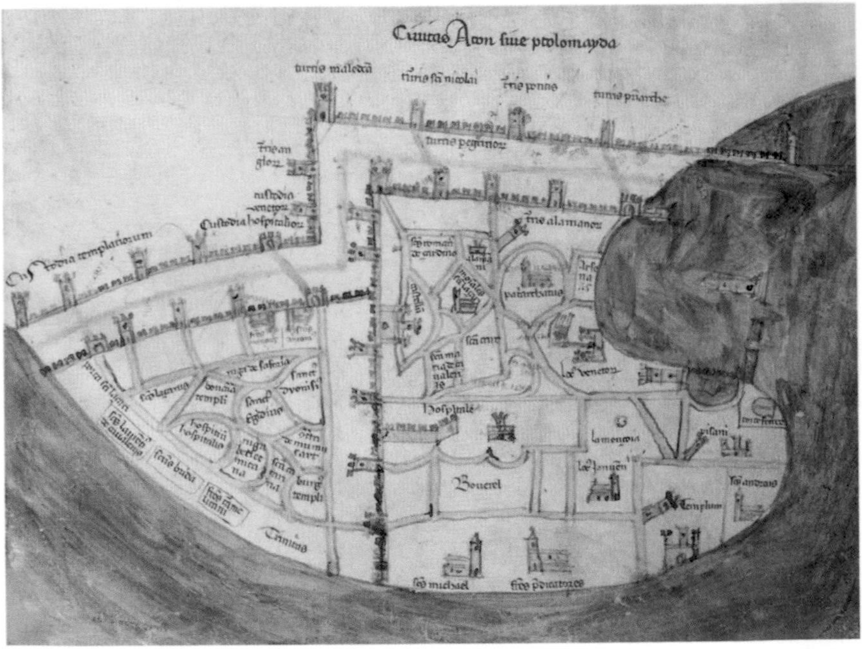

圖4　這幅地圖繪製於一三二〇年前後，根據的是一二八六年馬里諾．薩努多．托塞羅遊歷的見聞。此圖針對阿卡最後被圍之前的城內格局提供了寶貴的資訊。當中顯示了內外兩層城牆與蒙特穆薩德這個郊區。塔樓、城門、城內各區與顯著的建物都有圖示與命名。

圖5　法王路易九世頭頂金色的王冠與聖人的光環，從法國航向埃及進行第七次十字軍東征。

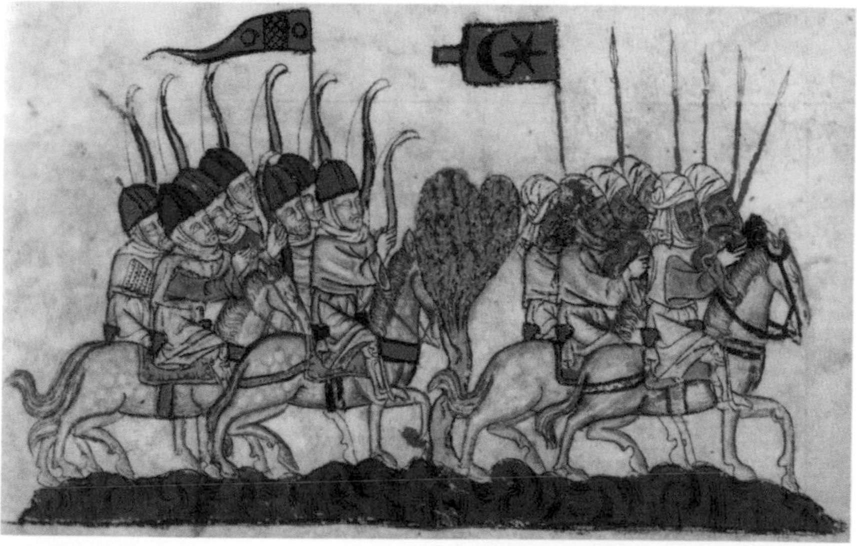

圖6　蒙古人與馬穆魯克人。在左邊的蒙古人戴著頭盔、手持弓箭，追逐著一隊以長槍為武器、頭上飄揚著明星與新月之伊斯蘭旗的馬穆魯克人。

圖7　這幅馬穆魯克騎兵身穿亮彩衣袍的插圖，出現是一本主題為馬術與軍事訓練的手冊中。這類講述戰爭之道的文本，佐證了伊斯蘭世界在軍事科學上的高度發展。

圖8　拜巴爾蘇丹的雄獅徽記，廣見於公共建物與紀念碑塔上。這頭位於以色列盧德（Lod），負責為拜巴爾所建之橋增色的獅子，正高舉利爪要輾壓與伊斯蘭為敵的鼠輩。

圖9 這處食堂（院落中用餐的處所）屬於阿卡城內的聖約翰騎士團。其雄渾的支柱和高挑的弧拱留存至今，讓人可藉此憑弔軍事修會在阿卡城內曾有的富裕光華。

圖10 這條所費不貲的陰森隧道從聖殿騎士城堡出發，穿越阿卡城的下方而直達三百公尺外的港灣。其確切的用途不得而知，但合理推測是由聖殿騎士出資修建，目的是讓貨物的流通可以避開阿卡城中與聖殿騎士關係不睦的敵對派系。

圖12　倖存者的肖像：英格蘭騎士指揮官奧托・德・格朗松。藏於洛桑大教堂。

圖11　戰利品之一：阿卡一座教堂的門廊被重組在開羅的一處伊斯蘭學校。

圖13　今日的阿卡舊城鳥瞰圖。右上方港口中的岩塊是蒼蠅之塔僅存的遺跡。前景中的綠色淺水盆地是現已消失的聖殿騎士城堡舊址。左手邊碧綠色清真寺拱頂所標示的長方形是醫院騎士團院所的所在地。

圖14　出土的證據：上了釉的陶器破片顯示出一名騎士的身形。這是從十字軍阿卡的毀滅遺跡層中所找到的東西。

圖15　在阿卡舊城城牆外的考古挖掘現場，被發現有十八枚精心打造的球形砲彈未曾發射。這多半是為了位於近處的馬穆魯克拋石機所預備。出現在這一帶的彈丸重量落在五十與一百六十五公斤之間，當中不少都運自數英里以外。

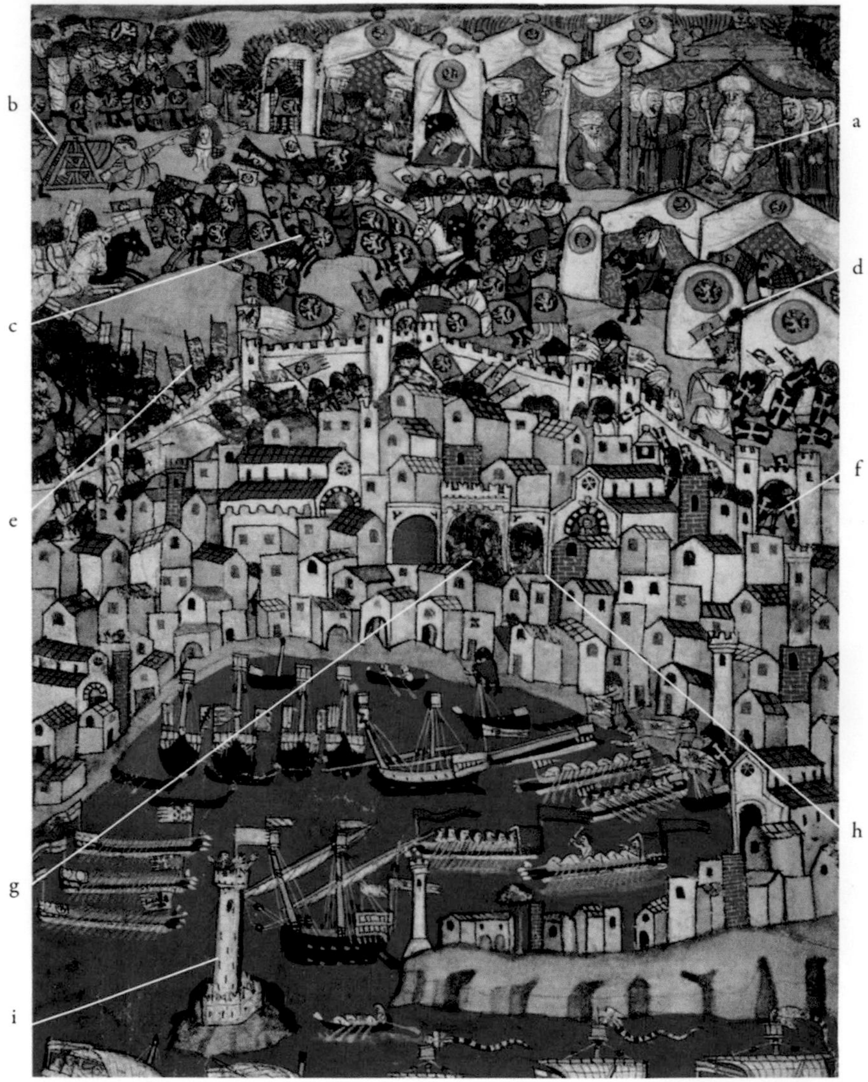

圖16　這幅十四世紀初的細密畫是根據阿卡圍城戰目擊者的描述繪成：(a)是蘇丹在他的紅色大帳中接見使者；(b)是蓄勢待發的重力型拋石機；(c)與(d)是裝飾有拜巴爾雄獅徽記的馬穆魯克騎兵與帳篷；(e)與(f)分別是從各城門出擊的聖殿騎士團與醫院騎士團；(g)與(h)分別是熱那亞人與威尼斯人的建築物；(i)是蒼蠅之塔。

1291 阿卡圍城戰

The Crusaders' Last Battle for the Holy Land

十字軍保衛聖地的最後一戰

Accursed Tower

ROGER CROWLEY

羅傑・克勞利——著 鄭煥昇——譯

謹以此書獻給李察與蘇菲

而值得一提的是他們說我們的主上，當他旅行途經敘利亞海，並未入得城來，而是對這座城的其中一座塔下了詛咒，所以今日居民才會說那是受詛咒的塔樓。但我寧可相信它的得名有另外一個來源。當我們的將士將這座城團團包圍之際，這座塔比其他任何一座都更加守勢嚴密，由此將士們才會有感而發地稱之為「詛咒之塔」。

——阿卡城的訪客，威爾布蘭德·凡·奧登伯格主教，一二一一年

圖1　詛咒之塔。

目次

地圖一　存在於十三世紀的十字軍國家

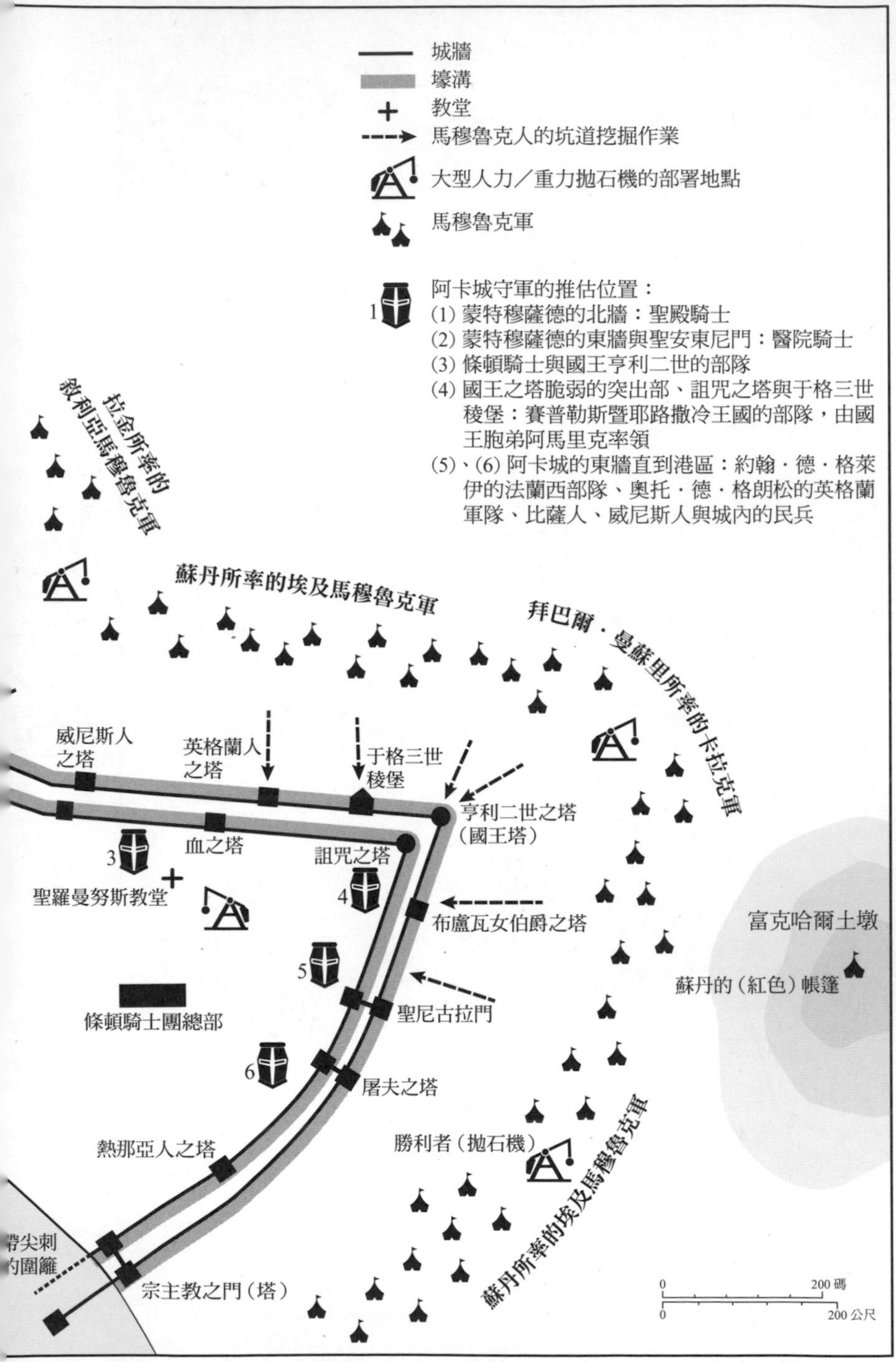
城牆
壕溝
教堂
馬穆魯克人的坑道挖掘作業
大型人力／重力拋石機的部署地點
馬穆魯克軍
阿卡城守軍的推估位置：
(1) 蒙特穆薩德的北牆：聖殿騎士
(2) 蒙特穆薩德的東牆與聖安東尼門：醫院騎士
(3) 條頓騎士與國王亨利二世的部隊
(4) 國王之塔脆弱的突出部、詛咒之塔與于格三世稜堡：賽普勒斯暨耶路撒冷王國的部隊，由國王胞弟阿馬里克率領
(5)、(6) 阿卡城的東牆直到港區：約翰・德・格萊伊的法蘭西部隊、奧托・德・格朗松的英格蘭軍隊、比薩人、威尼斯人與城內的民兵
拉金所率的敘利亞馬穆魯克軍
蘇丹所率的埃及馬穆魯克軍
拜巴爾・曼蘇里所率的卡拉克軍
威尼斯人之塔
英格蘭人之塔
于格三世稜堡
亨利二世之塔（國王塔）
血之塔
詛咒之塔
聖羅曼努斯教堂
布盧瓦女伯爵之塔
聖尼古拉門
條頓騎士團總部
屠夫之塔
熱那亞人之塔
帶尖刺的圍籬
宗主教之門（塔）
勝利者（拋石機）
蘇丹所率的埃及馬穆魯克軍
富克哈爾土墩
蘇丹的（紅色）帳篷
0
200 碼
0
200 公尺

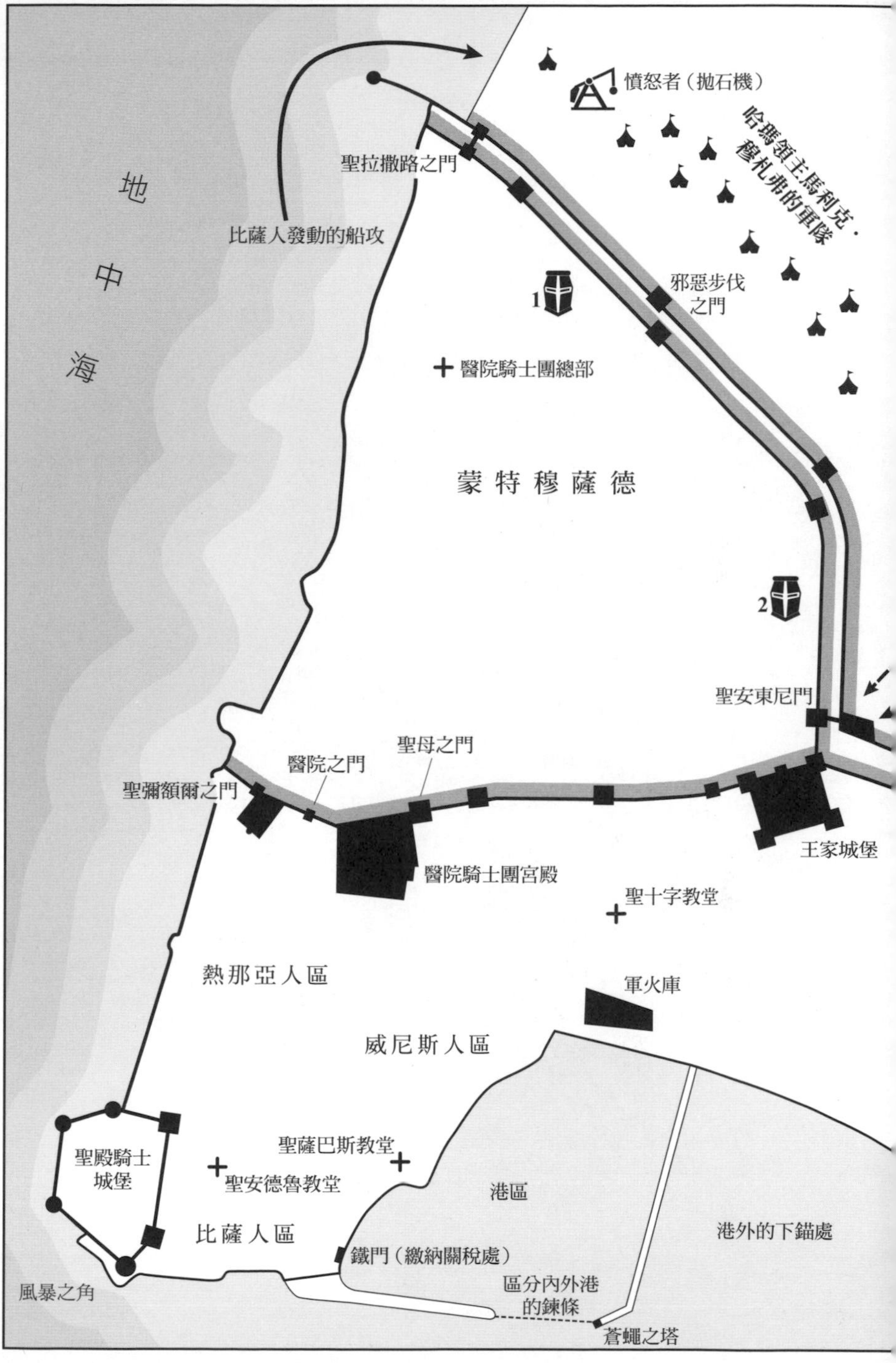
地中海
比薩人發動的船攻
聖拉撒路之門
憤怒者（拋石機）
哈馬領主馬利克・穆札弗的軍隊
邪惡步伐之門
醫院騎士團總部
1
2
蒙特穆薩德
聖安東尼門
聖母之門
醫院之門
聖彌額爾之門
王家城堡
醫院騎士團宮殿
聖十字教堂
熱那亞人區
軍火庫
威尼斯人區
聖殿騎士城堡
聖薩巴斯教堂
聖安德魯教堂
港區
比薩人區
港外的下錨處
鐵門（繳納關稅處）
風暴之角
區分內外港的鍊條
蒼蠅之塔

地圖二　1291 年的阿卡之圍

序言

詛咒之塔

圖2　伊斯蘭騎兵。

一二九一年春，伊斯蘭世界針對在聖地[1]的十字軍，集結了一支前所未見的大軍，而這支大軍正朝著阿卡城前進。那一幕不論由誰來言說，都是不同凡響的一幕——不可計數的人、動物、帳篷、行囊與補給在合流之後，盡皆直搗基督教最後的立足之地而去。他們的目的，是要給阿卡城最後一擊。

這些兵力汲取自整個中東，包括來自南邊五百英里處的埃及，來自最北可至幼發拉底河岸邊的黎巴嫩與敘利亞，同時也來自開羅、大馬士革與阿勒坡等大城，可謂集結了各地軍事資源於一身。這當中最精銳的得算是身為奴隸而操突厥語，來自黑海另一端的精英戰士，但這支軍隊裡除了騎兵、步兵、專業的後勤補給單位外，也不乏幹勁十足的志願兵、穆拉[2]、托缽僧。這場蓄勢待發的戰役，喚起了眾人對聖戰的熱忱——但當然也有人是衝著戰利品而來，這些人就談不上有多虔誠。

在那一幅全景當中，你會看見五花八門的裝扮、配件與盔甲：身為貴族的埃米爾（Emir）頭纏白色頭巾；步兵穿戴著圓錐形的金屬頭盔、鎖子甲，還有皮質的鱗狀戰袍；騎兵身攜短弓，他們的戰馬身披五彩繽紛的布匹跟繡有紋章的鞍座；乘駱駝的樂師演奏著鍋鼓、號角與鈸；隨風擺盪的黃色旌旗乃至於各式各樣的武器，諸如錘矛、標槍、長槍、劍、攻城十字弓、刻紋岩球[3]，還有用來製造希臘火[4]的石腦油，以及黏土手榴彈（黏土加火藥製成）。公牛使出吃奶的力氣拖著沉重的推車前進，上頭堆滿了砍伐自黎巴嫩山區，並在大馬士革的工坊預製成重力拋石機組件的木頭，這些拋石機在伊斯蘭世界裡被稱為manjaniq或mangonel，歐洲人則稱之為trebuchet。轟隆隆的推車載來了數量空前的拋石機，有些規模之大，就是為了要衝擊阿卡城的城牆。這些拋石機，代表的是火藥時代之前威力傲視全人類的「砲」。[5]

這支大軍前來攻擊的，是一座持續在區域地緣政治上扮演要角、但又極其古老的城市。它在不同的民族之間有不同的名號——希伯來語裡它是阿扣（Akko）、阿拉伯語裡它

---

1 聖地（Holy Land）是夾在約旦河與地中海之間，猶太人、基督徒、穆斯林三方的神聖區域。聖地一詞傳統上是以色列獲應許之地與歷史上巴勒斯坦地區的同義詞，涵蓋現代以色列、巴勒斯坦、約旦西部、黎巴嫩南部和敘利亞西南部等地。（編按：本書所有注釋皆為譯者注。）

2 穆拉（mullah），先生或老師之意，指接受過伊斯蘭神學及法學教育的人。

3 刻紋岩球（carved stone balls），上頭有溝槽，可固定在投射武器上當作彈藥的石丸。

4 希臘火（Greek Fire），拜占庭帝國一種可在水上燃燒的液態燃燒劑，為早期熱兵器，主要應用於海戰中，希臘火或羅馬火是阿拉伯人對這種恐怖武器的稱呼。

5「砲」在古代中文裡就是動詞「拋」的名詞型態。

是阿喀（Akka），希臘與羅馬人管它叫托勒邁斯（Ptolemais），十字軍的拉丁文稱它為阿孔（Accon），而在法國人心目中，它是阿卡的聖約翰（St Jean d’Acre）。你在古埃及的象形文字裡、在亞述諸王的年表中，乃至於在聖經裡，都可以找到這座城的紀錄。青銅器時代，人類曾進駐過該城附近的丘陵，也就是後來阿卡城圍困者的基地。它曾經落入法老之手，曾被波斯人用來計畫對希臘發動攻擊。亞歷山大大帝曾兵不血刃拿下過這座城，凱撒則擇其成為羅馬軍團的登陸地點；埃及豔后克麗奧佩脫拉也曾擁有過它。它落入伊斯蘭之手是在西元六三六年，也就是先知穆罕默德逝世僅四年後。

＊

阿卡城之所以久經人居且兵家必爭，其價值在於它得天獨厚的戰略位置。阿卡城背倚地中海，盤踞在一處鳥瞰是個倒勾的岩石海岬上，由此提供了一個稱不上大、卻有一定屏障的港口。城南橫臥著海岸平原，外加長長一片最上等的沙灣，當中的沙粒從腓尼基人的時代就被當作寶貝，因為沙粒是製作玻璃的原料，而穿過這片平原，奔流著一條河名叫乃縵（Naaman），這條河滋潤了阿卡城的腹地。十英里開外的又一處岬角，可以望見輩分不輸阿卡的古城海法（Haifa）。阿卡城位於黎凡特[6]沿岸中途的位置，使其自然而然成為了人的歇腳處，是一處海洋貿易的集散地，可以南北向從埃及到黑海、東西向橫越地中海。阿卡一直是商品易手與轉運的中繼港，由陸路與海路連結到一條條從海岸線上出發的通道，進而深入到中東的核心。在這樣的過程中與戰爭的表面下，阿卡一直是道門戶。通過這道門，作物品種、商品、工業製程、語言、宗教與民族來來往往，豐富了貿易的循環與文明的發展。

對十字軍而言，阿卡始終至關重要。當在西元一〇九五年十一月，教宗烏爾班二世（Urban II）在距離法國克雷芒（Clermont）不遠的平野上藉佈道煽風點火，呼籲把救贖帶到耶路撒冷這個基督生於斯、逝於斯的城市，他點燃的是西方基督教世界的想像，進而催生出當下沒人意料到的結果。第一次十字軍東征時，你看到的是普通人成群結隊自動自發東去——然後悽慘地死去。繼之而起的是由歐洲眾貴族率領，一支組織上更為專業的遠征軍。數以千計的士兵跋涉了兩千英里的距離，穿越歐洲進入中東。在沒有人看好的狀況下，他們於一〇九九年七月拿下了耶路撒冷，一路踩著穆斯林跟猶太人的屍體來到了聖殿山（Temple Mount）。唯雖然達到了這樣的成就，這第一次前往聖地的長征仍只能說是極

6 黎凡特（Levant），泛指地中海東岸的歷史名詞，帶有日升處之意。

端的消耗戰與慘勝。在從歐洲出發的三萬五千人大軍中，只有一萬兩千人活著見證了耶路撒冷。而這樣的教訓，也很快地讓運籌帷幄者知道運兵得走海路，而當然想走海路，就得在歐洲上船，同時你在地中海對岸就要有像阿卡這樣的港口來下船。阿卡首先在一一〇四年由布洛涅的鮑德溫（Baldwin of Boulogne）占得，而他也是耶路撒冷王國的第一任國王。這之後，阿卡就成為主要的登陸點，不論是朝聖者還是保護朝聖者的軍隊，都多半從這裡下船。阿卡城價值之凸顯，以至於四年後當一名十字軍大將加利利領主賈維斯・德・巴佐什（Gervais de Bazoches）在一場奇襲中被俘虜時，大馬士革的統治者表示願意用人質交換阿卡城，再加上海岸線往下走的海法與太巴列（Tiberias）。鮑德溫選擇犧牲人質，於是賈維斯的頭皮就被綁在了竿子上，成為穆斯林的旌旗，頭顱則變成埃米爾的酒杯。

事實證明控制住阿卡才能有效維繫「海外」（Outremer）的命脈。法文中的這個「海外」，指的是第一次十字軍東征沿巴勒斯坦、黎巴嫩與敘利亞沿岸建立的一個個國家。但在將近一世紀後，伊斯蘭教重新奪回了阿卡城；在一支十字軍部隊於一一八七年七月的哈丁之戰（Battle of Hattin）中被全殲之後，阿卡也隨即投降，其基督教信仰的居民獲准毫髮無傷地離去。

但這只是序幕，真正的主戲是十字軍東征史上最磨人的軍事對戰。從一一八九到一一九一年間共計六百八十三天，一支基督教軍隊誓死要把阿卡城奪回，而參與這場奪城之戰的兩造可以說頭角崢嶸：捉對廝殺的一邊是埃宥比（Ayyubid）王朝的薩拉丁（Saladin）蘇丹，另一邊則是歐洲各國的君主，諸如法蘭西的腓力・奧古斯都（Philip Augustus）、英格蘭的理查一世、耶路撒冷國王居伊・德・呂西尼昂（Guy de Lusignan），以及第三次東征的十字軍。這是一場驚天動地的軍事鬥爭，當中去包圍阿卡城的十字軍也偶爾會被反包圍，且過程中牽涉到海戰、一馬平川的野戰、突圍跟遭遇戰等各種交戰型態。阿卡城的牆垣遭到拋石機與攻城錘的連番重擊，還要同時應付攻城塔跟地道戰。至於守方還擊的手段則包括用石塊轟炸還擊、用弓箭射擊，還有投擲燃燒性的裝置。士兵要麼被劍、被錘矛、被長槍砍得支離破碎，要麼被希臘火活活燒死。兩邊都輪番被飢餓、疾病與絕望逼得跪地求饒。

最終，這場對戰的範圍縮小到了一個點上。中世紀前往阿卡的旅人提出了各式各樣生動的類比，來說明這座城市的格局。他們以不同的創意將它描繪成一把斧頭，或是一面十字軍的盾牌，抑或是比較粗略地說它是個以大海為底邊的三角形，而另外兩邊則由城北面跟東面各一道牆組成，當中穿插著大門與塔樓，牆前則有低矮的前牆跟溝渠。這些元素最終統統匯集在三角形的頂點，這裡既是整座城中最脆弱之處，也是防御最嚴密之處，而也是在這個頂點處，阿卡城的爭奪達到了最高點。戍守此頂點的，是一座堅實的塔樓、是阿卡防線的基石，這座塔樓在十字軍的口中被稱為Turris maledicta，也就是被詛咒的塔樓，名喚「詛咒之塔」。

沒有人能清楚交代這名字從何而來。各種傳說圍繞著這座不祥的塔樓：有人說耶穌基督曾在行遍聖地時詛咒過這座塔，為此他從來沒有進過這座城。還有一說是這塔是耶穌遭到背叛時的共犯：讓加略人猶大（Judas Iscariot）甘心出賣他的那三十枚銀幣，據說就是在這裡鑄造出來的。詛咒之塔的名字或許早於圍城，但當威爾布蘭德・凡・奧登伯格（Wilbrand van Oldenburg）主教在不久後造訪阿卡城時，他很持平地質疑了各種穿鑿附會的說法。他認為那不過是「當我們的將士將這座城團團包圍之際，這座塔比其他任何一座都更加守勢嚴密，由此將士才會有感而發地稱之為詛咒之塔。」

確實，這塔樓作為一個堡壘，在戰事中歷經了慘烈的爭奪。一一九一年春夏，該塔的牆垣受到了拋石機的猛烈轟擊。守軍也不甘示弱轟了回去。塔的下方有敵人挖進來，守軍也挖了回去，雙方就在伸手不見五指的漆黑地道裡戰鬥，然後講好了在地面下休兵。當鄰近塔樓的一段牆坍塌後，想尋求光榮的法軍跨過散落的瓦礫發動了正面攻擊，但卻慘遭屠殺，連包括梅茲領主（Lord of Le Mez）兼法軍第一元帥艾伯里克・克雷芒（Albéric

Clément），這名身分非同一般的貴族，都在這波攻擊中陣亡。也在同一個地點，圍城者終於在一一九一年七月十一日以地道讓塔樓崩塌，城內的穆斯林守軍只能低頭接受命運，向十字軍投降。

付出了極大的代價，十字軍終於重新占領了阿卡城。或許詛咒之塔就是這整場劫難的化身，而詛咒之名只是讓兩軍在城牆前承受的挫敗、苦痛與磨難，有了個能宣洩的聲音。十字軍拿下阿卡城，只是確保了法國人口中的撒拉森人（Saracens），跟撒拉森人口中的法蘭克人（Franks）會繼續兵戎相見一世紀之久。

*

圍城結束後，留下的是苦果。一一九一年八月二十日，就在穆斯林投降後不久，英格蘭的獅心王（Lionheart）理查一世，把阿卡城的穆斯林守軍用繩子捆住，押解到城外的平原上，砍了他們的頭。這些人約有三千之眾，而按照與薩拉丁達成的協議，他們的身分應該是用來交換的人質。在爭奪阿卡城的部署與反制中，雙方都犯下了各自的錯誤，但薩拉丁比較嚴重的是他錯失了一個絕佳的機會，可以把他眼中的異教徒一口氣掃進海底，最終也不得不獻城談和。而當薩拉丁被認為違背了降城協議的內容後，獅心王理查便聽從了幕

圖3 獅心王理查一世的印璽。

僚的建言，拆穿了薩拉丁的謊言，果斷地把俘虜趕盡殺絕。

十字軍以阿卡城之圍作為序幕的第三次東征，最終沒有能達成收復耶路撒冷的目標。就在薩拉丁準備要疏散耶路撒冷的前夕，判斷風險過高的理查在最終戰利品的腳邊調了頭，此時他距離耶路撒冷也不過十五英里。這兩名宿敵的相互角力，最終結束在一場僵局裡。上帝之城沒有被收復，但十字軍以韌性撐在了巴勒斯坦沿岸。此後，阿卡就成了接續十字軍東征的集散地與核心。在一一九一年後，「海外」王國的存續變得更加繫於阿卡城。在很短的時間裡，阿卡城就因為十字軍的進駐而恢復了人口，並有名無實地被冠上了個「耶路撒冷第二王國首都」的稱號，至於耶路撒冷本身則除了一小段時間以外，幾乎都掌握在穆斯林力量的手裡。阿卡城的基督教王者沉浸在耶路撒冷國王，這經常被你爭我奪的顯赫頭銜中，至於當地只聽令教宗的最高宗教領袖，也同樣對外打著耶路撒冷宗主教的名號。

獅心王理查將穆斯林降兵處決一事，是十字軍史上一段有爭議的插曲，其成因至今無解。「（只有）上帝清楚。」薩拉丁當時的謀士巴哈丁（Baha al-din）有感而發。整整一百年後，有人想起了這群被處決的軍士。一二九一年，猛攻阿卡城的換成了一支穆斯林軍，而基督教這邊則防守著重建好的詛咒之塔。這本書講述的就是歷史之路如何在一二九一年春回到了阿卡的城門前，還有當時究竟發生了什麼事。接下來，就讓我們一起看看這場橫亙兩百年，阿拉伯史家稱為「法蘭克人戰爭」，而歐洲人稱為「十字軍東征」的軍事鬥爭，究竟上演了怎麼樣的終局之戰。

第一章

耶路撒冷第二王國

一二〇〇至一二四九年

圖4　阿卡主教維特里印璽。

一二一六年十一月，當法國教士雅克・德・維特里（Jacques de Vitry）為了就任主教職位，而登陸阿卡城時，他感覺十分震驚。他來這一趟，是為了在新一次的東征前，預先來重振基督教居民的宗教熱忱，但相對於西方神職者想像中一個虔誠的城市，那通往耶穌曾留下足跡並犧牲生命的聖地門徑，他看到的卻是一個「長著九顆頭，而且九顆頭還會互咬的怪物，或該說是怪獸。」

阿卡有你想像中每一種異端基督教派與分支：操阿拉伯語的雅各派（Jacobites），即東方敘利亞人教會（Occidental Syrians），他們會以「猶太人的方式」為下一代施行割禮，且在胸前比十字架時只用單支手指；還有他認為是「叛徒且非常腐敗」的東敘利亞教會（Eastern Syriacs），因為他們一部分人只要收了賄賂，就會把基督教的祕密洩漏給撒拉森人，而且他們結了婚的神職人員會「留著與一般人無異的髮型」。在此同時，義大利商人的圈子，像是熱那亞人、比薩人與威尼斯人，則索性忽視維特里想要把他們逐出教會的意圖，這些人除了幾乎不聆聽上帝的話語，甚至還拒絕「來聽我佈道」。然後還有聶斯脫里派（Nestorians）、喬治亞人與亞美尼亞人，外加「縱情肉體歡愉的」普拉尼人（Pullani，敘利亞出生的東方化歐洲人）。看著這些陌生的東方基督教臉孔（男子往往循穆斯林之風蓄著濃鬍且身著袍子，女性則以面紗遮臉），無疑讓維特里內心又多添了幾分不知今夕何夕的感覺；想導正這些教眾一些教義上的謬誤，他還不能直說，他得透過阿拉伯通譯之口轉達。所有人在中東初來乍到時會有的適應不良，維特里無一倖免。但放眼所及，這兒卻又是一個教堂、民宅、塔樓與宮殿都莫名地像是歐洲的城市。

讓維特里幾乎要在文化衝擊下雙腿一軟的，可不只是這裡偏差的基督教發展，而是這個地方本身就有問題：「我一進到這可怕的城市，就發現這兒充斥著不計其數的不雅行徑與邪佞作為。我內心極度困惑。」他的腦海中浮現的光景，是處令人望而生畏的罪惡淵藪，當中滿是「為非作歹而不得不離鄉背井的異族罪犯，他們身上都背負著各式各樣無法言說的犯行」；黑魔法在此是一種積習，有人行凶害命則不足為奇；這兒有丈夫會掐死他們的妻子，妻子會毒死他們的丈夫；這兒「不僅販夫走卒，而是連教士跟一部分常規性的神職人員，都會把住處出租給遍布全城的公娼。這堪稱巴比倫再世的罪惡之城，其歷歷在目的犯行當真是罄竹難書。」

沒有人敢說維特里一定沒有誇大阿卡的臭名，但可以確定的是阿卡與他的預期有很大差異，而且這差異大到讓他歷經了一場震撼教育。這種令人不知所措的認知差距，在一個個滿懷十字軍熱情來到這裡的基督徒心裡，早就是見怪不怪的事情。而這樣的現實衝擊，也在阿卡城七十年後的最終危機埋下了悲劇性的伏筆。

＊

在耶路撒冷淪陷到薩拉丁手裡，而獅心王理查光復聖城失利之後，十字軍的諸國勢力收縮到只剩下三處彼此相連的小小立足點，而且位置已經被推到地中海的海濱，分別是北邊的安條克公國（Principality of Antioch）、的黎波里伯國（County of Tripoli），以及所謂的耶路撒冷第二王國。這裡一條狹長的海岸走廊，從貝魯特延伸到南邊的阿什凱隆（Ascalon）跟雅法（Jaffa），全境約一百八十公里長。此時在這個另起爐灶的第二王國裡，阿卡城儼然成了首都與政治中心一般的存在，裡頭所有世俗與宗教的體系一應俱全：阿卡城裡看得到王家宮廷，看得到耶路撒冷諸王的城堡，後來連宗主教也進駐了王國，由此這兒也有了教宗指派的代表。強大的十字軍軍事修會，如聖殿騎士團（Templars）與醫院騎士團（Hospitallers）都把總部遷到了阿卡城，並在那兒建起了體面而堅固的宮殿和要塞。財力雄厚的這些大型修會，如今構成了拉丁東方（Latin East）最有效的防禦力量。在十三世紀初，各修會擴大了城堡的興建與發展，好將之作為前進據點來確保道路與殘餘領土的安全。在阿卡城，與他們並肩努力的還有若干中小型修會，包括成立初衷是要照顧痲瘋病患的聖拉撒路騎士團（Knights of the Order of St Lazarus），以及一些部分誕生於第三次東征中的新進模仿者，比如像是日耳曼的條頓騎士團（Teutonic Knights）與英格蘭人的坎特伯里聖托馬斯騎士團（Order of the Knights of St Thomas of Canterbury）。在此同時，許多宗教修會在被薩拉丁逐出或擔心自身安全的情況下，也把教堂、修道院跟修女院遷到阿卡城內。

雅克・德・維特里初來乍到的不只是一個山寨版的耶路撒冷聖城，步履蹣跚上了岸的他還暈頭轉向且擔心受怕地，闖進了一座五彩繽紛、多元民族、熙來攘往的地中海港都，而這些客觀條件所隱含的各種活動與樂子，盡在其中。這樣的阿卡既是四面八方來此貿易的百貨公司，也是中世紀首屈一指的國際都會。語言繁多的阿卡城因為民族與文化的匯集而顯得眾聲喧譁，而各民族與文化也都在此有他們的勢力範圍與宗教機構。在城內共計八十一座教堂中，有一座是獻給在愛爾蘭的基爾代爾的聖布莉姬特（St Bridget of Kildare），另一座是獻給法國布列塔尼的聖馬丁（St Martin of the Bretons），還有一座是獻給伊比利半島的聖雅各（St James of the Iberian Peninsula）。熱那亞、威尼斯與比薩等義大利海洋共和國的商人社群也非常活躍，這包括他們積極與來自馬賽跟加泰隆尼亞的貿易商，競逐地中海市場。不少這些商人集團都獲准在司法與商業活動上獨立於王權之外。此外那兒還有一個猶太人的小社群，有來自埃及的科普特人（Copts），還有固定從大馬士革、安條克跟亞歷山卓來做生意的穆斯林商旅。

在阿卡，法語是主要的溝通語言，但日耳曼語、加泰隆語、奧克語[1]、義大利語與英語都不難在通行黎凡特本地語言的街頭巷尾聽見。在春天跟秋天，隨著西方商船的到來，港內會船滿為患，而城內人口則會因為想去聖地遊歷的上萬朝聖者前來而大量增加。各種敲竹槓的黃牛、嚮導、旅店等，都會受益於人潮帶來的商機。當巴勒斯坦腹地的局勢不穩造成往耶路撒冷之路無法繼續時，其實跟耶穌生平毫無瓜葛的阿卡就自成一格成為了朝聖者的另一個選擇。在本地神職者的導覽下，阿卡城提供一共連結四十間教堂的朝聖行程，每一間都有專屬的遺跡跟聖物，而朝聖者也可以在這些教堂接受由教宗授權的赦罪。

在難民不斷從巴勒斯坦各地湧入，且該城不斷吸引歐洲人來經商或朝聖的背景下，十三世紀初的阿卡城得以蓬勃發展。作為拉丁黎凡特的重要港埠，阿卡城不僅跟西地中海做生意，它同時也是整個東地中海地區，從黑海與君士坦丁堡到南邊的埃及，所有商貿交易的樞紐。這種角色牽涉到對伊斯蘭世界的包容，也代表得無視宗教信仰構成的障礙，說白點就是要不甩明擺著不高興的教宗。阿卡採行了它穆斯林鄰人的貨幣系統，鑄造了法蒂瑪（Fatimid）與埃宥比王朝貨幣的金銀仿製品，上頭連阿拉伯文的銘文都一應俱全。而在一二五〇年，當教宗禁止使用伊斯蘭銘文與日期風格的貨幣後，阿卡城的鑄幣廠只是把硬幣上的銘文字句換成了基督教的內容，但書寫仍沿用阿拉伯文，然後在上頭增加了十字架。基督教與穆斯林商人的相互依存，確保了雙方都對打破現狀興趣缺缺。

在十三世紀的發展中，阿卡城曾在港口吞吐的商品數量與種類上能與亞歷山卓匹敵，甚至曾更勝一籌。一二四〇年代初期來到此處的康瓦爾伯爵（Earl of Cornwall），就估計阿卡城每年能賺進五萬英鎊，這數字已相當於西歐一個君主的王家歲入。絲綢、亞麻與棉花等紡織品以原物料或布疋成品的形式，從伊斯蘭世界流入歐洲，另外玻璃製品、蔗糖、寶石也在貿易的商品之列。而用這些東西換回來的，是拉丁商人帶到大馬士革與穆斯林交易的歐洲羊毛。拉丁商人用羊毛交易來的除了鐵器或食材（香料、鹽巴、魚類），就是戰馬與其他東征需要的補給品。陶器進入阿卡，原本是當作歐洲船隻貨艙的壓艙物，最遠可以來自中國，而每天通過阿卡城大門的駱駝與驢子，身上則滿是養活龐大人口所需要的農作，有來自拿撒勒（Nazareth）的葡萄酒、約旦谷地的椰棗、小麥，以及東方基督徒與穆斯林在本地種植的蔬果。阿卡也是個工業中心，像是聖殿騎士團與醫院騎士團就用他們自

1 奧克語（Occitan），亦稱歐西坦語，印歐語系羅曼語族的一支方言，通行地域包括法國南部、義大利的奧克山谷、摩納哥及加泰隆尼亞一部。

行設在城外的工坊與煉爐，來生產玻璃與精（製）糖，而在人來人往且有屋頂的市場裡，你會看到專門製作玻璃、金屬、瓷器與朝聖紀念品的工坊，此外鞣皮與肥皂製作也有相應的店家。

＊

一代代教宗或許盡皆駭然於阿卡那伊斯蘭風格的鑄幣法，但他們更發自內心惶惶不可終日的，還得算是阿卡城另外一項堪稱暴利的貿易，那就是在義大利商人的穿針引線下取道阿卡城，賣到開羅埃宥比蘇丹手裡的戰爭物資，其中包括造船所需的木材與鐵、武器與戰爭器械，以及生產燃燒性裝置所需的石腦油。另外更讓教廷無法視而不見的，是人口的交易。土耳其來自黑海北方草原的軍用奴隸，就是乘著拜占庭或義大利的船隻途經君士坦丁堡運抵，而阿卡城既是奴隸交易的中繼站，本身也是一個奴隸市場。教宗三令五申但總是吃癟。一二四六年，教宗英諾森四世（Innocent IV）批評了阿卡城的三大義大利商人社群，指責他們不該從君士坦丁堡輸入奴隸，然後再將之轉運到埃及來充實蘇丹的大軍。這種中轉貿易將自一二六〇年代起加溫，進而對苟延殘喘的十字軍國家產生了意料之外的影響：阿卡注定要被透過自家港口運出去的大軍給團團包圍。

維特里或許真的誇大了阿卡城的種種罪行，但該城還真的帶有一點流放地的功能，像是歐洲偶爾會有朝廷為罪犯減刑，而具體做法就是將人放逐到聖地屯墾。至於這地方有如九頭龍一般容易內鬥的特徵，維特里倒是說得很中肯。在大部分時候都缺席的耶路撒冷國王那極度流於名義的統治之下，阿卡城的組成分子是吵成一堆的利益團體（事實上綜觀十三世紀那無止境的派系鬥爭與內戰，幾乎都跟這個國王頭銜拖不了干係）。這些相互殊異的利益團體基本各自獨立，而他們爭的則是各種產權與使用港口的權利。城內的社群都因其特殊的歷史沿革而手握某些特權，由此他們往往擁有自身的司法體系，而這也讓城內的有效執法變得窒礙難行。事實上，這些社群在相當高的程度上是處於自治的狀態。相互對立且只聽教宗指揮的軍事修會，在城內社群中享有最傲人的財富與最有效的軍事戰力，像是聖殿騎士團與醫院騎士團就各自以占地寬廣的宮殿，以及用一堵堵牆圍出的設施，占據了阿卡城的大片面積，而這也使他們在視覺上的存在感而言，在城內說第二沒人敢說第一。

阿卡城內的布局，反映了許多不同派系與宗教社群間的緊密聯繫。阿卡城的規劃包括有一緻密的市中心，當中由商人團體占據了其居民密度甚高的各隅（你可以想像那就像具體而微的義大利要塞城鎮），有防禦工事抵禦鄰居，有大門門禁與瞭望塔確保外敵無法入

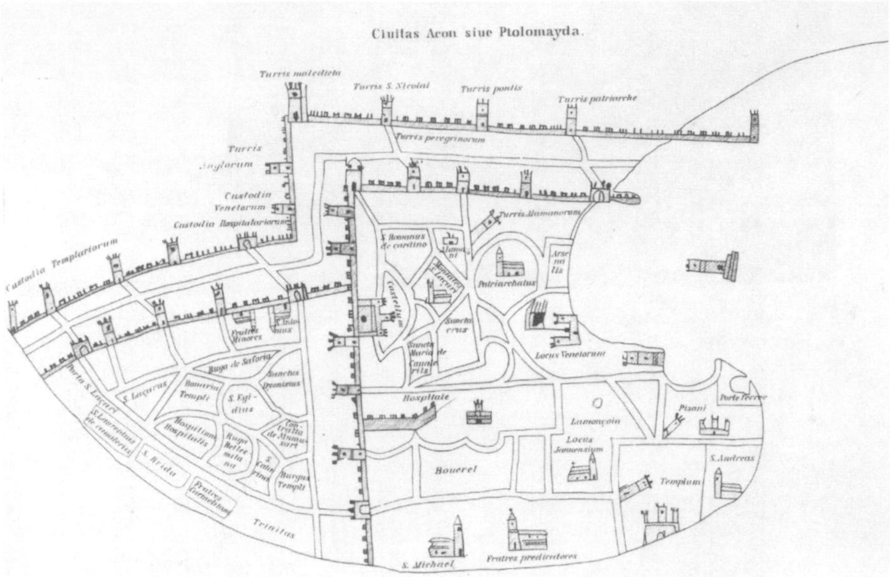

圖5　一幅以現代字體重新繪製的中世紀阿卡城地圖，顯示了該城的平面布局，包括對外有雙層城牆、左手邊有名為蒙特穆薩德的郊區，另外就是港區。地圖上標示了重要的教堂與建築，包括臨海的聖殿騎士團城堡、醫院騎士團團址，還有由威尼斯人、熱那亞人、比薩人所占據的區域。這地圖展現出了阿卡城一種迷宮般的特色。耐人尋味的是阿卡城仍繼續將詛咒之塔放在外牆的直角上，唯其實該塔在此時的位置已經移到了內牆的相對位置上。

侵，內部則倉庫、店家、居所一應俱全。狹小而蜿蜒的街巷網絡（多半源自更古老的阿拉伯城市規劃）會通往大不到哪兒去的市集廣場，而那也正是每個社區的核心，裡頭要教堂有教堂，也找得到宗教用途的房屋或機構。人們的活動密度在港口周邊最高，而那兒也是卸貨的地方，所以其通行權也是眾人爭搶的目標。

形而上的阿卡或許是個罪惡的淵藪，但具體來說它也真的是個很骯髒的地方。來訪的遊客與朝聖者，都會首先震撼於此地有多不衛生。希臘朝聖者約翰．佛卡斯（John Phokas）在一一七七年抵達時，就抱怨過這裡的「空氣被蜂湧而入的外來人口搞得烏煙瘴氣；各式各樣的疾病興起，導致不斷有死亡的案例，而其後果就是令人難耐的惡臭與品質被破壞殆盡的空氣。」阿拉伯旅客伊本．朱拜爾（Ibn Jubayr）出身由摩爾人控制的西班牙，而那也是個文明程度海放阿卡的地方，由此原本就對基督徒沒什麼好感的他覺得這裡是個豬圈：「路面與街巷都擠到前胸貼後背……整個地方臭不可聞，豈是一個髒字了得，垃圾與穢物四處可見。」醫院騎士團在他們十分講究的大苑裡，裝設了極具效率的廁所與汙水系統，而該騎士團的汙水連同阿卡城其餘大部分的糞便，外加魚市場與屠宰場的廢棄物，會一起被排放進渾名叫「汙穢之海」（Lordemer）的封閉港灣。職是之故，威尼斯人不得不把他們的聖德米特里教堂（St Demetrius）的主窗緊閉，免得惡臭從正對著他們的汙穢之海吹進聖壇。

從城中心朝城牆的方向移動，你會看見花園與慢慢變多的開放空間，只不過這些空間會在十三世紀的百年間不斷縮減。再往外於肥沃的平原上，葡萄園、果園跟耕地不僅填飽了居民肚子，也讓人從窘迫與緊張的環境中有一個可以紓解的所在。隨著人口增長，第二個居住用的郊區在舊城的北邊發展出來，名為蒙特穆薩德（Montmusard，穆薩德山），而此地後來也融為了城市的一部分。

十字軍在一一九一年拿下阿卡時，這座城還只由一面牆圍成，其中詛咒之塔已經崩塌，鄰近的牆垣也嚴重受損。獅心王理查對此進行了修復，但一二〇二年又有一大段城牆被夷為平地，這回是地震的關係。這之後肯定又有人統籌了重建工程，因為震後不到十年，城牆就再度矗立起來，且這次還將蒙特穆薩德包了進來。這時的城牆已經是頗稱頭的防線，有著超過一英里的長度，足將全城從一邊海岸到另一邊的海岸封鎖起來。詛咒之塔本身也顯著強化了對外的防禦能力。威爾布蘭德・凡・奧登伯格主教在一二一一年來進行勘查，以便在新東征出發前對狀況有所了解時，就曾給予阿卡城與其禦敵能力甚高的評價：

> 這是個優秀、富有而強大的城市，坐落在海岸邊，由此其格局是個四邊形，其中構成夾角的兩邊有被大海包圍的天險可守，其餘的兩邊除了由既寬且深的溝渠圍住，還有從底部建起的雙層城牆。為了強化防禦而存在的塔樓也安排得甚是得當，由此靠外的第一道牆與其高度不會超越母牆的塔樓，將由靠內的第二道牆進行俯視與守護，

其中內城牆上的塔樓會蓋得又高又壯……這座城有個由精心建造的塔樓戍守的良港，當中有異教徒祭祀著我們稱為貝耳則步（Baalzebub），而他們稱為阿喀隆（Akaron）的蒼蠅之神，這座城也因而得名阿孔或阿卡隆（Accaron）。

從阿卡城的各城門為起點，會有道路通往殘餘的十字軍王國，這些沿海的路線可通往上加利利（Upper Galilee）與聖殿騎士團位於采法特（Safed）的城堡，也能抵達泰爾（Tyre）與條頓騎士團在孟福爾（Montfort）的城堡。

＊

牆內世界有如迷宮般的網路，反映的是社會融合程度的低下與政治統治力的分散。政治權力的碎片化，癱瘓了城內大政的決策。耶路撒冷國王的頭銜讓眾人長年爭奪不休，由此不論是軍事修會或是義大利商人社群的內部，都充斥著敵對的派系，而這也造成了在六十年間，阿卡的王家城堡竟從無國王進駐。一二五〇年，阿卡城的居民暫時性宣稱脫離王國的其他部分，成為一獨立的城邦。由此唯一還有可能將阿卡城團結起來的，就只剩下了耶路撒冷宗主教，聖十字教堂是阿卡城實質上的主教座堂，也是眾人的集會場所。

十三世紀上半葉，耶路撒冷王國內的群龍無首跟莫衷一是，加上殘餘十字軍國家散落各地又積弱不振，使眾人腦海中不禁浮現出一種可能性，那就是只要伊斯蘭勢力再發動一次像樣的攻擊，十字軍的末日就即將來臨。但歷史上並沒有發生這樣的事情。薩拉丁身為一名庫德族人跟外來者，只很短暫地在伊斯蘭世界裡創造出共同的宗教使命感，由此他那從埃及與北非沿岸取道巴勒斯坦與敘利亞，一路延伸到北伊拉克跟底格里斯河岸邊的遜尼派伊斯蘭帝國，也沒能團結在一起太久。薩拉丁曾在鑄成的金幣上刻上「伊斯蘭與穆斯林的蘇丹」字樣，在這樣的他領導下，伊斯蘭的聖戰精神燃燒出熾烈的白光：一一八七年，能有幸去斬首在哈丁被俘的十字軍的人，都是穆斯林的聖者，結果這任務他們執行得一塌糊塗。

靠著這種宗教戰爭的大義，薩拉丁得以將自身原本不合的家族團結起來，但這一切都在一一九三年之後人亡政息。這之後，伊斯蘭中東再度四分五裂，埃宥比的各封國吵成一團，唯一的統一國家只剩下埃及。這樣的中東，根本沒有足夠的意志力去驅逐法蘭克人。個別的統治者各自與來自西方的侵略者談定了條約，甚至偶爾會有人跟這些侵略者結盟來對抗敵對而次要的伊斯蘭蘇丹。姑息的綏靖主義與對十字軍再起的恐懼，取代了發動攻擊的意願。耶路撒冷雖有聖城形象可以將穆斯林團結起來，但其在戰略上已不具重要性。由此不得不提的是在一二二九年，耶路撒冷僅條約簽一簽就被奉還給了基督教世界，基督教這邊可說是兵不血刃——這對伊斯蘭的自尊簡直是匪夷所思的背叛。雖然在一二四四年穆斯林奪回了耶路撒冷，但聖城仍僅是伊斯蘭世界手上一枚可以交易的籌碼罷了。埃宥比王朝的最後一名埃及統治者馬利克．薩利赫（al-Malik al-Salih）會給他兒子穆阿扎姆．突蘭沙（al-Muazzam Turanshah）一個很現實的建議：「如果他們（法蘭克人）跟你索要海岸跟耶路撒冷，二話不說就答應他們，條件是他們得徹底退出埃及。」埃宥比王朝在一二二一年送走了第五次十字軍東征，他們決心做出一切讓步來避免同樣的事情再度發生。

在虔誠的伊斯蘭教眾中，這種被認為是懦夫行徑的「務實外交」引發了激烈的譴責。歷史學者伊本．艾西爾（Ibn al-Athir）曾哀嘆：「在伊斯蘭的統治者中，我們看不到誰想要發動聖戰或馳援……我們的宗教。每個人都在玩物喪志，辜負他們的追隨者。這對我來說，是比敵人還可怕的事情。」十字軍國家單純成了當地合縱連橫的玩家之一，像耶路撒冷王國就甚至曾在埃宥比王朝的內戰中，與大馬士革站在同一邊，並因此在一二四四年的拉佛比之役（Battle of La Forbie）中苦戰而慘敗，醫院騎士團與聖殿騎士團的特遣隊都在此役中幾近覆滅。

貿易行為也促成了低盪，也就是關係的和緩。在經濟層面上，伊斯蘭世界用得上十字軍國家；十三世紀前半的阿卡與泰爾尤其在雙方的互通有無中發了筆橫財，為此他們飽受教宗的批評，就如同他們的伊斯蘭貿易夥伴也受到虔誠穆斯林的砲轟。但即便如此，伊斯蘭的不團結也從沒有給予法蘭克人從薩拉丁手中收復失土的機會。每次休戰之間總穿插著小規模的歐洲十字軍來襲。第五次十字軍東征在尼羅河三角洲以失敗告終，而這之後又有一連串其他的零星攻勢，但都沒能撼動相關的權力平衡。神聖羅馬帝國皇帝腓特烈二世（Frederick II）在被教宗逐出教會後，於一二二八年來到黎凡特地區。雖然經過協商而短暫收復了耶路撒冷，但他也同時在第二王國裡撩撥起了深刻的敵意，由此當他隔年揚帆要離去時，城內的居民是用拿內臟丟他的方式來為他送行。一二三九到一二四〇年，香檳伯爵希奧博德（Theobald, Count of Champagne）率領了一次無足輕重的十字軍東征。康瓦爾的理查伯爵（Richard of Cornwall）不久後也狗尾續貂了一回。

埃宥比王朝與十字軍國家兩方面的功能不彰，確保了不被打破的現狀。伊斯蘭沒有更團結起來進行軍事回應，使得法蘭克人得以苟延殘喘；基督教派系團結不起來，收復耶路撒冷的目標始終只是幻夢。在西方，對於「海外」十字軍國家的關注隨時間過去而不斷衰退。此時在歐洲屬於進行式的是各帝國暨民族國家的整合。為了西西里的統治權，教宗與腓特烈二世暨其後繼者長年失和，而這也使得拉丁東方流失了不少能量與資金。信徒開始可以在耶路撒冷以外的地方實現他們的十字軍誓言——西西里可以、摩爾人的西班牙可以，甚至連普魯士的森林裡也可以，罪孽只要掏錢就可以獲得寬恕。聖殿騎士團的詩人瑞考特·博諾梅爾（Ricaut Bonomel）曾為詩抱怨：

由於他（教宗）為錢寬恕了那些宣誓戴上十字架的人，
而如果有誰希望把聖地
換成是在義大利的戰爭，
我們的教廷使節也由著他們這麼做，
只因他可以為了錢出賣上帝與赦免。

但在亞洲的中心，權力的板塊正開始飄移。十三世紀初，蒙古人啟動西征，所到之處的游牧民族顛沛流離。很快地，伊斯蘭世界就感受到了地動山搖。蒙古人摧毀了原本的波斯王朝，並把突厥部落統治者花剌子模人（Khwarazmians）趕進了巴勒斯坦（而也正是這群同樣系出中亞的好戰民族，在一二四四年洗劫了耶路撒冷）。

被蒙古人鐵騎攻擊的，還有另外一支來自中亞草原的突厥部落民族——欽察人

（Kipchaks）。跟蒙古人住蒙古包一樣，欽察人也是住帳篷的游牧民族，除了逐水草而居以外就是打劫鄰居為生。也是泛靈論的他們透過中介的薩滿拜天拜地。此外他們也是驍勇善戰的馬上民族，擅長使用強力的複合弓來採取騎兵的機動戰。在一路向西被推到黑海以北的區域後，年輕的欽察人在敵對部落的奇襲中被俘虜。這些人會被船運到安那托利亞與敘利亞的奴隸市場，在那兒皈依遜尼派伊斯蘭教，最終被識貨的買家帶走。

這些游牧民族的戰鬥能力，很快就被看了出來。事實上早在九世紀，巴格達的哈里發就曾招募部落戰士進他的部隊來做為軍事奴隸。他們在馬上的獨特戰技尤其為人稱道：「突襲、狩獵、馬術、與敵對酋長短兵相接、搶奪戰利品、侵略外國。他們把全副心思都放在這些活動上頭，也總是全力以赴在幹這些活。」欽察少年多半從四歲就開始學習使弓，因此有一說是：「由此，作戰之於欽察人就有如哲學之於希臘人。」

這些第一代的遜尼派穆斯林仍保持著許多部落的習性，但又把改信者的熱情帶進了他們的嶄新信仰裡。從十四世紀回顧這個時期，阿拉伯學者伊本·赫勒敦（Ibn Khaldun）視突厥民族的出現是讓伊斯蘭從腐敗中復興的天恩，「久坐的民族，」他寫道，「已經習慣了懶惰與舒適。他們在包圍住自己的牆內跟在保護自己的要塞中找到了徹底的安全感。（游牧民族）沒有門也沒有牆，他們隨時可以在馬鞍上……很快瞇一下，再微弱的吠叫或噪音也逃不過他們的注意。堅忍已經是他們的一種人格特質，勇氣是他們的天性。」伊本・赫勒敦視他們為真主賜予的福氣，為的是「讓只剩一口氣的伊斯蘭重獲新生，也讓穆斯林恢復團結。」

薩拉丁身為一名庫德族人，率領的是精神上為突厥人的大軍。在中東一個個風聲鶴唳的王朝當中，招募這種軍事奴隸是一種源遠流長的傳統。這種軍事奴隸，在阿拉伯文裡叫作「馬穆魯克」（Mamluk），意思是「被擁有的人」。因為跟任何一個相互競爭的派系都沒有血統淵源可言，所以他們會百分百效忠自己的主人。一如某位政治家所說：

一個服從的奴隸，勝過三百個親生的兒子；
因為後者渴望父親死，前者希望主人長命百歲。

伊斯蘭世界裡的軍事奴隸，是一種迥異於歐洲奴隸制的概念。相較於賣身的農奴，馬穆魯克人的定位更接近於效忠主人的精英傭兵。他們可以透過升遷掌權，包括達到埃米爾這樣的身分地位。他們做的是有償而不能世襲的工作：他們的孩子不能直接繼承父親在蘇丹軍團裡的位置。由此對於來自黑海另一邊草原上的年輕生力軍，需求永遠存在。

一二四〇年在埃及掌權後，埃宥比蘇丹馬利克．薩利赫便開始購買欽察族的軍事奴隸，並將他們進口到埃及。在他的統治期間，薩利赫透過買賣建立了一支有一千名馬穆魯克人的兵團，當中許多人被派駐在尼羅河的一個島上，而他們也因此得名「巴赫里耶」（Bahriyya，意指河流上的兵團）。另一支小一點的馬穆魯克部隊「賈姆達里耶」（Jamdariyah），則充當起了薩利赫的親兵。在隔絕於軍營中，就馬術、徒手搏擊與箭術進行嚴格訓練的過程裡，馬穆魯克人培養出了強烈的團隊精神，而這也為他們在戰鬥中大大加分——唯這股凝聚力，也對日益倚賴他們的主人構成了潛在的威脅。

＊

在一二四四年丟掉了耶路撒冷後，歐洲再度興起要發動十字軍的呼聲，而有所回應的是法國國王路易九世。路易九世著手為奪回耶路撒冷組織起史上計畫最縝密、花費最大手筆的一次軍事行動。唯這樣的壯舉，注定要引發意料之外的波瀾。這次行動會見證埃宥比王朝的衰亡；巴赫里耶軍團裡的馬穆魯克人會從奴隸晉升為蘇丹。而這所觸發的一連串事件，也將導致歷史在一二九一年來到阿卡城的門前。

第二章

尼羅河上的殺戮

一二四九至一二五〇年

圖6 路易九世的印璽。

一二四九年六月五日星期六的黎明，一支十字軍艦隊做好了登陸埃及沿岸的準備，位置距離尼羅河東邊的支流跟達米埃塔（Damietta）這城鎮都不算太遠。這支十字軍下船的地點，跟三十年前的第五次東征一模一樣，而他們的出現完全沒有奇襲的效果。「我們發現蘇丹大軍統統集結在海邊。」法國騎士約翰・德・茹安維爾（Jean de Joinville）用筆記下了他親眼目睹的畫面。「這些個將士看起來賞心悅目，主要是蘇丹的金色盾徽在他們身上隨陽光灑落而閃閃發光。鍋鼓與撒拉森號角發出的喧囂，讓人聽著膽寒。」隨著太陽升起，數以千計的戰士從小船中涉水上了岸。

在組織井然有序的敵軍面前搶灘，是一件極度危險的事情，但十字軍的紀律也同樣極高，且騎士與步兵都有猛烈的十字弓發射掩護。茹安維爾一登陸就與一隊穆斯林騎兵短兵相接。「他們一看到我們登陸，就蹬著馬刺朝我們衝來。而看到他們過來，我們就把長槍往沙子裡一插，槍尖對準他們。他們一發現長槍眼看要插進他們的肚子，人就掉頭逃跑。」在其左手邊，騎士茹安維爾看得見一艘壯觀的槳帆船由三百人划著，點綴於船身上的一個個盾徽被漆得光鮮亮麗，旌旗則在陣陣微風中拍打著空氣。

慢慢來到岸邊的近海後，槳夫會把全身力氣灌注到槳上，藉此推進船身，進而給人一種船身飛起來的錯覺。旌旗在風中拍打聲之清脆，加上傳自伯爵船中那鍋鼓與撒拉森號角的雷鳴，聽來就像天空中落下了雷擊。槳帆船一確實把角度盡可能拉高，擱淺在沙灘上，伯爵與他的騎士就從槳帆船上一躍而下，全副武裝且配備齊全，接著他們便來到我們身邊，一同排起了陣型。

整片海灘自左至右，法蘭西各個偉大貴族家庭的旗幟一一被插進土裡，來做為面對敵人騎兵攻勢時的部隊集合點。而在這片旗海中最顯眼的，得算是法國國王的橘紅色橫旗，也就是「金焰旗」（oriflamme），據說上頭的紅色代表殉教者聖德尼[1]的鮮血。當帶頭的法王路易九世，也就是這次東征的策劃者與贊助人，從他壯麗的蒙喬伊號[2]船上看到自己的旗幟被插在沙灘上時，他激動的情緒再也按捺不住。他跳進了海裡，盾牌甩在肩上，頭盔戴在頭上，海水高到他的腋下，但他還是跋涉上了岸。一腔熱血的他端起了長槍，舉起了

1 聖德尼（St. Denis），基督教聖徒與殉教者。作為法國與巴黎的主保聖人，聖德尼以巴黎主教的身分活躍於三世紀，並於二五〇年前後在羅馬皇帝迫害基督教時殉教。

2 蒙喬伊（Montjoie）也是法軍進攻時喊的口號，且往往與聖德尼的名諱合用。

盾牌。要不是身旁有人拉住他，他已經作勢要衝進敵人的陣型。

路易九世為東征做足了準備。這次的十字軍不論就內心動機還是人員組成而言，都是屬於法國人的十字軍，且規模落在兩萬五千人上下，其中包括乘馬的騎士與軍士，還有步兵跟十字弓兵。這次戰事除了有國王的三名兄弟，加上法國騎士階級的精英參與，籌備的時間更長達四年。這是一支徹頭徹尾的專業軍隊，在出發之際，路易九世在艾格—莫爾特（Aigues-Mortes）留下了不請自來的志願者。路易九世的熱忱，來自他對將士、對基督信仰理想有一份堅定的責任感，也來自他一二四四年差點喪命時許下的誓言。但他這次出征的第一個目標並不是耶路撒冷，而是埃及的開羅。

許多精明的軍事思想家，如理查一世，都理解薩拉丁在巴勒斯坦與敘利亞的諸多勝利靠的是埃及的財富。「欲取耶路撒冷，」理查一世曾說，「必先取得開羅。」在當時，這樣的戰略思想已經流傳了半世紀。災難性的第四次十字軍東征是以君士坦丁堡在一二〇四年遭到劫掠畫下句點，而當時他們祕而不宣要去進攻的，就是尼羅河三角洲。十年後，當雅克・德・維特里為籌備新東征而來到阿卡城，他們對目標一事就不再躲躲藏藏的了：「我們計畫前進到土地肥沃而且是東方首富的埃及，撒拉森人汲取權力與財富來藉此控制我們土地的埃及。只等我們拿下埃及，耶路撒冷王國就能不費吹灰之力地完整回到我們手裡。」

這第五次東征也同樣以慘敗收場，他們光拿下開羅北邊一百英里遠的濱海城市達米埃塔就花了十八個月，接著十字軍在該處進也不是、退也不是地又耗了十八個月，期間他們兩次拒絕接受埃宥比蘇丹提出的和平協議（蘇丹甚至主動表示願意奉還耶路撒冷），並在尼羅河複雜的季節性漲落與其渠道的迷宮之間遭到兩次伏擊。被阻斷去路之後陷入泥淖，遇伏的十字軍不得不涉過水深及腰的泥水，最終不名譽地投降。

路易九世的十字軍身負相同的戰略目標，但更清楚自己為何而戰，而且也從前人身上記取了關於尼羅河水文的各種教訓。開始的一切都感覺充滿了希望。按照茹安維爾所說，達米埃塔的守軍派出了緊急的信鴿到開羅求援，但沒有得到回應。垂死的蘇丹薩利赫已經奄奄一息。「他們以為蘇丹死了，便棄守了達米埃塔」是基督教陣營中篤信的解釋。曾讓前輩花了九個月，歷經艱苦而漫長的圍城戰才拿下的地方，路易九世的部隊在短短一天內就進了城，而且身為埃米爾的指揮官法赫爾丁（Fakhr al-Din）連同其駐軍都不見蹤影，驚惶失措的百姓也跟著部隊走了。這一切看似都是天意，這是上帝在暗示他們東征將會勝利，也讓國王內心被灌輸了一種災難性的自信。謀士們知曉埃宥比政權的脆弱，主要是派系鬥爭讓這江河日下的王朝分崩離析，而這也提供了出兵埃及的若干合理性。達米埃塔的糧草儲備與兵力配置理應足以承受長時間包圍，所以突然的投降似乎是不戰而降。穆斯林

圖7　十字軍進逼達米埃塔。此中世紀手稿中所示的守勢與史實不符，因為該城守軍乃不戰而走。

的史冊中形容這既是「前所未見的可怕的災難」，也是埃米爾與其部隊的奇恥大辱。但十字軍有所不知的是法赫爾丁之所以不戰而降，是為了保留實力，好在蘇丹駕崩時加入奪權的行列。

接著發生的事情，是第五次東征的慘劇用慢動作重演，而且更加慘烈。茹安維爾栩栩如生且巨細靡遺地記下了當中的事件。路易九世對軍隊的要求是鐵一般的紀律，唯在初始的短兵相接中，過強的鬥志導致個別騎士朝敵人衝刺，結果一去不回。事實上茹安維爾本人在搶灘過程中的衝動，就不是個很好的示範，而騎士精神中認為單挑才不會勝之不武的觀念，更是十字軍揮之不去的夢魘。結論是：暴虎馮河的貴族任誰都拉不住。

另一個更可怕的現實很快就逼到眼前。即便兵不血刃拿下了達米埃塔，入夜後的十字軍營仍有貝都因（Bedouin）馬賊與盜匪的騷擾擺脫不掉。「他們跑來把考特尼勳爵（Lord of Courtenay）的哨兵給殺了，砍了哨兵的頭，還把屍體留在桌上人就跑了。他們這麼做，是為了拿基督徒的首級去蘇丹那兒，領每顆頭一枚拜占庭金幣的賞錢。」出於相同的理由，貝都因人據說會把吊死者的頭顱砍下，或是把入土為安的死人挖出來。十字軍很快就不得不在達米埃塔外挖出溝塹來保護大營，並二十四小時派人看守。他們爭辯起下一步：拿下西邊一百二十英里外具有戰略意義的亞歷山卓港，來鞏固自身的形勢，或是開拔到開羅，來個兵臨城下。路易九世的親兄弟阿圖瓦伯爵是堅定的進攻開羅派，理由是「想斬殺毒蛇，首先就得滅了牠的頭」，但大軍得等尼羅河季節性的氾濫退潮後才能動作，所以啟程已經是十一月的事了。他們沿第五次東征走過的老路，往南沿尼羅河而上，目的是拿下兵家必爭重鎮曼蘇拉（Mansurah），而那也是蘇丹部隊退守的地方。達米埃塔的勝利讓他們鬆懈了心防，十字軍因此輕飄飄地覺得只要能再打下這個地方，埃及也會不攻自破。

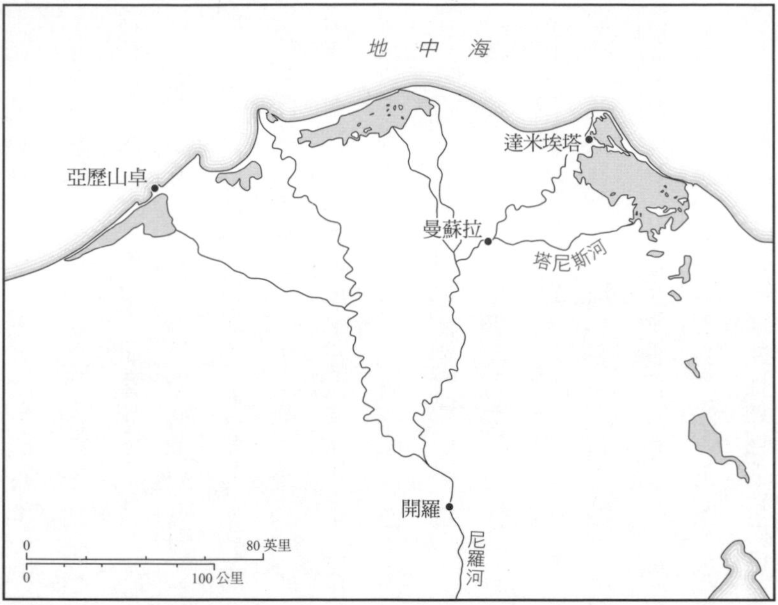

地圖三　埃及與尼羅河三角洲。

對於這種可能性，警覺之心開始在穆斯林之間勢如燎原：「萬一作為最後防線的曼蘇拉守軍被打退，那埃及距離被征服就不會太遠了。」開羅陷入一片恐慌。退此一步即無死所的曼蘇拉軍隊在如風中殘燭的蘇丹坐鎮下，準備背水一戰。

十字軍這段四十英里長的南行，是一次聯合行動，陸軍沿尼羅河東岸行進，河面上則伴行著裝載糧草補給的槳帆船。這次的十字軍對尼羅河水文有一定的認識，但致命傷就在於他們輕忽了邁哈萊（Mahallah）運河這條看似憨慢的水道，其實有多重要。在距離目的地還有一半的途中，這條運河會接上尼羅河的另外一側。但這運河實在太不起眼，所以十字軍沒有想到要去將之擋起來。但其實三十年前，這條運河就是十字軍在尼羅河上被擊敗的一項關鍵，如今慘劇眼看又要重演。

隨著路易九世的人馬接近曼蘇拉，他們發現前路被另外一條基督教世界稱為塔尼斯河（Tanis）的支流給擋住；他們的敵人就紮營在河的對岸，而十字軍則被卡在了尼羅河與塔尼斯河中間的河叉上。

十一月二十二日，路易九世行軍到一半，蘇丹的死訊傳來。薩利赫一直對法赫爾丁從達米埃塔撤兵心存懷疑；為此他吊死了整個擅離職守的兵營。如今他的恐懼似乎得到了證實。法赫爾丁與蘇丹一名遺孀聯手封鎖了蘇丹的死訊，老百姓因此一無所悉，而繼承大位的權力鬥爭，也如火如荼地開始進行。法赫爾丁偽造了薩利赫的文件簽名，號召民眾共赴國難。在謠言與相反的謠言漫天飛舞中，他派出了馬穆魯克巴赫里耶軍團的將領阿克泰（Aqtay）去遠方的哈桑．凱伊夫（Hisn Kayfa）出任務，那是在土耳其東南部，一個底格里斯河畔的城鎮。法赫爾丁派人過去，是要敦請已故蘇丹的兒子突蘭沙繼位，但他真正的心聲，或許是希望他永遠來不了。

紙包不住火，薩利赫的死訊還是傳了出去，但眾人出於恐懼並不敢說出他們內心的質疑。埃米爾之間咸認為「萬一馬利克・穆札阿姆（突蘭沙）覺得來不了，法赫爾丁的目標是要由自己獨裁專斷。」總之，突蘭沙作為蘇丹在世上僅存的小兒子，並不能讓人多有信心。他個性比較像個學者，而不是軍事領袖。而薩利赫據傳生前就很擔心突蘭沙能不能順利繼位：「我大限來臨之時，不要從哈桑・凱伊夫召喚突蘭沙前來，也不要將國家託付給他，因為我知道他行不出什麼好事。」

⁂

在此同時，塔尼斯河對十字軍構成了嚴重的阻礙。過河成了當務之急，但那條河水十分湍急，且顯然深到無法直接涉水而過，而這還沒算埃宥比軍鐵了心，就是不讓人有一點機會。路易九世與他的將領們決定建一條堤道，然後為了保護建堤道的人，他們會先建兩座「木貓」——即可移動的木塔，然後架設拋石機來轟炸埃及陣營。穆斯林這邊也不甘示弱，同樣用拋石機與希臘火朝這兩座木塔狂轟濫炸。為了突破由這兩座「木貓」所提供的屏障，穆斯林還用箭矢「直射天際，好讓繞過貓塔的箭可以直直落進我們的人馬之間。」守護這些木造結構變得一件玩命的事情，你既要害怕被火活活燒死，也要擔心被隔水射來的箭雨射死。面對「巨大如籬笆的熊熊火牆朝著我們的貓塔延燒」，茹安維爾跟弟兄們不得不跳出來將其撲滅，而這「也給了撒拉森人從對岸向我們所有人放箭的機會」。尤其當他被指派要守護的貓塔著了火，原本輪到要去搶救的茹安維爾露出了有目共睹、鬆一口氣的面容：「上帝幫了我跟我的騎士一個大忙，否則我們那一夜就得賭命去守塔了。」

姑且不論敵人的攻擊，十字軍想修築堤道也不是想像中那樣簡單的事情。這一端，流速湍急的河水持續把建好的部分沖刷走；在對岸，敵軍持續把河岸往內挖，河道因此不斷加寬。不論十字軍以如何快的速度填土造陸，都會被敵軍掏空對岸的行動抵銷。路易九世不得不面對此舉是白忙一場的現實，部隊士氣為之一沉，畢竟若連（塔尼斯）河都過不去，那什麼東征就別提了。就在這節骨眼上，一名貝都因人來到了營地。他表示只要給他適當的報償，他就告訴十字軍哪裡可以涉水渡河。新計畫應運而生：涉水渡河、在對岸擺好陣式，然後對敵營發動攻擊。橋頭堡會由騎兵獨立建立，主要是一開始要把步兵送過去比較困難。

一二五〇年二月八日，也就是懺悔星期二[3]當天，「我們在拂曉前做好了萬全的準

3 在基督教信仰裡，從復活節回推四十天是四旬節，需要齋戒，四旬節之前的那個星期二，為懺悔星期二，信徒需思罪懺悔。

備。」茹安維爾說。渡河處比貝都因人承諾的要深。「我們準備好後便進入河裡，結果馬匹得用游的……等來到河中央，我們才找到馬蹄踩得到的河底。」有些馬踩空，騎士因此溺斃。三百個撒拉森人在馬上看著這一切，而「一等我們過了河，那些突厥人（撒拉森人）就逃了。」聖殿騎士團擔任先鋒的目標，是要在南岸控制住局面，好讓國王跟主力部隊可以過河然後重整旗鼓。

但就在此時，軍紀出現了破口；阿圖瓦的羅貝爾（Robert d'Artois），也就是國王的弟弟，決定率隊一股腦衝殺穆斯林的軍營，聖殿騎士團的指揮官紀律弟兄（Brother Giles）根本拉不住他。羅貝爾跟他的人馬就這樣衝向了完全沒有防備的敵人。

他們攻擊了紮營在那裡，但完全沒想到會遇襲的撒拉森人。有些人還在熟睡中，有些人則躺在床上。輪到站哨的撒拉森人首先被擊倒，且幾乎都亡於劍下。我們的人衝進突厥人的居所，殺了個雞犬不留；不分男女老幼，也不分貴賤貧富，他們逢人就宰、就砍、就殺……看著這麼多具屍體，這麼多人濺血，著實令人傷悲，唯他們終究是基督教信仰之敵。

在這場屠殺中遇難的其中一人，正是法赫爾丁本人，晨間在齋戒沐浴的他被殺了個措手不及。信鴿將曼蘇拉大戰的消息急傳回開羅。知道事情嚴重性的一名史官是這麼寫的：「這消息讓我們猛然一驚，正如其讓全體穆斯林猛然一驚。所有人都在腦中浮現出伊斯蘭的末日。」

若十字軍前鋒在毀滅營地後便罷手，一切也就沒事了。但紀律弟兄再次想攔阻羅貝爾追擊，又以失敗作收。在全面勝利的誘惑下，又或許是想起了達米埃塔是如何輕鬆地拿下，羅貝爾指控聖殿騎士團是一群懦夫。「大人，」紀律弟兄答曰，「我或我的弟兄都無懼戰鬥，我們不會殿後，我們會在馬上與您並肩同行。但請容我告訴您，我們沒有人打算活著回去，您與我們將死在一起。」最終甚至國王明令，都阻止不了想衝入鎮上的親弟弟，唯精銳的馬穆魯克人，也就是巴赫里耶軍團，已經在曼蘇拉恭候他大駕光臨。

這是聖殿騎士團已預見的災難。進入了市區的狹窄街道，入侵的十字軍很快就被迫分散而落單。因為營地遭屠戮而憤恨難平的馬穆魯克人：

對他們又是劈、又是砍，然後還把他們抓起來，五花大綁後拖去關。一部分人往河流方向逃跑而暫得不死，但撒拉森人緊追其後，並用丹麥的斧頭、用錘矛、用劍要了他們的命。真的逃到了河邊，很好，但一躍而入也只能讓他們溺斃在又急又深的河水中。

從穆斯林的角度看，他們衝殺了法蘭克人一回，就「撼動了他們的根基、全面摧毀了他們的心理建設，讓他們的十字架上下倒置。突厥人的利劍與鍾矛落在他們身上，讓他們非死即傷，也讓他們散落陳屍在曼蘇拉的狹窄街道上。」前線告捷，開羅的眾人無不欣喜於真主的恩典。

這次事件的重要性，遠遠不限於其死傷的慘烈。話說對基督教的十字軍而言，這是他們第一次體驗到突厥馬穆魯克人的驍勇善戰。回首前程，阿拉伯的史冊也曾認知到這是一個歷史性的瞬間，這是「突厥雄獅第一次在戰役中取勝了多神論的走狗」。這次的接戰，注定要對十字軍的整個未來產生意想不到的影響。曼蘇拉的勝利，保全了埃宥比王朝的埃及，但在更大的格局上，這一仗開始釐清了真正的權力花落誰家。在手起刀落，朝無處可逃的十字軍砍下的人當中，有一名年輕的馬穆魯克人，名叫魯克丁・拜巴爾（Rukn al-Din Baybars）。

＊

對路易九世而言，戰敗當下的後果是十分慘烈的。共六百騎殺進去，活著回來的少之又少。羅貝爾與紀律弟兄都在屠殺裡殞命。十字軍折損了珍貴的戰力，還讓敵人收穫了自信。路易九世的王師還沒來得及在南岸奠定根基，就因為反擊而承受巨大的壓力，包括有武裝騎兵開始進逼，以及箭矢跟十字弓箭的連番轟擊，在劃過空氣時發出哨音。按照史官的記載：

> 號角、喇叭和鼓皮發著巨大響音，士兵們呼喊著，馬匹嘶叫著……他們徹底包圍了我們的部隊，從十字弓與弓箭射出的箭雨，如浮雲可蔽日；那是真正的雨水或冰雹都製造不出的黑暗……國王跟我們的部隊已經一個十字弓手都不剩了；所有隨國王渡河的人都在前鋒處被殲滅，畢竟撒拉森人殺起他們帶上的每一名十字弓手，那都是心狠手辣。看到前鋒跟他們的戰馬都已經傷亡殆盡，國王與我們的人馬便一團人快馬加鞭突圍，以逃離突厥人的利箭。

茹安維爾深陷於戰鬥最激烈的刀光劍影中，也因此做出了比任何一場十字軍會戰的目擊者證詞，都更發自肺腑的第一手描述，唯或許他也免不了有一點誇大自己的勇氣，順便往國王的臉上貼金。他回憶說有名穆斯林騎兵「用槍打在我左右肩膀中間的背上，把我壓在馬的脖子上動彈不得，也沒辦法從腰帶上拔劍。」從這一擊僥倖中活下來的他跑去救援另一名被甩在地上的騎士，而救援回來之後，他又第二次遭到持長槍的騎兵攻擊。「我的馬承受不住負重而雙膝墜地，我被往前拋越過了馬的耳朵。我盡快爬起身來，把盾牌舉高至頸，劍也握在手裡。」他才剛趕忙站起，第二波騎兵「又把我摔到地上，從我身上一躍而過，踢飛了我擋在頸部的盾牌。」驚魂未定的他在天旋地轉中被其他騎士拉開，來到一處被暫且當成據點的房屋殘骸。「在那兒，突厥人從四面八方攻擊我們；他們有一隊闖進了廢墟，居高臨下地用長槍朝我們刺來。」他看著有人臉上有三處槍傷，另外一人則在雙肩之間被槍重創，傷口大到「血噴得像木桶的塞子被拔開了一樣」。在此同時，「我的埃拉德．德．希佛瑞大人（Lord Érard de Siverey）臉上挨了一劍，鼻子因此懸在了嘴唇上。」在彷彿刀槍不入的茹安維爾緊急向聖雅各（St. James，士兵、朝聖者的主保聖人）祈禱求助之際，還勉強能講話（但後來仍傷重身亡）的希佛瑞很冷靜地表示，他們是不是更該向身邊的同袍尋求協助，但前提是「大人，若你判斷我或我的繼承人不會因此受到責難。」騎士的榮譽守則與被千夫所指是懦夫的人言可畏，一直到死亡的邊緣都不曾消滅。

一整天下來，路易九世都勉力在維持著塔尼斯河南岸的據點，同時也設法讓將士們不要潰逃。穆斯林看到阿圖瓦伯爵竟然蠢到被吸引進入曼蘇拉的陷阱，感到有些不可思議，而如今他們更一波波派出緊湊的攻擊部隊呼喊吼叫，外加有「由喇叭、鍋鼓與撒拉森號角合奏出的喧囂。」困於塔尼斯河的茹安維爾見證情勢不斷惡化：「我們一邊往下游走，一邊看著河面覆蓋著長槍與盾牌，還有行將溺斃的馬匹跟官兵。」六個撒拉森騎兵抓住了路易九世的馬轡頭，但國王「用雷霆劍勢劈在敵軍的身上，獨力掙脫了控制。」由箭矢構築出的一道道洪流，在空氣中呼嘯而過，希臘火也由十字弓連發射出。有人「用圓盾上擋下了一罈希臘火，否則若任何一點火沾到他身上，他恐怕就要烈焰焚身了。」失了盾牌的茹安維爾拾起某穆斯林的厚袍權充臨時的替代品，「（那東西）幫了我大忙，因為我只有五處被他們的箭矢所傷，而我的馬則受了十五處傷。」路易九世一邊鼓勵著官兵的士氣，一邊拿出十足的勇氣與敵人戰鬥，然後有如神助地守下了防線。等到下午稍晚，增援的十字弓兵在前線完成部署，穆斯林於是撤退。到了一天的終結，殺人不眨眼的戰場兀鷹貝都因人再度現身，並把被放棄的穆斯林營地搶了個精光。

對十字軍來說，這場戰役在某種程度上是其勇氣與耐力的勝利，但這只能給他們短到不能再短的喘息，穆斯林還是很有把握他們能把在塔尼斯河南岸的十字軍營地抹煞殆盡。隔天黎明前，茹安維爾再次一醒來就奉命拿起武器，但傷重使他難以穿上鎖子甲，於是他把前一日的厚袍套在背上，就這樣準備重返戰場。在接著的數日中，路易九世的人馬承受了接連不斷的攻擊。他們設法從穆斯林的攻城機具中回收木頭，並以此在營地四周創造出障礙物與壕溝；一條由船隻連成的浮橋建在了塔尼斯河上，連結起兩岸營地，唯陣亡人數仍持續累積。

⁂

即便如此奮力抵抗，情勢對十字軍仍舊極度嚴峻。路易九世頑強地不肯放棄，因為他仍舊被埃宥比的蘇丹政權已處於崩潰邊緣的信念所蒙蔽，這樣的他相信上帝會賜給他勝利。唯眼前的證據完全指著相反的方向。他既不敢承認十字軍已露敗象，又不敢從塔尼斯河南岸撤退，而營中的狀況已開始惡化。從第一場戰役算起的九天之後，死者的腫脹遺體漂浮到河面上，阻塞了連結兩岸營地的浮橋。「水中的屍體多到一場糊塗，整個河面從此岸到彼岸可說屍滿為患，最遠一直可以延伸到小石頭扔出去可以到達的地方。」他們僱了工人，來把受過割禮的穆斯林屍體拋到橋的另一邊，讓其隨河水沖到下游，而基督徒的遺體則被撈起埋進一條長長的壕溝裡。由於時序來到基督教的四旬節，因此倖存者只吃河中的江鱈，「而江鱈吃的又是死人，只因這種魚葷腥不忌。」茹安維爾邊回憶邊湧上一陣噁心。他把席捲軍營的「營熱病」（camp fever，極可能是壞血病）歸咎於：「弟兄們的齒頰間盡是死人的肉體，我們得讓理髮師把死肉切掉，好讓大家可以把食物咀嚼吞掉。」而就在理髮師忙著這麼做的同時，營中此起彼落著士兵的尖叫聲：「因為他們喊得像在分娩的女人。」茹安維爾的神父在主持彌撒的過程中崩潰。茹安維爾把他接了個滿懷，並救醒了他。神父勉強完成了彌撒，「但他也從此不再歌唱。」十字軍如今的生命線，全賴從達米埃塔沿河而下的補給，但他們的厄運也將自此急轉直下到無法想像。

二月二十五日，蘇丹僅存的兒子，也就是那位學者氣質的突蘭沙從哈桑．凱伊夫前來主持局面，但也從一開始，他就誤判了形勢。蘇丹的世代交替往往意味著朝廷人事的大搬風，但明智的君主通常會循序漸進。突蘭沙不懂這道理，一即位就跟眾家埃米爾與將領漸行漸遠。這其中的緣由，包括他多半沒辦法在財務上重賞那些在曼蘇拉打仗的軍人，同時他也似乎沒有依約把亞歷山卓的稅收交給阿克泰，也就是馬穆魯克軍團的將軍，再來就是他用心腹換掉了有頭有臉的埃米爾。新上位的埃米爾在基層沒沒無聞且欠缺人望。突蘭沙的腐敗傳聞開始聳動地不脛而走，有一說是：

他一喝醉，就會弄來一堆蠟燭然後用劍削掉（蠟燭的）頭部，然後再把整支蠟燭砍倒，並在口中念念有詞，「我就要這樣處理巴赫里耶」，然後他會指名道姓地提及為他父親效命的那些馬穆魯克人。出身寒微的平步青雲，優秀者則遭到排斥。他對待父親生前身邊的馬穆魯克將領，態度十分不屑。

他沒弄清楚的是如今的埃宥比王朝面對自身的突厥人奴隸，可說是騎虎難下。雖然有這些暗潮洶湧，但穆斯林的戰事仍獲致了新的動能，而沒被十字軍在沿尼羅河而下時當一回事的邁哈萊運河，其重要性也慢慢浮現出來。十字軍有船來往於曼蘇拉的營地跟在達米埃塔的沿岸之間，但突蘭沙現已切斷了兩地之間的聯繫。他讓五十艘槳帆船由駱駝扛著，走陸路來到邁哈萊的上游下水，而邁哈萊運河固然水勢不強，但其上游水量仍足以供船返回到尼羅河，來到十字軍營的上方埋伏。當基督教的運輸船要從達米埃塔下行時，突蘭沙的船就會跳出來進行伏擊，由此十字軍的補給品會被搶走，人員則會當場被殺，或被迫成為俘虜。三十年前，穆斯林就對第五次東征設下過類似的圈套，但路易九世與他的人馬依舊對這樣的故技重施毫無所悉。一直到一艘十字軍的小船突圍成功，來到了塔尼斯河的營地，他們才恍然大悟自己是如何遇襲。「突厥人開始著手讓我們陷於飢餓，撼動了許多人。」茹安維爾筆下有這樣的紀錄。嚴重缺糧讓糧價大漲，絕望籠罩著營區，染病者呈倍數增加，沒有人還抱著生還的希望。

從那刻開始，路易九世的十字軍就已經勝利無望，但國王本人還是決斷不了，他就是割捨不掉十字軍的夢想，終至鑄成大錯，而想以合理條件停戰的努力也以失敗告終。最後是到了一二五〇年的四月五日，國王才總算承認失敗，並下令撤退回達米埃塔。路易九世堅持要讓傷病者上船，由他親自殿後並走陸路回到四十英里外的達米埃塔。這時候的國王已經染上痢疾，但他仍拒絕搭船。同一時間，想要神不知鬼不覺從南岸撤退的計畫遭到破壞，奉命要把浮橋繩索砍斷的人員因一時慌亂而失了手，結果穆斯林便過了橋，原本井然有序的撤退也變成一場夢魘。負傷的茹安維爾「嘴巴跟雙腿都受到營熱病的侵襲」，虛弱到路都走不了，所以人在船上。隨著夜幕降臨，他可以在火光中看到穆斯林殺害那些勉強走到或爬到河邊，希望能被接上船的染病者。岸上的戰局開始糜爛，主要是穆斯林在追殺著走陸路的殘軍。茹安維爾的船因為逆風而變慢，進而迷失在一靜水處。停滯不前的他們成為沿岸十字弓箭與希臘火的活靶。船隊接著遭到蘇丹戰船的攔截，茹安維爾可以看到前方船上的人被殺或被扔進水裡。靜待著自身命運的他們如今下錨在河道中央，茹安維爾把他的珠寶跟聖物都扔進水中。一艘槳帆船接近，一名水手懇求茹安維爾「除非你讓我說你是國王的親戚，否則他們會把你們全給殺了，然後我們這些水手也會小命不保。」他同意了。等他們的船被登上之後，茹安維爾被壓制在地上，外加有把刀抵在他脖子上。就在他準備迎接死亡之際，有個男人大喊：「他是國王的表親！」這句話讓他一瞬間成為了值錢的肉票。但其他人可就沒有這麼幸運了。茹安維爾眼睜睜看著他的神父被殺害後扔進河裡，而神父已經昏過去的助手則被用石碗狠砸了腦袋。「我被告知那兒的人沒有價值可言，因為病體已經讓他們變成一群廢物。」

路易九世也在束手就擒的過程中受到奇恥大辱。話說他的痢疾已嚴重到侍從得把他的褲底剪破，而當他在一間村屋中被逮的時候，人已經半死不活。國王被擒也代表一切的結束，這是一場徹底的慘敗：「金焰旗在此被撕得粉碎，波賽昂旗（bauséant，聖殿騎士團的黑白軍旗）被踐踏在腳底，而那是很多人從未見過的光景。另外自古以來就讓異教徒聞風喪膽的貴族大家旗幟，如今已沾染了人與戰馬的血汙……還被用最惡毒的方式破壞，受到最不堪的羞辱。」

對穆斯林而言，這絕對是值得歡欣鼓舞的喜事，「神消滅了異教徒，滌盡了埃及。」一名史官記錄說，「俘虜的人數經過統計，達到兩萬人以上，至於溺斃或被殺的則有七千人。我目睹了死者，他們人數之眾覆蓋了整片大地……穆斯林在那天真的是大開眼界，見識到一個他們不曾見識過、也不曾聽說過的世界。」達米埃塔向穆斯林投降，而被趕到營地裡的無用之人，開始以每天三百人的速率被斬首，剩下的都是準備用來勒索的肉票。茹安維爾活了下來，但還是跪在刀斧前歷經了模擬的處刑。路易九世同意支付巨額賠款，總計八十萬拜占庭金幣來贖回一萬兩千人的性命。他先付了四十萬的頭期款，然後搭上茹安維爾也在上面的帆船航向阿卡，準備在那兒募得另外四十萬，好換回剩餘官兵的自由。

路易九世在一二五〇年五月七日出發前往阿卡，但五天前的他才剛目擊了他率十字軍在無意間所挑動、伊斯蘭世界裡地動山搖的王朝權力移轉。突蘭沙與馬穆魯克軍團之間產生了嫌隙，而這要麼是因為他沒有讓軍人加官晉爵，要麼是因為他不捨得把戰利品分享出去。五月二日，馬穆魯克指揮官阿克泰襲擊並重傷了蘇丹，而留得一口氣在的蘇丹也終於承諾要把亞歷山卓的稅收還給阿克泰，只是這為時已晚。蘇丹終歸沒能察覺到進行中的權力移轉，而據傳最後把蘇丹收拾掉的是拜巴爾，至於阿克泰則刨出了突蘭沙的心臟，用血淋淋的雙手將它拿到了筋疲力竭的路易九世面前。他把這恐怖絕倫的戰利品往前一端說：「我替你殺了這個要是活到今天，搞不好會殺了你的敵人，你要拿什麼感謝我？」嚇出一身冷汗的法王一句話也說不出來。

＊

路易九世慘敗的消息震撼了歐洲。教宗在悲愴中寫下了「哀悼之詞」給路易九世的母親布朗什太后（Queen Blanche）。歐洲人開始深刻地探索起內心。這種事是怎麼發生的？路易九世的偉業是如此的虔誠、如此的準備周全，但最後卻遭到徹底地擊潰，「我們必須深思，」一段以曼蘇拉大敗為題進行的佈道如是說，「上帝有什麼理由讓這種悲劇降臨在基督徒的子民身上呢……祂又是怎麼能坐視被買來的奴隸……充滿穢氣的惡魔奴隸，去了結尊貴的戰士生命呢？要知道他們可是上帝強大的盟友，可是全體基督教子民的中流砥柱，不是嗎？」在此役中扮演要角的馬穆斯克人是奴隸身分，社會地位低賤，而這也是最令基督教世界不能接受的一點。佈道最後給出的答案，首先是人有罪，然後是我們需要一個教訓來做為懲戒，最後是上帝的公義與慈愛在很多實例裡都是個謎團。

拜巴爾究竟有沒有給突蘭沙最後一擊，抑或那只是後人追封的「豐功偉業」，如今已不可考。但無論如何，突蘭沙死在馬穆魯克人手中一事，確實在整個中東局勢的重塑中狠狠推了一把。這象徵著分裂而孱弱的蘇丹政權已經在垂死掙扎，而取而代之的馬穆魯克人王朝也將把他們狠勁十足的軍事技術，引入與基督教世界的軍事對抗。耶路撒冷王國的存續關鍵仍在埃及，而埃及落入雄心十足的拜巴爾手裡，只是時間的問題。

第三章

在馬穆魯克人與蒙古人之間

一二五〇至一二六〇年

圖8　馬穆魯克人與蒙古人的馬上機動作戰。

隨著突蘭沙血淋淋的心臟被扔在路易九世的腳邊，剩餘的身體被丟入尼羅河，埃宥比王朝已然氣數將盡。而在曼蘇拉屠戮了基督徒，由此拯救了埃及的，則是由突蘭沙父親馬利克·薩利赫所創建的馬穆魯克軍團。這支專業的部隊，早已經是埃宥比王朝在位者的力量來源，而時間來到一二五〇年代，這軍團索性當家做主起來。馬穆魯克人的篡位，是一個前後長達十年，且當中牽涉到傀儡統治者跟馬穆魯克派系間鬥爭的複雜過程。這些奴隸出身的士兵在開羅是社會矛盾的來源，主要是開羅的公民慢慢害怕起突厥面孔存在於他們之間。巴赫里耶的領袖阿克泰遭到政敵庫圖茲（Qutuz）殺害，而巴赫里耶軍團則隨著拜巴爾的勢力崛起，在一二五四年被逐出埃及。這十年剩下的另外六年，拜巴爾在敘利亞代表著一個個不同的埃宥比國王，磨練著自己的領導統御與戰技。在埃及，庫圖茲操控著宣稱擁有王位的傀儡，最終在一二五九年自立為蘇丹。

路易九世值得稱許的，是他沒有把十字軍東征失利的爛攤子扔著不管。具體而言他沒有回到法國，而在聖地一留就是四年，期間他一方面拿錢把人從埃及贖回來，一面大舉自掏腰包，強化十字軍僅存在阿卡、凱撒利亞（Caesarea）、雅法與西頓（Sidon）的立足之地。他以精兵制在阿卡建立了一支常態性的法蘭西軍團，並四處尋找共同以伊斯蘭為敵的潛在盟友。

有很長一段時間，蒙古人來襲的消息就持續傳到了基督教信仰的西方人耳裡，並產生了許多被扭曲的迴音，包括有人冀望蒙古人的國王可以皈依基督教，或甚至本來就是基督徒。但證據並不站在西方這一邊。一二四〇年代，東歐正被蒙古鐵蹄蹂躪。一二四九年，在賽普勒斯準備發動十字軍的路易九世，已經在波斯接待了來自蒙古的使節。算是禮尚往來，他也派了兩名道明會修士（其中一人是通曉相關語言的安德烈・德・龍如美〔André de Longjumeau〕），目的是敦促蒙古人皈依基督信仰，「昭示並教導韃靼人（蒙古人）什麼該信什麼不該信」。

這些傳教士針對其傳教對象的游牧生活，發揮了一點想像力，於是在行李中帶上了一頂可攜式的帳篷小教堂，上頭繡著基督生平的場景。另外他們還帶齊了聖餐杯、書籍與各種修士主持彌撒需要的道具。這趟路花了兩年，最終這對搭檔前進到了中亞的核心，進了蒙古的朝廷。歸來後的龍如美在凱撒利亞見著了於尼羅河戰敗後，在此監督城防強化的路易九世。龍如美在略顯雜亂的報告中，簡要導正了各種天真的樂觀看法。兩名修士此行所見到的，是各式各樣的破壞：城市變成廢墟、人類骨骸被堆成小山。他們被送回來的時候曾收到一則警告，那就是蒙古大汗會舉劍面對所有敵人：「我們挑明了這點，是想警告你們要以和平待我，我們才會以和平待你。所以我們的建議是你們要每年進貢足夠的金銀，好維繫雙方的友誼。若不照辦，我們就會把你跟你們的百姓毀滅殆盡，一如我們對前面提到那些國度所做的事情。」投降或是死亡，這兩個選項將在不久後落在整片中東的頭上。路易九世對此未置可否。

一二五三年，旭烈兀汗（Hülegü Khan）奉兄長之命，也就是奉蒙古帝國的大汗兼成吉思汗之孫蒙哥汗（Möngke Khan）的命令，以「最遠希望打到埃及邊界」為目標率軍西征。蒙古帝國希望此役能輾壓伊斯蘭文明，並以其作為征服全世界的踏板。一二五六年，旭烈兀來到了波斯。

兩年後，蒙古人給了伊斯蘭世界狠狠一擊，以至於之後幾世紀間都聽得到這一擊的迴音。一二五八年一月，旭烈兀圍困了巴格達這個五百年來都是阿拔斯帝國哈里發坐鎮的王城，學術跟文化的寶庫，伊斯蘭世界的智識中心。蒙古軍在中國圍城戰專家的協助下，於二月初攻破了巴格達的城牆。投降無濟於事，巴格達城遭到血洗，清真寺、宮殿、圖書館與醫院無一倖免遭到摧毀，死亡人數估計從九萬到八十萬都有。成千上萬的書籍被拋進水裡，底格里斯河因此染成了墨黑，皮革封面則被撕下來製作涼鞋。最後一任阿拔斯哈里發被用毯子裹起，然後遭到蒙古鐵騎踏成肉泥。巴格達遭此橫禍，伊斯蘭的根本為之震動。

一二五九年九月，旭烈兀靠著浮橋，率領大概十二萬大軍越過幼發拉底河，劍指敘利亞。基督教的海外王國陷入了左右為難。位於西南土耳其，奇里乞亞亞美尼亞公國（Principality of Cilician Armenia）的基督教國王海屯一世（Hethoum I）接受了蒙古人的宗主國地位；史書記載旭烈兀的大將怯的不花（Kitbuqa）受聶斯脫里派影響改信基督教，而海屯一世還傻傻地以為蒙古人想替基督徒奪回耶路撒冷，並嘗試說服其他基督教王國加入蒙古人的行列，但回應的只有他的女婿博希蒙德六世（Bohemond VI），也就是小小的安條克公國統治者兼的黎波里伯爵。當阿勒坡陷落時，穆斯林遭到刀鋒相向；亞美尼亞的基督徒放火讓大清真寺付之一炬，大馬士革見苗頭不對，索性在一二六〇年三月獻城投降蒙古人，城內的東方基督教徒歡欣鼓舞於他們穆斯林鄰人的狼狽不堪，為此他們搖響了教堂的吊鐘，並在齋戒月（Ramadan）喝起酒來，這可是穆斯林不會忘卻的奇恥大辱。沒多久，隨著眾多埃宥比國王的投降，敘利亞大部盡入蒙古之手，同時蒙古人也開始向南奔襲埃及邊境。伊斯蘭世界面臨全面崩潰。

*

阿卡也陷入一片混亂。在一二五〇年代的尾聲，阿卡城成為了熱那亞與威尼斯商業競爭的震央，而這場商戰也在日益加溫後成為了阿卡城中的熱戰，史稱聖薩巴斯之戰（War of St Sabas）。表面上是為了爭奪位於城內兩義大利社區邊界上，聖薩巴斯修道院的所有權，這場紛爭實際反映的是在更大的格局上，地中海與黑海範圍內的貿易霸權。這場競逐扯進了城內與周遭十字軍國家內幾乎所有的派系。醫院騎士團是熱那亞派，聖殿騎士團與條頓騎士團是威尼斯派；比薩人一開始選擇與熱那亞站同邊，但後來又轉投威尼斯；海外王國的貴族強豪也紛紛選邊站。這為時一年的對抗內涵包括了海戰、交通封鎖與圍城的各種「肉搏戰」。在阿卡城內，這兩邊相互用拋石機進行近距離的轟炸，石塊就這樣飛越各自強化後的牆垣，打進鄰居的地盤內。史官記錄下一二五八年的狀況如下：

> 那一整年至少有六十台攻城機具，每一台打出的石頭都砸在阿卡城的屋子、塔樓與角樓上，射程所及的建物都被夷為平地……這意味著阿卡城內除了宗教性的房屋以外，幾乎所有的塔樓與要塞都被摧毀殆盡。兩邊加起來，共有兩萬人死在這場戰爭中……經此一役，阿卡城受到的重創宛若基督徒與撒拉森人打過的那一仗。

死亡人數多半遭到誇大，但這場內鬥把城市大部弄得滿目瘡痍則是不爭的事實。住屋、倉庫、船隻與守城用的塔樓都毀得差不多了，熱那亞人才終於遭到驅逐，他們的勢力範圍也被剷平。他們從阿卡城北遷到也在海邊的泰爾。此時的阿卡城除硬體有待大規模的重建，貿易也受到一定的打擊。另外在派系間擴大了嫌隙的同時，阿卡城則損失了一定的人力。

在此同時，耶路撒冷王國也開始感受到蒙古進軍的壓力。旭烈兀真正的意圖，可以從他一二五七年下給一名將領的命令中看出。他要那名將軍「在看到海岸之前都不要停止進軍，並且要把那裡的國家從法蘭西跟英格蘭之子的手中奪來。」阿卡回絕了海屯一世要他們共同加入蒙古陣營的請求，而同一年，他們也收到了大言不慚要他們投降的要求。對此他們的決定，堅決地表現在其軍事命令中：「那就讓這些韃靼人，這些來自塔爾塔魯斯[1]的惡魔，放馬過來吧！他們會發現基督的僕人在此安營紮寨，隨時準備作戰。」

一二六〇年二月，旭烈兀大將怯的不花趾高氣揚地下令阿卡城把城牆給拆掉。阿卡城的第一號謀士對此置之不理，反而強化了他們的防禦工事，為此他們甚至去城外的墓園把墓碑搶來，只為了確保適合的建材。希望有人主動來投誠或結盟已經是不切實際的期待，因為亞美尼亞跟安條克都已經被降為附庸國的地位。西頓領主曾發動猛烈的奇襲，結果西

1　塔爾塔魯斯（Tartatus）有地獄的意思，也是韃靼人（Tartars）的詞源。

頓城被來尋仇的蒙古人殺了個雞犬不留。蒙古人對異族的厭惡毫無彈性可言。求救的訊息傳到了歐洲，但這除了出自對蒙古人的懼怕，也是希望在伊斯蘭強權式微而蒙古人日益專注在埃及的狀況下，歐洲可以有機會在中東拓展。當時這類主張認為：

我們合理相信耶路撒冷與整個耶路撒冷王國可以在上帝的幫助下輕易到手，前提是被稱為基督徒的那些人可以迅速且像個男人準備好協助我們，主要是撒拉森人已經大致消失了。而至於韃靼人若遇到來自拉丁人的抵抗，我們相信只要能讓他們擔心會遇到更多（頑抗），他們就會盡早把染血的劍刃插回劍鞘。

但這最終並沒有催生出十字軍的出動。其中阿卡玩的是猜疑與等待的遊戲。蒙古人開打後，十字軍國家只是在一旁冷眼旁觀。一二六〇年初，蒙古使節帶著熟悉的訊息抵達開羅：

東西方的王中之王，蒙古大汗，傳話給見到我們的利劍便逃竄的馬穆魯克人庫圖茲。

你應該想想其他國家的下場……然後向我們投降。你應已聽聞我們是如何征服了一片廣大的帝國，也已將玷汙這片大地的失序洗滌乾淨。我們征服了廣袤的土地，將上頭的人民屠戮殆盡。你不可能從我們恐怖的大軍手中逃離。你能逃去哪？你能走哪一條路逃跑？我們的馬匹健步如飛，我們的箭矢鋒利無比，我們的劍刃迅如雷電，我們的心堅若山岩，我們的士兵多如沙粒。堡壘困我們不住，武器擋我們不了。你對真主的祈禱於我們毫無功效。我們不會被眼淚打動，也不會因為悲嘆而心軟。只有哀求我們保護的人才能無虞且安然。

快快回覆我們，免得戰火點燃……抗拒只會讓你們承擔最可怖的災難。我們會粉碎你們的清真寺，讓人看看你們的真神是多麼孱弱不堪，然後我們會把你們的孩子與老人殺個精光。

截至目前，你們還是唯一需要我們進軍的敵人。

庫圖茲奪權成功不過三個月，政權還很脆弱，但他的反應卻很堅決。他腰斬了蒙古來使，把他們的頭顱掛在城門上。他做好的準備是要出城決戰而非等著被圍。巴格達的教訓仍歷歷在目。

庫圖茲不論能募得什麼樣的大軍，在兵力十倍於埃及的蒙古面前都是杯水車薪，但他有一個幫手叫做運氣。前一年的八月，蒙古大汗蒙哥剛死，而這也讓蒙古帝國暴露出一個組織架構上的缺陷。每次要進行大位爭奪戰，有資格的可汗都得返回中亞老家。因此當蒙哥殯天的消息傳到敘利亞的旭烈兀耳中，他就已經準備要撤回十萬上下的大軍主力，只留下約一萬一千人的部隊讓怯的不花用來控制局面。在一封寄給路易九世的信中，旭烈兀本人宣稱撤回含其數萬戰馬在內的大軍，是考量到後勤需要所做的決定。北敘利亞的糧草已然用罄，而蒙古的習俗就是要在夏天退到氣候較為溫和的土地。蒙古人一旦越過幼發拉底河，其在作戰的能量上或許就已經來到強弩之末，而這也是馬穆魯克人後來會加以痛擊的一個罩門。

蒙古進入敘利亞，導致不少流離失所的穆斯林難民與埃宥比士兵，集結到庫圖茲的麾下。這當中的拜巴爾與巴赫里耶軍團都是久經沙場的老將，他們都在敘利亞分崩離析的時代與五花八門的派系打過十年起跳的仗，而這些戰事又包括以埃及為目標所嘗試的突擊與入侵。巴赫里耶軍團與庫圖茲之間存在長年的敵意，而巴赫里耶領袖阿克泰被殺則是他們結下梁子的原因，但處於如今這個非常時期，他們也只能暫時擱下彼此的嫌隙。蒙古人的威脅，促成了仇敵間的團結。拜巴爾從庫圖茲那兒取得了安全通行的保證，於是便帶著他的馬穆魯克軍前往開羅，要共赴匯聚中的蒙古風暴危機。他的援軍在歡迎中進入了埃及。

一二六〇年七月，埃及派出了應該比怯的不花的部隊稍多一點、估計有一萬兩千人的兵力，至於其組成則包括一小隊馬穆魯克人、埃及的子弟兵，還有難民。在沿海岸平原往北朝阿卡前進的時候，庫圖茲決定請求基督徒的合作。阿卡城中對於該如何回覆進行了激烈的論戰，許多人對此表達了贊同。西頓遭到的劫掠與蒙古人看似沒有極限的威脅，讓基督徒惶惶不可終日。庫圖茲已是埃及六年來第三任蘇丹，因此基督徒根本無法確定他必然會是將來的對手。事實上在這個點上，基督徒根本分不太清楚庫圖茲跟之前比較隨和的埃宥比統治者，有何不同，而埃宥比王朝曾經是他們重要的貿易夥伴。再者，與庫圖茲聯手可以舒緩來自蒙古的壓力。只不過條頓騎士團的團長安諾・馮・桑格豪森（Hanno von Sangershausen）激烈地反對任何形式的合作，並最終說服當局打消了這個念頭。桑格豪森認為讓基督徒去冒生命危險是不智之舉，且一旦穆斯林勝利了，庫圖茲搞不好會翻臉來打他們。所以阿卡城聰明的話，還是應該隔岸觀火並保留實力。

由此，基督徒原本可以選擇絕對中立，但作為保險，他們給了庫圖茲安全通過其勢力範圍的權利，不用擔心會遭到基督徒的攻擊。於是有三天的時間，埃及部隊駐紮在阿卡城外的果園，並獲得了各種補給。城內不是沒有人為此緊張兮兮。位高權重的若干埃米爾進了阿卡城，訂定某種協議，當中根據基督教的消息來源，包括「一名後來成為蘇丹的大埃米爾，名叫班德卡（Bendocar）。」阿拉伯的消息來源宣稱拜巴爾喬裝進了城，以為日後可能的戰機蒐集情資。在紮營於阿卡城牆外時，庫圖茲對他因懾於蒙古的威名而軍心日益浮動的雜牌軍，發表了強有力的演說，目的是要喚醒他們的勇氣，並要他們知道，伊斯蘭的未來正處於危急存亡之秋。具體的作戰上，拜巴爾銜命帶著前鋒部隊去刺探敵軍的部署。

一二六〇年九月三日，庫圖茲率軍在阿卡城的東南方三十英里處與蒙古人狹路相逢，那地方說巧不巧就叫做阿音札魯特（Ayn Jalut），意思是「歌利亞之泉」，也就是巨人歌利亞被大衛手刃的地點，而雙方也在該處打了一場千古留名的史詩之戰。雙方的中央部隊在各自盟友與靠不住的支持者幫助下，感覺不相上下，因為即將在沙場上一決雌雄的，正好是都來自歐亞草原，系出同門的突厥—蒙古馬弓兵隊，且雙方連使用的戰術都差不多：騎兵出來佯攻、詐敗撤退，然後機動包抄。拜巴爾先率前鋒朝蒙古軍衝鋒，然後時而進、時而退。蒙古人兩度差點輾壓了庫圖茲的軍隊。在戰鬥的最高峰、情勢危殆之際，庫圖茲褪下了頭盔，以真面目示於士兵之間並大喊著：「喔，伊斯蘭，喔，真主，幫助你的僕人庫圖茲打敗蒙古人吧！」在馬穆魯克的紅黃軍旗下，庫圖茲得以號召官兵擋住了攻勢，重新集結部隊，並最終擊敗了蒙古人。怯的不花在亂軍中陣亡，蒙古軍死傷慘重。逃離的蒙古殘部遭到拜巴爾追擊，然後二度遭到擊潰。

這不是蒙古人第一次吞下敗仗，也沒有終結他們在敘利亞的野望。這支蒙古軍的規模相對小，而且不智地輕忽了跟自己在許多方面都很相似的對手。旭烈兀認為這是一場地區性的挫敗，並打算捲土重來。馬穆魯克人還沒有見識到蒙古軍的真正實力，而對方的反撲在所難免。唯這場勝利產生了無人預見的影響。庫圖茲在戰場上的「登高一呼」，預示了出身亞洲草原、操突厥語的諸多游牧民族，有一股把伊斯蘭團結起來的能力。阿音札魯特之役把尊貴的地位與正當性，加冕到了這些外來者的頭頂。

＊

但庫圖茲並沒有那個命去享受勝利的甜美果實。也許對身處高位的埃米爾而言，他把餅畫得太大，這其中包括提供阿勒坡的總督之職給拜巴爾，結果他卻食言而肥。阿音札魯特之役後，庫圖茲與巴赫里耶這兩派馬穆魯克人愈發相互猜忌，而且嫌隙再次沸騰到浮出水面。後者從未諒解庫圖茲殺了阿克泰，所以剩下的問題只是這兩派誰要先出手。在取道沙漠回返開羅的途中，庫圖茲表示想停下來從事他最喜歡的獵兔運動。在諸多埃米爾的陪伴下，他離開了道路開始越野，而等野兔捕到後，巴赫里耶軍團開始有了動作。整件事最可能是事實的一個版本，是拜巴爾上前請求蘇丹幫個忙，然後作勢要親吻蘇丹的手，而這就是動手的訊號了。拜巴爾趁勢緊抓住蘇丹的手，讓他沒辦法拔出武器，而第二名埃米爾便趁此空隙一劍刺過去，然後一旁再多箭齊發讓他死透。拜巴爾既不是單獨行動，也多半不是讓蘇丹流下第一滴血的人。而就跟突蘭沙遇刺一事一樣，史書多半也是後來才改寫成讓拜巴爾有面子。在之後要從埃米爾裡挑出蘇丹的選舉過程中，拜巴爾宣稱他是第一個襲擊庫圖茲的人，所以應該優先獲得考慮。雖然以馬穆魯克人的身分當上蘇丹，代表他得倚靠一個強大埃米爾聯盟的支持，但拜巴爾還是著手開始建立起了他不受節制的個人統治。

＊

從阿卡的角度看過去，庫圖茲的遇害無疑又再一次證明了伊斯蘭世界的運作有多麼不堪聞問，統治者一個又一個倒在了血泊之中，只因為不懂得團結的諸王國就是會你爭我奪。基督徒於是鬆了一口氣：蒙古人敗了，而伊斯蘭世界仍是一盤散沙。但他們不知道的是隨著拜巴爾的上位，一個新的突厥王朝將把伊斯蘭的中東團結起來，而他們將堅定地要以自薩拉丁的年代以來，就不曾再見過的堅定決心打一場聖戰。基督徒還有所不知的是蒙古人雖然仍有偶爾的突襲，但他們將再也不會有足夠的動機重返中東，來充當拜巴爾的制衡力量，或是創造出空間來讓基督徒能靠以小事大周旋在兩強之間。尤其對阿卡而言，蒙古人來襲與馬穆魯克人的崛起，使其順暢的經濟運作為之一挫。巴格達成了一片廢墟之後，原本以阿卡與的黎波里作為終點的長程貿易路徑北移，經濟繁榮的日子也成為過去，海外王國裡的王侯不再富可敵國，愈來愈多人被迫出售他們的城堡與爵位給軍事修會，而這些修會也慢慢成為了基督教聖地上，僅存還使得上力的捍衛者。拜巴爾會慢慢壓縮他們的生存空間，而他之前喬裝潛入阿卡去蒐集到的情報，屆時都會管上大用。

拜巴爾本人從未忘懷部分基督徒對蒙古人的效忠，也沒忘記阿勒坡的大清真寺是如何消逝在大火中。剩餘的十字軍國家過沒多久，就得面對一個穩定而統一的伊斯蘭王朝控制在死敵拜巴爾的手中，而拜巴爾在位將長達十七年。這名新蘇丹據稱個頭不高、胸膛寬闊，說起話來聲如洪鐘。他其中一隻藍眼睛裡有一道不尋常的白斑。話說他最初被當奴隸賣掉時，價格並不優，一名買家剛入手便把他退貨，說他是瑕疵品。還有一說他眼裡有一股邪氣，因而鮮少眨動眼睛。

第四章

埃及的雄獅

一二六〇至一二六九年

圖9　舉起利爪的雄獅，拜巴爾的紋章徽記。

在長達一百五十年的時間裡，除了薩拉丁統治期間這個例外中的例外，信仰伊斯蘭的中東山頭多到無法團結起來，只能任由一票法蘭克人莫名其妙衝上巴勒斯坦沿岸。埃宥比或許嘴上說得一口好聖戰，但聖戰於他們其實是理論大於實務，畢竟與歐洲進行遠距貿易的現實利益，早就凌駕於團結的聖戰呼聲之上。相對於此，十字軍國家則以大多被吸收進結盟與和解的模式裡，並以此模式在巴勒斯坦與敘利亞各地運作。唯隨著拜巴爾上台與突厥民族從亞洲草原走上歷史舞台，這一切都變了。

拜巴爾是第一代皈依伊斯蘭教的馬穆魯克人，他曾在曼蘇拉為了保護埃及免於浩劫而奮戰過，而在拜巴爾一二六〇年十月返國時，他帶回了一款強硬的意識形態：他決心要效忠正統的遜尼派哈里發，也決心要在戰爭的旗幟下把埃及與敘利亞團結起來。此時經過蒙古人摧枯拉朽的毀滅，伊斯蘭世界來到了崩潰的邊緣。

他開始著手把伊斯蘭人民團結起來，好面對讓他們腹背受敵的敵人：東邊是蒙古人，西邊是法蘭克人。在打造新伊斯蘭帝國的大業上，他專心致志，獨斷獨行，而且嚴守戒律。

他的現身於開羅讓許多人感到驚愕。開羅城原本期待看到的，是率軍凱旋的庫圖茲，但他們實際面對到的卻是又一輪的血腥紛亂，還有短短一年不到的又一個新蘇丹。對於伊斯蘭正統而言，突厥人是外來者，也是潛在的僭越者，而拜巴爾是經由殺人害命與作弊的選舉上台的。百姓都很害怕跟擔心日子會回到一二五〇開始那十年，那個馬穆魯克人為大街小巷帶來失序、暴力與恐懼的時代。拜巴爾快手快腳的安撫了基層的這種疑慮。他一方面減輕賦稅，一方面開始形塑自己是薩拉丁與埃宥比諸先王的傳人，因此是正統遜尼派統治者的形象。向伊斯蘭信仰輸誠的工作於焉展開，諸如修築清真寺、提供就業機會，以及在饑荒時供給免費的愛心吃食等等。經他之手修復的代表性建物包括耶路撒冷的圓頂清真寺（Dome of the Rock）與阿克薩清真寺（al-Aqsa），乃至於開羅本地年久失修的大愛資哈爾清真寺（al-Azhar），另外他還不遺餘力地培養宗教階級。他集遠見與暴虐於一身。他疏遠了行刺的共謀者，搗毀了庫圖茲的墓地，免得那裡成為支持者的朝聖地。對於他的人格崇拜透過文字與影像投射出去。雄獅作為他的象徵性徽記，出現在錢幣跟公共建物的門面上——包括城門、要塞與橋梁。這頭雄獅舉著牠的右掌，貌似蓄勢待發，也看著像是要一掌擊潰無處可逃的鼠輩：所有與伊斯蘭為敵之人。

拜巴爾以虔誠的伊斯蘭領袖之姿，復興了遜尼派哈里發的統治；最後一名在巴格達被暗殺的哈里發後裔被很方便地找了出來，好讓拜巴爾有個可以宣示效忠的對象，而在一場莊嚴隆重的典禮上，這名哈里發後人也禮尚往來承認拜巴爾是普世的蘇丹。戴著阿拔斯哈里發的黑頭巾，身著紫袍的拜巴爾被授予旌旗、寶劍與盾牌，而他則宣誓要公平徵稅、恢復哈里發國的古老榮光，並且發動聖戰。

正當性，就這樣被授予了當時阿拉伯歷史學家口中的「突厥人的國家」。不久之後，哈里發被慫恿去進行一項自殺任務。他率領著不算多的人馬去收復巴格達，結果三兩下就被蒙古人殺了個精光。繼任的第二名哈里發就只是個傀儡了，哈里發國的體制也慢慢被馬穆魯克蘇丹的勢力吸納。

建立一個軍事國家，是拜巴爾的當務之急，所以他處理起相關事宜可說是大刀闊斧且快刀斬亂麻。首先，拜巴爾想到的是埃及的防禦。以路易九世的十字軍為戒，他安排建立了沿岸的堡壘、瞭望塔並推動河道疏浚，以確保尼羅河防線可以固若金湯；再者，大馬士革等地被蒙古人蹂躪過的城牆，獲得了重建。為了維持軍事奴隸的供應來充實馬穆魯克軍團的實力，來自黑海的穩定貨源可謂不可或缺，而這項責任從一二六〇年代起就落在了熱那亞人頭上。未來的某一天會命定要跟基督徒大打出手的軍事人力，就源自這些也信仰基督教的熱那亞商人手裡。

在此同時，拜巴爾對軍隊進行了結構性的改革。身為奴隸的馬穆魯克人是以突厥語為第一語言，在軍官手下作戰也多以此母語為之。拜巴爾建立了一支大約四千名馬穆魯克的核心部隊，成員有些是他自身的精英衛隊，有些則是他麾下埃米爾的部隊。另外還有一隊

圖10　馬穆魯克騎兵訓練：一個人揮舞著錘矛，另一人則從奔馳的馬背上瞄準目標。

由自由人組成的騎兵。在核心部隊與自由騎兵以外，就是主要來自敘利亞的步兵跟訓練較為不足的義勇兵。雖然敵人習於高估馬穆魯克軍的規模，但拜巴爾也確實可以針對特定的戰役，在有需要時召集出多達四萬人的兵力。

這之外他還發展出了軍事訓練的機制。他建立了兩處新的營地是屬於競技場型態的訓練場地，可供士兵在當中進行戰技與體能的操演與開發。馬穆魯克人會在此鍛鍊射箭、擊劍等科目，外加學習使用錘矛與騎兵用的長槍。訓練課程包括在地上與馬上進行角力與模擬的騎兵對戰，特別是使用短小精幹的複合弓。技術純熟的射手理應可以在馬穆魯克的訓練中練到一秒半射三箭，且準度可以在七十公尺開外射中一公尺寬目標的水準。馬穆魯克人也使用各式各樣的燃燒裝置，並訓練他們的騎兵發動火攻。涉及這些火攻武器的馬上演習有兩層目的，一來是為了讓騎兵熟稔相關的操作，二來是為了讓戰馬習慣噪音與火焰而不會受到驚嚇。

為了團結埃及與敘利亞，拜巴爾一方面著手系統性地牽制或消滅屬於國中之國的埃宥比國王自治，一方面設法用非凡的通訊網路把他的蘇丹國全境連結在一起。他以快馬、驛站、後勤與烽火建立了極具效率的郵驛系統，並修路築橋來加速軍力的部署與信差的速度。情報蒐集是他打造國家的核心考量；他經常能以快速反應的能力讓對手大吃一驚。他的驛馬騎士直接向他負責，而他也沒在報酬上虧待這些人，由此從大馬士革到開羅的六百英里加急，他們只要四天就可以搞定。這些機密訊息只有蘇丹本人可以御覽，而拜巴爾也會夜以繼日地盡速批閱回覆。據說有一回「拜巴爾人在帳篷裡準備沐浴，卻適逢郵件送抵。他二話不說就一絲不掛地讓人把信念給他聽。」他的指示也在四天後準時發抵。

⁂

身為蘇丹兼全軍統帥，拜巴爾可以說幾近不眠不休。在前後十七年的在位期間，他可以說是名符其實的馬上治天下。他騎馬移動的里程數達七萬英里，參與大小三十八場戰役，其中二十一場是交手法蘭克人。他若想發動戰爭不會因為寒冬就作罷，而且他行動之低調隱密，面貌之千變萬化，往往連他最忠心耿耿的埃米爾都會因毫無頭緒而感到氣餒。他可以微服走在街道上而不露出破綻，也從來不會讓軍事行動的確切目標在外流傳。畢竟，出其不意與聲東擊西是戰爭的利器。突厥出身的僭越者如他在持續將自己隔絕於草根民眾以外的同時，他手下的埃米爾則老是有一種被監視著的感受，而他的敵人則覺得自己怎麼也猜他不透。停戰永遠都是一種權宜之計，情勢有變戰端就會再起。作為一個有著無窮精力跟強大控制欲的人物，他從不吝於獎賞忠誠勇敢跟虔誠的下屬，更從不遲疑用殘酷的行徑，諸如將人弄瞎、把人釘上十字架、將人腰斬來嚇阻異心。

外來的威脅是他合理化獨裁專政的藉口。拜巴爾的諸多政策，都是以他們與蒙古人跟法蘭克人終需一戰來做為前提。安條克公國與亞美尼亞公國給予蒙古的幫助，讓他視所有的基督教國家為敵人，同時他也戒慎恐懼地提防著西方派出新的十字軍。蒙古入侵的威脅在一二六〇年之後日益迫近，但旭烈兀從未真正發動大規模的侵略。蒙古帝國在延伸到其地理極限的同時，裂痕開始慢慢出現。旭烈兀身為位於美索不達米亞的伊兒汗國之主，與鄰近的蒙古金帳汗國統治者別兒哥（Berke）不合。其中後者身為皈依的伊斯蘭教徒，對蒙古摧毀巴格達懷著滿腔怒火。一二六三年，這兩人終於正式開戰。拜巴爾得以與別兒哥建立了良好的外交關係，藉此中和了伊斯蘭中東所面臨較大的一支威脅。向西看，由於注意到教宗嘗試與蒙古人進行外交接觸，拜巴爾也與教廷的對手、統治西西里島的霍亨斯陶芬王朝（Hohenstaufens）建立了誠摯的外交關係。然後拜巴爾又與霍亨斯陶芬王朝的敵人拜占庭帝國皇帝，建立了外交關係，畢竟從黑海出貨的軍事奴隸得途經拜占庭的海域。

一二六三年，拜巴爾已經確立了自身身為埃及與敘利亞蘇丹的地位，同時軍隊也整備到可以出發去對付法蘭克人的程度，其中訓練、士氣與軍紀是三大重點。他下令要部隊把裝備弄到位：每個士兵都有責任把自己的盔甲準備好。大馬士革的武器市場因此大發利市。為了確保大家都有聽令行事，拜巴爾辦理了裝備檢查，期間他的士兵會一個個以縱隊接受檢閱，以杜絕有人互通有無來敷衍了事。聖戰的精神在這些動員中一覽無遺，而他們所用的語言也非常絕對：軍隊被責成「要排除所有抗拒聖戰的藉口」。他禁絕了啤酒的釀造與飲用，並威脅要把犯紀飲酒者吊死。

拜巴爾接著發動了一系列佯攻來震懾與動搖，十字軍從薩拉丁以降殘存下來的據點，包括雅法、凱撒利亞、阿卡與的黎波里，但他最火大的還是安條克兼的黎波里統治者博希蒙德六世跟亞美尼亞國王海屯一世，因為他們竟然支持了蒙古人。拜巴爾發動了不對稱戰爭，一連串令人眼花撩亂的圍城戰與突擊戰。他的軍隊會出現得讓人措手不及，肆虐鄉野，在城堡的牆外顯露旗幟，然後隨即消失。這些騷擾戰術是為了在戰略上施加政治壓力，讓敵人心生怯意而簽下不平等條約，也是為了對敵方造成經濟上的損傷。但對於他行動的目標與背後的動機，拜巴爾總是祕而不宣。對此蒙古人提供了一個很好用的託辭。關於蒙古人會越過幼發拉底河來入侵中東一事，當地幾乎每年都要被恐嚇一遍。而雖然這種事情鮮少真的發生，以防萬一的他們還是會循例把北敘利亞的草原燒成焦土，以免騎馬的蒙古人逐水草而至。總之任何好東西都不能資敵，但反過來說，蒙古人的威脅倒是給了他們理由與必要性，去對十字軍國家發動攻擊。

與黎凡特貿易的好處曾誘使埃宥比蘇丹去跟法蘭克人合作，但拜巴爾對此卻不屑一顧。他設法鼓勵讓貿易改道到埃及。在過渡期間，雖然穆斯林在加薩以北的地中海沿岸沒有口岸，但他成功讓部分法蘭克人的港口為他所用。當雅法作為法蘭克人控制下最南端的沿海城市，歸順於他後，他便透過此處進口穀糧來舒緩饑荒。而等利用價值沒有了，雅法也就隨之被毀。相對於埃宥比王朝曾點名在地的基督徒是受保護的少數族群，拜巴爾主政下則並不時興包容。拜巴爾始終忘不掉在大馬士革陷落於蒙古人之手時，這些人曾經如何地手舞足蹈。作為對這些人的懲戒，他採取的做法包括禁止朝聖者進入耶路撒冷，還有下令部隊將拿撒勒的聖母領報堂（Church of St. Mary）夷為平地，要知道那裡據說是天使加百列向聖母告知，她將受神降孕而產下聖子耶穌，也就是瑪利亞領報（Annunciation）的地點。

十字軍國家愈來愈意識到拜巴爾對阿卡造成的壓力。阿卡不僅在阿音札魯特之役時被拜巴爾潛入刺探過，之後也持續受到騷擾。一二六三年四月，拜巴爾的軍隊突然出現在阿卡城外，對其若干外部防線發動了攻擊。激烈的交戰把守軍逼退。一名阿拉伯的史官對此留下了或許立場鮮明，但描述確實栩栩如生的文字紀錄：

> 遭受重創後的法蘭克人退至阿卡，穆斯林燒毀了周遭的塔樓與城牆，砍伐了樹木，焚盡了果園。現場除了煙幕、塵囂、刀光槍影，其他什麼都看不到。穆斯林軍騎馬進逼到阿卡城門處，殺了些人，也俘虜了一些人……殘存的法蘭克人衝到城門邊，然後跑下來一邊捍衛城門，一邊全體大喊著：「城門！城門！」他們怕的是新一波攻擊會朝著一座座城門發動。在此同時，蘇丹立於佻爾峰（Tell，鄰近的山）面向阿卡城的一側，應許著各種餽贈與承諾。

＊

然後同樣突然地，拜巴爾退了兵。這次攻擊與其說是想一鼓作氣拿下阿卡，還不如說是想藉此削弱阿卡的實力，破壞他們的農業體系，並讓這些對手寢食難安。他的部隊每調動一回，焦慮就會在十字軍的海外王國之間掀起一回波瀾。阿卡幾乎每年都得被這麼騷擾一遍，而每一回果園都會被連根刨起，作物也都會化為灰煙。此役之後，拜巴爾在一二六五年回歸，然後又在一二六六年出沒於阿卡近郊。一二六七年五月，他揮舞著聖殿騎士團與醫院騎士團旗幟當幌子，接近到阿卡城的城門邊。他讓在莊稼中操勞的小農毫無防備，一舉捕獲或殺死了他們五百個人。同樣的戲碼他在一二六九年又重演了一遍。

這些騷擾行為往往都是聲東擊西的佯攻，其伴隨的往往是同時間對十字軍城堡的大型作戰。一二六六年對阿卡城的突擊，只是這種障眼法在那一年的其中一次操演，畢竟拜巴爾有足夠的軍力可以多管齊下，同時攻擊泰爾、西頓與條頓騎士團在孟福爾的城堡，讓基督教守軍看得眼花撩亂，但主力卻跑去圍困聖殿騎士團在采法特的城堡。的黎波里與安條克在一二六〇年代分別經歷了這類攻擊。一二七〇年，醫院騎士團的克拉克騎士堡（Krak des Chevaliers）要塞，作為十字軍時期蓋得最強固的城堡，因其腹地遭到蹂躪而被削弱了力量。拜巴爾以焦土作戰摧折了殘存十字軍國家的經濟基礎。火攻對阿卡農地造成的傷害之嚴重，造成穆斯林史家覺得他們不得不去訴求宗教上的理由，以便合理化如此惡性重大的毀滅行動。在的黎波里一帶，拜巴爾摧毀了可上溯至羅馬帝國時期的灌溉與行水渠道。這種藉由對沃土良田的破壞來壓縮敵人生存空間、打擊敵人士氣，並在經濟上削弱敵人實力的做法，會在巴勒斯坦與黎巴嫩沿海地帶留下數百年都好不了的傷疤。

但法蘭克人自身也不太爭氣就是了。不敢冒險以太多兵力來正面迎敵的他們，採用以牙還牙、以眼還眼的反擊，但這當中看不到的是戰略上的遠見，或一以貫之的作為。在一二六三年的突擊之後，兩造拼湊出了停戰協定，但這阻止不了聖殿騎士團與醫院騎士團等人自行其是，而這也代表這些「自治團體」會在停戰的兩個月後繼續出擊。這之後沒多久，阿卡城來了一小隊急於建功的法蘭西部隊。他們二話不說攻擊了鄰近的穆斯林村落，把人跟牲畜抓走，還對房舍放了火。一樣是亂槍打鳥，拜巴爾的騷擾作戰有其戰略意圖，但基督徒這樣拿村民開刀，怎麼看都只像是發洩情緒，除了流失更多穆斯林的民心跟激起拜巴爾的怒氣，看不出有什麼具體的意義。

十字軍國家從頭到尾，都做不到以統一陣線來進行聯合行動。各國為了能暫時喘息而各自設法與馬穆魯克人調停，結果就是吞了一堆不平等條約。當阿卡嘗試要與拜巴爾交涉戰俘的交換時，醫院騎士團與聖殿騎士團卻又一次拒絕集體行動，理由是他們手中的穆斯林俘虜是手藝精湛的工匠，拿去交換十分划不來。這種自私自利的行為，讓他們在基督教眾之間受到的批評聲浪高漲，包括有人疾言厲色地批評他們：「不論是看在上帝的份上，還是為了拯救可憫的基督教奴隸，他們都應該配合俘虜的交易。」關於他們在內陸城堡周圍所控有的領土，騎士團也沒少跟拜巴爾達成私下的協議，而同一時間，法蘭克人之間則不乏能摧枯拉朽搞破壞的諸侯。凡此種種，都導致了「突厥人的國家」獲得了愈來愈廣泛的民意基礎支持，而拜巴爾自稱是遜尼派蘇丹與解放者的說法也愈來愈厚植了正當性。

但靠拳頭大小說話總是比靠外交手腕說話大聲，拜巴爾因此可以左挑右揀他想要的條件。一二六七年，他左手回絕了與阿卡的停戰協議，右手則讓醫院騎士團的團長在羞辱中簽下了效期十年的不平等條約，以換取拜巴爾暫且放過他們位在黎巴嫩的城堡，但其實按照簽署的內容，蘇丹隨時有權撕毀這份和約。事實上與法蘭克人國家的和議遭拜巴爾毀棄，也是常有的事情，至於理由不是雞毛蒜皮的技術問題，就是一些莫須有的無由罪名。

對拜巴爾而言，法蘭克人沿地中海沿岸建立的人口聚落，都有其戰略上的重要性。這些據點威脅到從開羅到大馬士革的直線聯繫，而且占據了當地的良田。至於法蘭克人能維繫在那片沿海地景上的優勢，靠的是用一連串的城堡虎視巴勒斯坦、黎巴嫩與北敘利亞的丘陵，唯這些城堡頂多能讓他們控制住自己的領地，而沒有能連成一條整體性的防禦體系，你可以把它們想成一大塊補丁，上頭一塊塊的小補丁則是由軍事修會與法蘭克人諸侯各自為政的封地。隨著十字軍控制的疆域面積在薩拉丁的軍事進逼下不斷縮水，前述城堡的重要性也與日俱增。哈丁之役的慘劇，已經把法蘭克人想在開闊原野上挑戰伊斯蘭軍隊的熱誠澆熄。

十三世紀，軍事修會開始大舉興建或改造城堡，畢竟除了他們，能拿得出這等資源的團體已經愈來愈少。他們出錢出力在結構精巧的同心圓堡壘上，還利用各種防禦設計來讓來犯者暴露在猛烈的反轟擊之下，再者就是敵人不論想挖地道或是使用圍城機具，進度都會被這些防禦工事拖緩。在阿卡的南邊，聖殿騎士團在高聳的海岬上建起了朝聖者城堡（Château Pèlerin）這座幾近沒有破綻的要塞；條頓騎士團在一處從谷地拔起一百八十公尺、幾乎無路可達的絕壁之上，建起了他們的大本營，孟福爾城堡。在北敘利亞，醫院騎士團在地震後重修了克拉克騎士堡，使其出落為海外王國中最堅不可摧的軍事堡壘。這些強固的硬體，彌補了基督徒在人手上的欠缺，也使得他們得以用少數兵力控制住廣大的地面，並對地方居民與潛在的來犯者發揮嚇阻的效果。

但城堡的弱點，在於他們禁不起拜巴爾的消耗戰，消耗戰會讓城堡的孤立性被凸顯出來。此時隨著埃及與敘利亞的重新統一，加上拜巴爾的麾下軍容正盛，這位突厥人蘇丹認真覺得自己可以去挑戰這些獨立的封地與城堡。馬穆魯克人的傳統戰技是奠基於馬術與騎兵，但一二六五年他們不靠騎兵，而是部署了最終會把法蘭克人徹底逐出聖地的圍城戰術。他們承繼了伊斯蘭前朝的圍城技術，但在拜巴爾的領導下，他們青出於藍而勝於藍發展出一種能力，是靠複雜的技術與後勤管理去包圍並拿下強化過的要塞。一二六五年的春天，他們啟動了一系列的圍城作戰，而這仗打到一二七一年，成功讓他們摧毀了十字軍國家大部分的軍事力量。

＊

為了師出有名，拜巴爾此戰搬出的藉口是蒙古威脅要進犯北敘利亞。拜巴爾一面急遣部隊去攔截並騷擾蒙古的入侵者（他能如此快速反應，靠的正是他極具效率的郵驛體系），一面認定法蘭克人的態度已不再像阿音札魯特時那麼中立。他相信馬穆魯克騎兵已因為季節而散去的消息，早被法蘭克人密報到蒙古人耳裡。急遣部隊所展現的快速動員的能力，固然讓蒙古人打消了發動總攻擊的念頭，但這並沒有讓枕戈待旦的拜巴爾忘卻與基督徒結盟的凶險之處。他致函雅法的總管（Constable of Jaffa），抗議法蘭克人領袖「在很多行事上對不住我，包括他們寫信叫蒙古人來犯我土地。」

拜巴爾首先鎖定的目標是南巴勒斯坦沿岸的兩座城市，凱撒利亞與阿蘇夫（Arsuf），並在這兩座城的身上展示了馬穆魯克人帶進十字軍戰爭裡的一干資源與技術，諸如詐騙、對白紙黑字條約的無視、科技、計畫時的深思熟慮、對聖戰的宣傳，還有壓倒性的人力資源優勢。在前往該地區獵獅的名義掩護下，拜巴爾偵察了這兩座城的硬體防務。在此同時，他也就地開始砍伐木材來組裝圍城機具，並動員了一支由一流石匠、地道工人與工程師共組的精英團隊。石丸開始一顆顆製備出來，部隊則集結起來並開始組裝爬梯。同時間在大馬士革，預製的圍城機具開始動工，等完成後便可拆解成組件，並由駱駝或人力加以運送。

二月二十七日，拜巴爾毫無預警地出現在凱撒利亞的城下，並下令將其團團包圍後發動攻擊。歌功頌德的文字敘述蘇丹本人身先士卒加入了戰鬥，為了確保將士的士氣，蘇丹在眾目睽睽下出現是一定要的。由於這次突襲徹底出乎凱撒利亞居民的意料之外，因此準備好的梯子沒派上用場，拜巴爾軍就用隨機應變的巧思克服了凱撒利亞的外牆。就像登山的人會把岩釘槌進山壁表面，拜巴爾軍「拿鐵製的馬釘、韁繩與馬籠頭來當作攀岩工具，從四面八方爬上了城牆，安上了他們的旗幟。諸城門遭到火焚，上頭的防禦工事也被拆毀。」凱撒利亞在撐了一星期後投降，倖存者揚帆逃往阿卡。城一破，拜巴爾便立即對其大肆破壞。在此同時，他派了突襲隊去騷擾阿卡（跟其他幾個地點）來讓凱撒利亞潛在的友軍無力馳援。一組基督教代表團於此時抵達凱撒利亞，為的是質疑這次攻擊的目的。但拜巴爾給他們的接待十分熱情，由此他們鬆弛了戒心，而這也讓蘇丹獲得了規劃下一步行動的餘裕。

三月十九日，拜巴爾離開了凱撒利亞。兩天後他的部隊又出其不意地出現在南方二十五英里處沿岸、防務堅實的阿蘇夫城。對拜巴爾而言，條約只有在他想遵守的時候才是條約。一二六三年，他斥責醫院騎士團強化阿蘇夫防務的行為已違反了某項條約。醫院騎士團於是送上了禮物去軟化蘇丹的態度，而蘇丹也對送禮來的使節保證阿蘇夫城不會受到攻擊。唯言猶在耳，蘇丹便食言而肥。

阿蘇夫的防禦工事甚強且軍民奮力抵抗，但後續的圍城行動仍很無情地反映了攻守雙方在人數上的天差地遠，以及馬穆魯克人在掌握精密作戰技術與資源上的進度有多麼超前。大規模的地道與壕溝在能人巧匠的主持下開挖。而雖然醫院騎士團這邊也不甘示弱地進行了水準不差的反制，包括搬來一桶桶油脂與動物脂肪加以點燃，然後用鼓風器煽風點火來摧毀地道，但圍城機具的規模之大，最終還是讓進攻者得以掏空了外牆的地基。馬穆魯克人帶來了各式各樣的抛投砲台，讓阿蘇夫歷經了重砲轟炸的洗禮。拜巴爾本人據稱也參與了拉緊繩索來發射石彈的流程。馬穆魯克人的軍事動員與其不怕死的決心有另外一項正字標記，那就是當中的宗教熱忱。他們隨時可以幕天席地進行祈禱，而拜巴爾本人則會帶著專用的帳篷型清真寺移動。一行獨樹一幟的伊斯蘭教團，「虔誠者、禁欲者、教法學者與孑然一身的蘇菲行者（Sufi）」會代表拜巴爾去啟發將士為了聖戰抛頭顱灑熱血，拜巴爾本人也會盡可能親臨前線督軍：

一會兒……在溝塹中，一會兒又在揭開序幕的戰端中，在海岸邊射擊著法蘭克人的船艦，在拉緊著抛石機……他會攀爬上沿海絕壁，好占據瞄準的制高點，也讓將士們看到他與大家同生共死，下令要大家奮不顧身，並在那兒對勞苦功高者致上謝忱，對英勇過人者獻上代表榮譽的袍子。

蘇丹在阿蘇夫親上前線的身影，他的活躍與勇敢，都為此後的戰事注入了士氣與動機。他們花了五個星期，籌劃出最後的總攻擊：衝上城牆，控制外城，然後用抛石機與箭矢的猛攻拿下內層堡壘。四月二十九日，內層堡壘的城門塔不知是因為地道或轟炸而崩塌。拜巴爾表示投降便可不死，而守軍也接受了，畢竟他們無法從身後的海路逃跑，他們的港口太小，而且又落在拜巴爾的石砲射程內。一如凱撒利亞的命運，歷史悠久的阿蘇夫古城就此遭到拆毀，再也沒有人以此為家。

五月二十九日，拜巴爾浩浩蕩蕩地進了開羅，而他進城的隊伍中也包含了在阿蘇夫被俘的法蘭克人，拖著腳步的他們有十字架的殘骸纏在頸子上，也有他們原本的旌旗被倒掛。戰事結束後，拜巴爾便馬不停蹄地開始利用勝利的宣傳價值。他對約翰・德・伊伯蘭（Jean d'Ibelin），也就是雅法領主所進行的重磅威脅，也是他不久之後送到眾家十字軍大人眼前的字眼：

> 我們絕不容忍壓迫：誰占了（我們）一分田，我們就在原地攻下一座高堡；誰抓了我們一名農人，我們就抓他們一千個武裝戰士；誰毀了我們一棟屋子，我們就打倒他們城市的大牆。利劍握在戰士的手裡，馬韁抓在騎兵的指間。我們有人手可以往脖子砍下，還有人手可登上（宮殿的）門廊。不論誰想找（我們的）碴，都得想清楚自己在幹麼；誰想占（我們的）便宜，都會發現（有災禍）注定要往他們身上砸。

阿蘇夫是一場攻守人數不成比例的作戰。相對於守方只湊得出兩百七十名戰技嫻熟的醫院騎士團成員，外加一些幫手跟熱心的老百姓，拜巴爾可以調動數以千計的部隊。這還沒算負責建造與操作拋石機的專業人才，以及工程師、泥水匠、地道工、木匠師傅等形形色色的後勤人員。唯阿蘇夫的防務也不容小覷，這包括其位於岬角上的位置，使之只能從特定的路線接近，再者就是他們有深諳戰爭之道的守軍把守。此外作為對人數不足的彌補，法蘭克人把希望寄於他們充滿巧思的防禦工事，唯事實證明有些東西靠頭腦是補不回來的。

阿蘇夫一役顯示馬穆魯克人已快速掌握並精進了圍城戰的各種元素。而以此役為原型，他們開始連番對一個又一個的海外王國發動攻擊，而其不斷反覆操作的策略是：假裝沒有敵意來降低對方戒心、縝密規劃並安排好後勤、給予宗教性的動機、恩威並施的領導力、以兵力堆疊出的壓制力、結合地道挖掘與砲兵轟炸的上下夾擊，還有就是以瘋狂的速度進行快速打擊，藉此讓敵人倒地不起。這類圍城戰的結局，往往是守軍自知難以為繼舉起白旗，偶爾才會有大規模的攻堅與破城後的屠殺。慢慢形成的標準做法，是拜巴爾會逐一掃蕩並拆毀地中海沿岸的硬體設施，以免供捲土重來的十字軍用作為灘頭堡。令人防不勝防的奇襲，還有經濟作戰，只是拜巴爾用兵的其中一環，與此搭配使用的是孤立並各個擊破一個個強固的城堡。這種雙管齊下的作戰，差一點就讓拜巴爾於幾年內把法蘭克國家的割喉割到斷，事實上這種二合一的戰略，會一直被玩到一二九一年的阿卡城牆外。

＊

在大約同一個時間，拜巴爾在他的榮銜中增加了一條是「蒙古人與法蘭克人的毀滅者」。當時有銘文頌揚他是當代的亞歷山大大帝，是「無往不利的君王、世界與信仰的支柱、是伊斯蘭教與穆斯林的蘇丹、是異教徒與多神教信徒的殺手、是叛亂與異端的平撫者，也是兩個世界中正義的平反者。」

隔年一二六六年春，拜巴爾開啟了他新一波的出擊，這次他除了肆虐的黎波里一帶，也出現在阿卡、泰爾與西頓的城牆外。唯這些調度只是為了恫嚇與擾亂對手的小動作。拜巴爾真正的目標，是聖殿騎士團在采法特的城堡，因為那是基督徒在巴勒斯坦內地最後一處要塞，同時也是在戰略上足以威脅大馬士革進出交通的重要據點。用一種經常拿來形容基督教據點與城市的修辭來講，那兒「掐住了敘利亞的咽喉，是壓在伊斯蘭胸口的一塊石頭。」在此同時，拜巴爾正忙著在約旦河上築橋來改善帝國內部的交通。在用這種突襲的進攻模式亂人耳目與懾人心魄的同時（話說連替拜巴爾帶兵的將領即便身懷蓋有他印璽的軍令，也都要到最後一刻才知道蘇丹究竟想玩什麼把戲），圍城設備也在大馬士革如火如荼地進行準備。等他赫然出現在采法特城牆外面，一票來自其他遭劫地點的大使也紛紛現身，他們一邊奉上獻禮，一邊乞求和議。但這些人全都被攆退，其中泰爾的代表還因為據稱的違約而遭到責罵：「你們要是想讓我承諾你們安全，那就把與我為敵的法蘭克人從你們當中趕走。我們共同的誓約不是說了：我的敵人也是你們的敵人。」

拜巴爾把圍城排在從齋戒月結束的宴席日當天開始。虔誠的宗教習俗在軍中執行得一絲不苟：誰敢喝酒慶祝開齋，誰就得面對被吊死的懲罰。全心全意的宗教熱忱沒有商量的餘地；當第一波直接的攻勢因為守方的頑抗而一無所獲時，拜巴爾便把四十名辦事不力的埃米爾給關押了一陣子。讓阿蘇夫無法應付的圍城技術逐漸發揮效果，而等他的部隊攻破了外牆，守軍便退到了內堡來交涉投降事宜。產生爭議的是最終的收場有兩個版本：一個是拜巴爾再次憑恃其強勢地位食言而肥，另一個是基督徒違反了自己的誓言。

守軍覺得他們談成的結果是自己可以全身而退，但事實是他們成了拜巴爾的階下囚。拜巴爾宣稱這些守軍沒有遵守雙方的協議，因為他們打算私藏武器離開。不過可以確定的是在整個十字軍戰爭時期，伊斯蘭特別看不順眼軍事修會。聖殿騎士團被帶至附近一處他們處決過穆斯林囚犯的山丘，然後一千五百人全被斬首。根據基督教的史官所說，拜巴爾為了讓這件事能發揮殺雞儆猴的效果，特意留了幾人活口：「他（拜巴爾）圍著他們築了一道圓牆，但他們的屍骨與頭顱都還是看得到。」保住一命的只有兩個人：一個是操阿拉伯語、參與了協議談判的亞美尼亞人（聖殿騎士的悲慘命運他搞不好也暗中推了一把）；另一個被遣返回阿卡，由他以目擊者之姿講述已經發生的事情跟即將發生的事情。拜巴爾打仗都是真刀真槍，想活命只能無條件投降。不同於被攻下的沿海要塞被拆個精光，陷落後的采法特被重建成戍衛通往敘利亞之路的重鎮。

一二六八年，拜巴爾再次有所動作，並在戰術與動員上都故技重施。三月，他攻擊了領主在一二六六辭世後便岌岌可危的雅法，並把雅法打到不留片瓦。四月，被攻擊的對象輪到了在博福特（Beaufort）、踞於南黎巴嫩一處峭壁上的聖殿騎士團城堡。而在這兩戰中間，他還抽空去突襲了的黎波里與阿卡。這一次次出擊的成果除了摧毀了大量的防禦性建築，還誘發許多小型堡壘自動自發的歸降，外加各種讓步、獻禮與條件愈來愈不利於守軍暨其居民的不平等條約。

不過要說到讓拜巴爾恨得牙癢癢的，還得算是安條克，主要是安條克公爵博希蒙德六世與蒙古結盟之事仍讓他怒不可遏。拜巴爾派兵團團圍住了這座人口眾多、且有長長的城牆將之牢牢包了一圈的大城。他要求安條克要每年進貢一個人一枚第納爾（dinar）的金

圖11　不怒而威的拜巴爾蘇丹在帳中接見訪客。軍隊的長槍與旗幟在背景清晰可見。

錢——這可不是筆小錢，但也沒多過安條克付給蒙古人的金額。幅員相對廣大而戍守兵力不足的安條克不智地拒絕了用錢買平安，拜巴爾發出了最後通牒，但仍未得到回應。一二六八年五月十五日，他把大軍壓了上去，突破了城牆。破城後蘇丹下令把所有城門關上，阻斷了居民的逃生之路，然後放手讓部隊去燒殺擄掠。數以萬計的人不得其門而出，僥倖沒被殺害的則淪落為奴，蘇丹的戰利品即是城內的巨大財富。最終每名士兵都分得了一名奴隸，數量多到讓奴隸市價大跌。最終安條克城大體付之一炬。

＊

安條克作為在聖經中十分顯赫的城市，在十字軍的集體記憶中有其代表性的一席之地。第一次十字軍東征時，這裡曾是通往聖地的門徑。這裡曾經在八個月的死戰後，幾近奇蹟似地落入基督教之手，也曾經在極為不利的條件下力保不失，而這些戰果都為耶路撒冷的收復鋪好了道路。但如今它卻在短短一天內淪入拜巴爾之手。經此一挫，安條克再也沒能恢復其往日榮光。安條克失守後，剩餘的聖殿騎士團據點也紛紛被放棄，僅存的只有拉塔基亞（Latakia）這小得可憐的沿岸港口。整體而言，法蘭克的敘利亞至此已土崩瓦解。

安條克遭劫時人不在其首都的博希蒙德，從拜巴爾處收到了一封挑釁意味十足的信，當中對他能活下來表達了恭喜。猖狂的語句與威脅的口吻，讓人不禁在腦海中浮現伊斯蘭的異教徒將面臨的末日與地獄：

我們用劍，在齋戒月的第四天（五月十九日），也就是禮拜六的第四個小時，拿下了此城。我們殺掉了你們選來捍衛這座城的每一個人……你要是在場，就可以看見你的騎兵被甩到戰馬的亂蹄之間，房屋被人恣意劫掠……你的財物被用堪塔爾[1]秤斤論兩，你的愛妃被四個一綑賣掉，而買家付的第納爾也是從你那兒搶來的。

如果你在現場，就能看到教堂連同十字架被破壞敲碎，偽經的紙頁到處散亂紛飛，宗主教的墳墓被挖掘搗毀，你的穆斯林死敵踐踏過聖殿的地面；你還能看見僧侶、神父與助祭的執事犧牲在講經壇……你會看到熊熊烈火在你的城堡裡燃燒，將死者的遺體吞噬，而你的宮殿也一去不回……教堂……在成為廢墟之前掙扎搖晃——要是你真看到這一切，我相信你會想說的是：「願我也煙滅成灰……」

此信接著要帶給你安全與能苟活下去的好消息，畢竟你正好此時不在安條克城，也算是真主給你的贈禮……生者知道他人的死訊，自然會雀躍於自身保全了性命。或許真主讓你在世上多留幾日，就是希望給你機會去彌補你之前欠缺的順從與效忠……由於沒有人活下來告訴你事情的經過，我們只好自己寫封信跟你說說。

時間來到一二六〇年代的尾聲，長年征戰的拜巴爾終於可以歇歇。馬穆魯克的黃旗已經在一座又一座他們拿下的據點堡壘中升起，只不過這些也都是辛苦取得的勝利，因為為了推動戰事，拜巴爾蘇丹得不畏寒暑更不分晴雨。一二六八年，他們在春雪中翻過黎巴嫩的山岳，紀錄有云他的部隊「能找到（能吃）的東西只有白雪，所以只能讓自己跟馬兒用白雪果腹。」拜巴爾後來對他憎恨的博希蒙德誇耀說：世上沒有他圍城機具到不了的十字軍城堡，也沒有他覺得太辛苦而不能作戰的季節。他形容過一二七一年，為了攻擊由十字軍控制於北黎巴嫩的阿喀爾城堡（Akkar）：

……我們把拋石機運過連鳥兒都覺得築不了巢的高山；我們邊拖邊發揮十足的耐心，不畏泥濘的拖累跟得與之奮戰的雨水；我們把拋石機架在連螞蟻經過都會滑跤的地點；我們走進了深邃的谷地，那兒隱密到即便陽光穿過雲層照了進去，你都看不到陡峭高山以外的指標可以帶你出去。

這段文字或許誇大了點，但圍城戰打來也確實非常辛苦。埃及的雄獅因此對其非常謹

1 堪塔爾（qintar），重量單位，約合五十公斤。

慎小心；他至今未曾嘗試把圍城機具拖到阿卡的牆邊。在伊斯蘭世界差點全盤崩潰後，他的戰略在很大程度上轉為了守勢。他面對敵人，必須謹守各個擊破的原則，尤其要避免刺激蒙古人與基督徒聯手，或是讓歐洲有動機發起全新的十字軍。

*

一二六九年七月，拜巴爾在保密到家的狀況下前往麥加朝聖，而對此祕而不宣，是怕存有異心的埃米爾趁此機會鋌而走險。縝密的計畫把他的行蹤包得密不透風，朝廷對外只說蘇丹這趟是去行獵。他心腹的信差仍持續把函文送來，而他的批示也一如他從未離開。等八月底從麥加回返，他不動聲色地先出現在大馬士革，然後又跑到了阿勒坡。他的目的是要讓各省總督因為寢食難安而乖乖聽話，他要讓官員覺得自己隨時都在盯著他們，也隨時都能出其不意把他們叫來問話。

第五章

小狗對著英國獒犬亂吠

一二七〇至一二八八年

圖12　十字軍的突襲隊，為的是俘虜人與牲畜。

等到一二六九年，拜巴爾出發前往麥加朝覲[1]的時候，他已經重創了各個十字軍國家，包括一個個剷除了他們的城堡，剝奪了他們的歲入與進貢來源，還摧毀了他們的農耕腹地。由此他們愈來愈依賴來自西方的資源供輸。海外王國中，貴族家庭之間與義大利商人社群間的派系齟齬，此時依舊鬧得不可開交，許多人根本對王國徹底瓦解的可能性渾然不覺。只是對有感於政治與軍事現實的有識之士而言，災難的來臨確實已感覺迫在眼前。拱衛基督教立足地的重責，日益落到了富有的軍事修會肩上，而他們起碼對情勢有著切合實際的展望。最早在一二六一年，「萬一王國有失」就已經是會出現在他們土地與房產合約上，一個讓人看了怵目驚心的說法。

熱那亞人在聖薩巴斯之戰後被逐出阿卡，弱化了阿卡城作為貿易重鎮的地位，而蒙古人的入侵則導致商貿車隊的路線愈發偏北。阿卡城作為地中海首富的榮景似乎即將一去不回。阿卡城內權威的瓦解，還有耶路撒冷王國裡的派系糾結，也讓城內想集眾人之力來定傾扶危的腳步停滯不前。時間來到一二六〇年代中期，城中唯一真正的領導力量，只剩下頂著耶路撒冷宗主教頭銜的阿卡主教。他除了名義上是城內的宗教領袖，實質上更是其暫代的領主。宗主教在教宗的無限授權下，可以掌理王國內的大小事務——這一點只要城民與派系都還服從教宗，就可以成立。作為有實無名的國家領導人，他除了有權對不聽話的軍事修會開刀以外，還有錢可以撥給軍隊，有預算可以用來修復防務、打造戰爭機器，跟贖回戰俘。注定要在阿卡的最終危機中進行指揮調度的人，非宗主教莫屬。

拜巴爾在中東的肆虐，再一次滲進了歐洲人的意識當中。在教廷與霍亨斯陶芬王朝之間持續互鬥時，聖地日益升高的危機已不可免，但此時放眼歐洲，情勢穩定到足以回應十字軍再起的國家，只有英格蘭跟法蘭西。教廷的表態有一搭沒一搭，但在聖地完敗的可能性讓教宗克雷芒四世（Clement IV）無法坐視，由此他便著手募款，並號召組成新的十字軍。法王與他們旁邊也一樣說法語（而且也在法國擁有土地）的英格蘭國王，用彼此間的鬥爭構成了十字軍大業身後從未停止過的背景。英法兩國都深植於起源於法國的十字軍傳統中，但獅心王理查與法王腓力二世之間的猜忌，曾經搞砸了一一九一年的阿卡之圍。然後是一二四九年，當路易九世對尼羅河發動他以悲劇收場的十字軍之戰時，英王亨利三世曾宣誓要參與，結果卻是口惠而實不至。這讓英格蘭顏面無光就算了，更嚴重的是這代表英格蘭失信於神聖的誓約。此時的路易九世既甩不掉曼蘇拉的陰影，也仍念念不忘金色的

1 朝覲（Hajj），穆斯林一年一度前往聖地麥加進行的朝拜。在身體狀況與經濟條件允許的前提下，穆斯林一生必須至少進行一次朝覲。

耶路撒冷之夢，於是他再度回應了十字軍的號召。相形之下，英格蘭王室要是第二次沒有能加入十字軍，那其所蒙受的恥辱就會更加難以洗刷了。

最終回應十字軍旗號的，是英王亨利三世的大兒子愛德華，這名還不到而立之年、英姿煥發的金髮王子。綽號「長腿」（Longshanks）的愛德華有著六尺二寸（約一八八公分）的身高，高挑的身材讓他在男性動輒只勉強有五尺六寸（約一六七公分）的年代顯得鶴立雞群。而他同時也是嫻熟於騎士精神規範的戰士，備有由競賽與模擬戰役中磨練出的戰技。想在聖地幹出點英雄事蹟的欲求，淌流在他的家族血脈裡，畢竟他自小就被餵食一個又一個的十字軍傳奇。獅心王理查是他的叔公，另一名十字軍康瓦爾的理查則就是他的親叔叔。而他的幕僚中更不乏隨路易九世打過曼蘇拉之役的資深法蘭西騎士。

愛德華很早就親身體驗過實戰的滋味。一二六五年，他率父王的軍隊與西蒙・德・孟福爾（Simon de Montfort）麾下的叛軍打了一場伊夫舍姆之戰（Battle of Evesham），當時雙方都穿著上頭有十字架的戰袍。愛德華勝了，但勝了的他沒有讓想投降的叛亂貴族付贖金來換取自由，而是在戰場上把他們屠戮殆盡。甚至有人跑進修道院尋求庇護，都被他派人砍死在講經台前，史稱「伊夫舍姆之屠」——這是史無前例，對騎士行為準則的重大違反。愛德華與他的騎士或許因此覺得自己的雙手沾滿了鮮血，而參與十字軍不僅是有騎士之風的偉業，更是他們贖罪的大好機會。

在一二六八年六月一場精心籌備的典禮上，教宗的樞機主教在北安普頓（Northampton）的聖墓教堂（Holy Sepulchre），以佈道的形式號召十字軍東征。這個場地有其特殊的意義。蓋這座教堂的是一名投身第一次東征的騎士，而其興建的範本，正是位於耶路撒冷的原版聖墓教堂。那一天，愛德華跟他弟弟埃德蒙（Edmund）都宣誓加入了十字軍，外加數百名其他貴族與其追隨者也成為了十字軍的生力軍。在這群人之中，有兩名騎士注定要在阿卡的命運裡扮演要角。奧托・德・格朗松（Othon de Grandson）時年三十，只比愛德華大一歲，也是愛德華最親近的朋友。格朗松出身位於瑞士薩伏依（Savoy）的老牌貴族家庭，而他身上也有老十字軍的血脈：他祖父就死於聖地。他的幾個特色包括可靠、勇敢跟多才多藝，且在能征善戰之餘還是出色的外交官，因此注定要長年效力英格蘭王室。他替愛德華打過內戰，並因戰功而獲得了爵位跟封地。另一名也同樣出身薩伏依的騎士，是年紀稍長且有愛德華謀士身分的約翰・德・格萊伊（Jean de Grailly），他也因為忠心耿耿而被賞賜了貴族身分。

路易九世對自身第二趟十字軍的資金規劃與任務組織，呈現了不輸第一趟的高效率——他再次施展了縝密軍事行動所不可或缺的行政、心理、財務技能。十字軍東征是很燒錢的事情。當愛德華發現他難以籌得英軍需要的經費時，路易九世借了他一萬七千英鎊。令人側目的是赤膽忠心的約翰·德·茹安維爾，竟拒絕了第二次去九死一生的邀請。

雖說準備功夫又一次地完美無瑕，但結果依舊沒有比較讓人滿意。出於政治考量與戰略上的誤判等原因，路易九世沒有出發朝聖地而去，也沒有回到尼羅河的墓地，而是他堅信拿下來就可以接著直取埃及的突尼斯。但實際發生的狀況是他與他的王師被痢疾擊潰，東征大業也在僵局跟和約中不了了之。

路易九世在一二七〇年八月死於迦太基（Carthage）附近；他氣若游絲留下的遺言據稱是「耶路撒冷！耶路撒冷！」他不少人馬就此回返法蘭西，但有一部分遠征軍聽從國王的遺命，航向了東方，只可惜多數船隊在西西里因為風暴遇難，最終只有英格蘭王子愛德華率分隊抵達了聖地。

「長腿」愛德華在一二七一年五月，帶著少量人馬抵達阿卡，所謂少量也就是一千人上下，其中兩百五十人是騎士。他的隊伍中包含提奧巴多·維斯康提（Teobaldo Visconti）這名神職者，而他人在阿卡的時候收到訊息說自己被遴選為教宗。若說有誰最對法蘭克人國家處境的危如累卵心裡有數，非維斯康提莫屬；他在出航前最後的佈道稿是這麼寫的：「若我將你忘懷，喔，耶路撒冷，那就讓我的右手忘記它所有的技能！若我不記得你，就讓我的舌頭永遠黏在口腔內的屋頂。」要說有哪一名教宗對海外王國的厄運最掛心，維斯康提的項背應該沒有其他人能望及。

愛德華很震驚於各個十字軍國家的政治與商業實況。他親眼看到在阿卡港中有義大利商業共和國的船隻載著武器、糧食供給與作為勞動力的奴隸，而它們的下一站是亞歷山卓，收貨的人則會是馬穆魯克人的軍隊。一任任教宗曾三令五申不准這類貿易進行，甚至還祭出了要將違反禁令者逐出教會的大絕招；一二〇二年，教宗英諾森三世懷抱著強烈的懷疑，就此事對威尼斯人發出了極具針對性的威脅，即便此時的威尼斯人正在為第四次十字軍東征進行前準備：「（我們）嚴正地以違反者將被逐出教會的禁令，不准你們透過販售、贈予或交換的方式供應撒拉森人鐵、麻、利器、可燃物質、武裝、槳帆船、帆船，或是木材。」這些措辭嚴謹的禁令以不同的版本，在十三世紀反覆獲得了宣導，但並無太大成效。即便這些共和國的執政者也被迫複述了教宗的禁令，但非法的貿易，諸如走私、交由外國船隻進行的託運也從未歇息。

阿卡擔任跨地中海貿易集散中心的地位，或許已經開始式微，但其作為地區性貨運中轉地的重要性依舊不減。阿卡依舊以重要環節的身分串起了一條供應鏈，讓黑海的奴隸、鐵、木材、突厥的瀝青，還有歐洲的小麥與武器，得以輸往亞歷山卓跟開羅的國家軍火庫。其中的木材會被用來製作戰爭機器、十字弓、船隻與長槍的槍桿；瀝青會用來製作希臘火；小麥會用來抵銷埃及的歉收，平息開羅的民怨；鐵會用來製作刀刃，偶爾用來製作武器的成品；奴隸會用來揮舞或操作這些武器來對付阿卡自身的城壁。

從愛德華的角度看過去，阿卡是在幫人搬石頭砸自己的腳，但城內卻因為這些貿易而顯得有些暈陶陶，很多人都驕傲地以為自己如此重要，怎麼可能有人拿自己開刀。十字軍國家裡那些互看不順眼的諸侯，一心只想著維護自己的地位與特權，他們被蒙蔽的眼裡根本看不到內鬥的前方就是災難一場。

至於愛德華，他一方面來得太晚，一方面也沒有立場去阻止事後證明是拜巴爾戎馬生涯裡最精采的一場圍城之戰。從蒙古人的威脅解脫之後，拜巴爾終於能把他的注意力轉回到對十字軍要塞的各個擊破上。一二七一年三月，他開始對醫院騎士團那壯觀的克拉克騎士堡有所動作。位於北敘利亞的這座城堡有不容小覷的戰略價值。那兒虎視霍姆斯峽（Homs Gap）這個重要的進出山區的咽喉要道，而掌握霍姆斯峽，醫院騎士團就可以控制其領土，進而從周遭區域獲取進貢。匈牙利的國王安德魯二世（Andrew II）在一二一八年來到這裡時，曾稱之為「基督教土地的鎖鑰」。極盛之時，騎士堡曾經容納了兩千人的兵力，並提供發動攻勢的根據地；唯到了十三世紀的下半葉，醫院騎士團的財務跟人力都江河日下。他們英格蘭出身的團長于格．瑞沃（Hugh Revel）在一二六八年抱怨醫院騎士團在整個「海外」只剩下三百名騎士。拜巴爾用經濟消耗戰，剝奪了騎士堡重要的歲入，同時也讓腹地遭受到重創。來到一二七一年，騎士堡已經形單影隻地遭到孤立，堡內只剩少得可憐的兵力。

唯儘管如此，騎士堡還是有其可恃的獨到之處，騎士堡是十字軍所建的城堡中，防禦工事最強悍的一個。騎士堡位於一處海拔高達六百五十公尺的絕壁之上，對外唯一的通道是南側一條平路，而堡身的打造也是匠心獨具。騎士堡用優質的石灰岩塊豎立在堅硬的玄武岩床上，牆身的密合度高到幾乎不需要灰泥當黏合劑，內部的主樓高達五十公尺，外牆則有九公尺，由此騎士堡的外號就叫做「那座山」（The Mountain）。除了有用南邊兩座牆間的泉水所挹注的壕溝以外，騎士堡還有其他極具巧思的禦敵設計：外懸的石質突堞讓守軍可以在獲得良好保護的前提下，把彈藥打在垂直牆底的來犯者頭上，牆面上的箭縫有相互錯開來把死角減到最少，再來就是有九彎十八拐且長達一百四十公尺的通道中，夾雜著其實是死巷的彎道，而這會迫使攻方在天降的砲火中發動最後攻擊。在面對死守的守軍下用攻堅的方式硬拿下騎士堡，可以說幾乎辦不到。

拜巴爾領著一萬兩千人的大軍，在春雨裡把攻城設備拖上了岩石構成的露頭上。拋石

圖13　「那座山」：克拉克騎士堡的重建圖

機的木頭組件因為濕氣而發脹，機器因此架不起來；弓箭手的弓弦也被弄得無法正常運作。大軍在壞天氣裡等了十八天。等天公終於作美了，拜巴爾把他沉潛十年的十八般武藝一股腦全使了出來。在城堡的南邊，他的部隊快速克服了外層很可能是木頭柵欄的防禦工事。他接著便架起了拋石機，並讓挖掘工人開始幹活。拋石機雖能拋投重達百公斤的石塊，朝城牆上的胸牆砸去，進而讓守軍的弓箭手有所顧忌，但最終真正讓外牆西南角塔樓坍塌的，卻是地道工的功勞。此時拜巴爾仍卡在壕溝這一關，因為壕溝無法用地道克服，而有「那座山」之稱的主樓也屹立不搖；一反他平日不留城堡一磚一瓦的習性，他這次想兵不血刃，拿下一座完好無缺的城堡。

詐術始終是他各種法寶中的重要一員。一二六八年，他成功攔截了一封寄給遭圍之博福特堡的信，並將之掉包成一封用來打擊守軍士氣的贗品。如今在克拉克騎士堡，他恐怕是重施故技，又偽造了一封醫院騎士團團長寄自的黎波里的書信，內容說的是不會有援軍，並表示他們若想投降也可以。城堡的堡主徵詢了條件，然後在四月七日率軍投降。拜巴爾收下了大致無損的克拉克騎士堡。不論信件是否遭到偽造，抑或那只是給了堡主一個投降的下台階，如今已不可考，但可以確定的是十字軍城堡的孤立無援與人力的欠缺，讓不論是再怎麼易守難攻的據點，在馬穆魯克的全面戰爭戰略前都顯得無力回天。

拜巴爾信守承諾地放了降軍一條生路，然後用如今已是他正字標記的口氣挑釁了在阿卡的醫院騎士團團長：

給主內兄弟于格：願上帝令他成為識時務的一名俊傑，不要與命運作對，也不要頑抗祂，因為祂已經為祂的軍隊確保了勝利與凱旋……（我）要通知他的是靠著上帝的恩典，我已經征服了（克拉克騎士堡），你一手打造並強化且裝修的堡壘……你付託給你的弟兄去戍守的堡壘。他們辜負了你；而讓他們住在那裡，你等於是一手幫他們送上了絕路。他們既失去了城堡，也失去了你。我的這些部隊不可能包圍任何一座城堡而任由裡面的人寧死不屈。

這段話的口氣固然很大，但也沒有脫離事實太遠。克拉克騎士堡是拜巴爾面臨的最終挑戰，該要塞的陷落讓人不禁質疑還有哪個要塞能抵抗馬穆魯克人的包圍。在騎士堡典雅畫廊的一根柱子上，醫院騎士團曾用拉丁文刻上一首或許是用來自我警惕的短詩：「追求財富、追求智慧、追求美麗，但千萬要提防無孔不入而會腐蝕一切的那種志得意滿。」如今拜巴爾正毫不留情地戳破著十字軍僅剩的那一點志得意滿。他的下一站是位於霍姆斯峽北端的阿喀爾城堡，由此據說他坐上了上頭堆放著圍城機具的推車，一起朝著目標前進，而最終他們也順利突破了阿喀爾的外牆，逼著守軍不得不趕緊求和。

以此為起點，拜巴爾下定決心要將的黎波里從地圖上抹除。博希蒙德六世僥倖逃脫了吞噬安條克的地獄之火，但拜巴爾蘇丹跟的黎波里的伯爵還有帳未清，他怎麼也不能原諒這些人跑去跟蒙古人結盟。博希蒙德又收到了一封寄自拜巴爾的信，信中除了警告他即將來臨的厄運，還勸告他不妨循海路逃命，否則監獄的枷鎖已經替他備齊了。只有愛德華王子駕臨阿卡的消息讓蘇丹產生了遲疑。蘇丹一方面擔心會有王家將領親率新十字軍，一方面無法確定英格蘭王子所代表的威脅是重是輕。蘇丹於是同意了與的黎波里停戰，並相約以十年為期。

愛德華的現身讓阿卡的士氣為之一振，但其寥寥可數的兵馬並不足以扭轉阿卡在戰略上的頹勢。察覺到這一點後，拜巴爾便立即採取動作去威嚇這名英格蘭王子。他先是陳兵在阿卡近郊，隨即又向北鎖定了踞於東邊十二英里處、溪谷邊緣上的條頓騎士團重鎮孟福爾城堡，來當作下一個目標。雖然那兒的地勢同時不利於拋石機的使用與地道工的作業，但拜巴爾還是用僅僅不到一個月，就迫使守軍接受能全身而退的條件而投降。愛德華眼睜睜地看著失魂落魄的條頓騎士在阿卡城牆前獲釋，也目睹了馬穆魯克部隊的軍容壯盛。聖地面對的現實就這樣粗暴地展現在他眼前，讓他不得不清醒過來。

但愛德華不是沒看到其他的可能性。一來到這裡，他就立刻派了使節去找阿巴哈（Abaqa）這名出身蒙古的伊朗統治者，並提議由兩人聯手對付馬穆魯克人。在等待回覆的期間，他積極地發動了對腹地的多次突擊，並偕醫院騎士團與聖殿騎士團對鄰近的馬穆魯克要塞進行打擊。這些調度固然對敵人造成了傷害，但也讓英格蘭騎士驚覺在盛夏從事軍事行動的風險，主要是在厚重的鎖子甲之下，為數眾多的弟兄會死於口渴與中暑。馬穆魯克人這種彷彿「來此一遊」的軍事行動不斷重演，時不時讓耶路撒冷王國感覺到不堪其擾。初來乍到的十字軍對戰事躍躍欲試，但又鮮少長住於此，所以對大局的影響微乎其微。這些人光來中東挑動敏感的神經，卻渾然不覺於是何種恐怖平衡讓海外王國能苟活至今。而也正是情勢的這種發展，讓阿卡城一步步瀕臨了最終的危機。

蒙古人給愛德華的回覆隔了數月才姍姍來遲，但至少結果令人振奮。他們發動了新的戰事，把馬穆魯克人逐出了阿勒坡，並迫使拜巴爾的勢力北移。在此期間，愛德華也拉出了第二條戰線，這次他嘗試的是拿下南方四十英里處、位於蓋昆（Qaqun）且戍守通往耶路撒冷之路的馬穆魯克城堡。他的小部隊再次席捲了蓋昆周圍的土地，但城堡本身屹立不搖，畢竟蓋昆堡「固若金湯且周圍有滿水位的溝渠護體」。想要真正有所進展的希冀，進一步受創在蒙古人已從阿勒坡撤兵的壞消息，主要是他們也不想與正面進逼而來的拜巴爾為敵。對於蓋昆這邊，蘇丹嗤之以鼻地表示：「要是這麼些人還拿不下一間房子，那他們想征服耶路撒冷王國會不會太兒戲了呢？」大老遠跑來這裡，許多人心中的想像都是基督教與伊斯蘭在聖地水火不容，但來到現場，很多事情會讓他們非常驚訝，包括蓋昆的居民會例行性把多餘的農產賣到阿卡的市場。

＊

在一二七一到一二七二年的冬天，愛德華貸了款要強化阿卡的防務，主要是他想在外牆的險要處興建一座新塔樓，並以其前方一道矮牆來保護塔樓的基底。他另行建立了一支小規模的軍事修會，宣信者愛德華的兄弟會（Confraternity of St Edward the Confessor）來專門投入這座英格蘭人之塔（English Tower）的防守。在此同時，拜巴爾並沒有忘懷愛德華在此每一天所代表的威脅。一二七一年，他對阿卡發動了進一步的佯攻，這是他精心設計來動搖愛德華心理並消耗其實力的做法。

但拜巴爾在他的百寶箱裡還有第二招來對付這位英格蘭王儲，而這招需要的是城府與耐心。不同的資料來源對細節有不同的紀錄，但極有可能他的計畫牽涉到他一名心腹的埃米爾暨隨扈，被派到阿卡的門前。這名埃米爾帶著禮物前來，並拋出了一套說辭：他說他背叛了蘇丹。此行是來投誠的。他跟他的人馬在審慎中被請了進城，而原本並不天真的愛德華或許是覺得這若是真的就太好了，所以還是不小心上了鉤。過了一段時間，埃米爾受到的懷疑也慢慢消退。六月十七日，這位埃米爾的一名隨扈以重要的情報為餌，取得了覲見王子與其通譯的機會，當一靠近王子，他就抽出一把匕首襲擊了愛德華。愛德華反擊並殺死了刺客，但自己也被據信抹有蛇毒的武器所傷，而且傷得不輕。傳說中幫王子吸出毒液的不是他的妻子卡斯提爾的埃莉諾（Eleanor of Castile），就是他的好友格朗松。但隔天感染擴散，讓愛德華寫下了遺書並開始做最壞的打算。他最後是忍著劇痛，由醫生下狠手削去了他受感染的膚肉，這才保住了一命。

從鬼門關繞了一圈回來，愛德華的十字軍也難以為繼，他本人在不久後踏上歸途。無畏於此次的挫敗，他發誓要率軍重返，只是後來真正能捲土重來的不是愛德華，而是他的兩名摯友：格朗松跟格萊伊。事隔二十年，這兩人外加一二七〇年代初期曾於附近的的黎波里擔任過聖殿騎士指揮官的紀堯姆・德・博熱（Guillaume de Beaujeu）將組成戰爭委員會，為了最後一次捍衛阿卡來共商大計。

愛德華短暫的出手干預，起碼替阿卡城爭取到一點時間。一二七〇年代初期，拜巴爾肯定覺得自己已經做好了最後的準備，可以一舉拿下的黎波里，但對蒙古的恐懼在愛德華的推波助瀾下，促成了蘇丹尋求其他的管道來解除十字軍帶來的壓力，並騰出手來因應更大的問題。一二七二年四月，在愛德華遇刺前不久，蘇丹與阿卡城簽下了停戰協議，並依伊斯蘭教的傳統，把和約效期訂為十年十個月十天又十小時。此時愛德華再度因為失望於黎凡特欠缺理想性的政治現實，拒絕參與和約的簽署，但和約還是無視於他的杯葛，成為了事實。一二七五年，紀堯姆・德・博熱以聖殿騎士團團長之姿重返阿卡後，他寫了信給已登基為英王的愛德華，回報了海外王國的狀況。他的報告相當灰暗而悲觀。他擔心拜巴爾會繼續來犯，須知蘇丹這時已經剝奪了這片土地上的資源。曾經海外王國在此地所控有的歲入，已經一去不返；耶路撒冷王國一貧如洗，而聖殿騎士則在城堡的維護上面臨愈發沉重的財務壓力。

一眼望去，你會覺得十字軍國家還能繼續苟延殘喘，靠的只是蒙古人對拜巴爾的威懾。被蒙古與十字軍國家合圍的惡夢讓拜巴爾不敢輕舉妄動。這固然增強了他想要剷除法蘭克人的欲望，但話說到底法蘭克人還不是他眼裡的第一考量。一二七二年後，拜巴爾蘇丹開始派兵與蒙古人正面交鋒於對方的地盤上。一二七七年，他率軍通過敘利亞進入安那托利亞（南土耳其），並在那裡重創了一支蒙古軍，只是眼看著第二支蒙古軍來勢洶洶，他仍判斷撤退才是上策。

＊

在歐洲內部，各界對十字軍的熱情已行將就木。曾偕愛德華前往阿卡的提奧巴多・維斯康提，如今已搖身一變成為教宗格列高里十世（Gregory X），而他仍鍥而不捨地嘗試號召各方的支持。一二七四年，他召開了一場會議來討論新十字軍的組織，結果應其呼籲前來的一國之君只有一人，反之歐洲對於十字軍的意興闌珊之聲可以說響徹雲霄。瓦萊里的埃拉爾（Érard de Valéry）身為路易九世兩次東征的老將，倒是沒有缺席這場會議。深諳與馬穆魯克人在戰場上為敵是怎麼一回事的他，有很生動的評論。他說以目前基督教世界能滙集到的資源想跟異教徒作對，就像一條小狗對著英國獒犬在吠。

這話描述起十字軍東征想再起所面對的困境，可以說是逆耳忠言。果不其然在一二七六年，格列高里十世駕崩之後，新的東征之議也就不攻自破，不了了之了。拜巴爾本身也於隔年在觀賞馬球競賽的時候，因為喝了發酵的馬奶而死在大馬士革。有人提出這可能是有人下毒，但蘇丹之死伴隨著各種陰謀論也不是值得大驚小怪的事情。

雖然馬穆魯克的大位傳承有著從高階埃米爾中遴選的部落傳統，血脈相承並不能轉化為特殊待遇，但拜巴爾仍嘗試要確保他的兒子可以成為下一任蘇丹，只不過事實證明他的想法是一廂情願。誰想取得蘇丹的地位，誰就得建立一個聯盟來力挺自己，而這往往會是一個得血濺四處的過程。經過若干年的紛紛擾擾與混沌不明，拜巴爾生前一名推心置腹且戰功彪炳的將領曼蘇爾．蓋拉溫（al-Mansur Qalawun）脫穎而出，在一二八〇年成為了繼任的蘇丹。蓋拉溫當時年約六旬，且曾在拜巴爾的多次征戰中領兵出擊。他跟拜巴爾同屬一個欽察部落，且為奴的時間點比較晚，因此他的阿拉伯文並不流利。跟拜巴爾一樣，他一開始在開羅的人望也不高，由此有數個月的時間，他每次上街都得戰戰兢兢，因為民眾會依傳統，用扔內臟的方式來表達對他的鄙夷。唯他很聰明地遵循了拜巴爾的前例，以雙管齊下的方式一面推動公共建設，一面對正統的遜尼派伊斯蘭教輸誠，即便他從未真正甩開自己身為突厥人的根。他據稱一直保持著若干來自中亞草原的薩滿信仰習俗，包括用羊的肩胛骨來占卜未來。

唯這樣的蓋拉溫並不迷信，相反地他身為軍事將領相當精明。他完全知悉蒙古人的威脅更值得注意，同時也沒有忽視蒙古人與基督徒結盟的可能性。在一二七六到一二九一年間，蒙古人六次遣使去到西方的朝廷，但一無所獲。地理距離的遙遠與溝通的曠日費時，加上西方人對大張旗鼓的十字軍東征愈來愈無法產生共鳴，結果就是聯合作戰的計畫始終停留在幻想的階段。唯拜巴爾之死，確實（短暫地）紓解了阿卡被刀架在脖子上的壓力。

在黎凡特沿岸的十字軍王國裡，內鬥仍進行得不可開交。的黎波里伯爵博希蒙德七世首先卯上了聖殿騎士團；安茹的查理[2]跟賽普勒斯不只一位國王之間的耶路撒冷王位之爭，從一二七七到一二八五年間鬧得轟轟烈烈；熱那亞與其多個宿敵間的摩擦，確保了他們之間團結無望。這種種內部矛盾，直接反映在了阿卡的街上。賽普勒斯國王暨名義上的

2 安茹的查理（Charles of Anjou），那不勒斯與西西里國王，也是法王路易九世的弟弟。

耶路撒冷國王于格三世（Hugh III），在一二七六年離開了他認為無法治理的阿卡，回到賽普勒斯。一二八六年，法國在阿卡的駐軍拒絕接受于格三世之子亨利二世（Henry II）對阿卡王位的主張，並在王家城堡外設起屏障，硬是讓亨利二世一時間不得其門而入。隔年隨著風雲再起，熱那亞阻斷了港口，並與比薩的勢力在阿卡上演起巷戰。

蓋拉溫未曾一日忘卻蒙古人的威脅，而這也讓他很熱衷於不費一兵一卒搞定法蘭克人，以免基督徒成為他的後顧之憂。一二八一年，他先後與位於黎巴嫩馬格特（Margat）的醫院騎士團要塞，還有的黎波里伯爵博希蒙德，都簽下了和約，為的就是騰出手來因應蒙古人的威脅。那年他在敘利亞的霍姆斯之役讓蒙古人落荒而逃，但這只是一場名義上的勝利，因為他死的人一點也不比對手少。此外為了在內部叛亂中站穩腳步，不要被貝都因人跟異議派系拉下台來，他也就無暇去危及十字軍王國的安泰了。

一二八三年，蓋拉溫又跟阿卡簽了一份十年的和約，並特別要求醫院騎士團跟聖殿騎士團也要同步受到約束。作為不用向阿卡公部門交代的獨立實體，又是城內最具實力的軍事勢力，這兩個騎士團都有鑽和約漏洞而自行其是的歷史，反正只要不是他們親筆簽下的東西，他們都不會太服氣。這份和約的其中一名簽署人，是如今身為聖殿騎士團團長的紀堯姆・德・博熱。要是早幾年，他肯定會有動機去字斟句酌地檢視和約的內容。

蓋拉溫想成功一打二，把兩路威脅都拒於門外，至為關鍵的一點便是他心心念念想建立起的那支馬穆魯克精銳。他需要這支可靠的蘇丹親衛兵來扮演他與所部一票埃米爾的後盾。奴隸貿易在十三世紀下半葉蒸蒸日上，而相關的貨源正是從黑海沿岸被綁架或因故流離失所的部落居民。這些人口交易要麼是透過在君士坦丁堡的熱那亞商船，要麼是經由南土耳其的各口岸。蓋拉溫派了人在黑海促成這些貿易，而這對他的禦敵大計可以說是重要到不行。比起拜巴爾的紀錄，他取得的馬穆魯克人要多很多，確切的數據大概落在六千到一萬二之間，而且來源比起拜巴爾更無遠弗屆。不少在他軍中服務的兵勇甚至有希臘或普魯士的血脈。

他在霍姆斯擊退蒙古一役，或許只是慘勝一場，但這也確實讓敘利亞的邊境恢復了平靜，而假以時日，蓋拉溫也得以把注意力轉回到法蘭克人身上。雖然聖戰的精神給人一種窮兵黷武之感，但想要讓伊斯蘭世界擺脫歐洲人的想法，其實在很大程度上只是一種想自保的欲望。西方不知何時會再次來犯的想法，從來沒有在伊斯蘭世界徹底消亡，更別說他們從沒有放下那股基督徒與蒙古人會狼狽為奸，然後以犄角之勢左右夾擊他們的恐懼。一二八五年，蓋拉溫圍困並攻下了醫院騎士團手中那強大的馬格特城堡，而這一敗也進一步撼動了基督教勢力的士氣。一二八七年，他占領了港都拉塔基亞。這麼一來，基督教手中僅存的據點，就只剩下的黎波里、阿卡，還有寥寥幾處臨海的要塞，如泰爾與西頓。

*

馬穆魯克人的威脅日益逼近，但屬於基督教的阿卡卻在最後的幾年迸發出迴光返照的璀璨榮光。隨著安茹的查理在一二八五年駕崩，積弱的耶路撒冷王國那長年的王位之爭也畫下句點。一二八六年八月，他的政敵，也就是賽普勒斯的亨利二世，以十六歲的年紀在泰爾獲得加冕。加冕完的亨利來到阿卡，為的是參加辦在醫院騎士團團址的大堂，為期兩個禮拜的慶典。根據史冊記載，那次的活動：

> 對任何人而言都是百年難得一見的美麗慶典，當中有各種餘興節目，有用鈍頭長槍辦理的騎士比武。他們用戲劇重現了圓桌武士的傳奇……還有騎士男扮女裝，然後上馬比武。再來他們讓修女裝扮成僧侶，再讓她們一起上馬比武，此外他們還找人扮演了蘭斯洛[3]、崔斯坦[4]與帕洛米迪斯[5]等人物，再現了許許多多美麗、討人歡心，看了讓人心花怒放的場景。

在明知大難臨頭的此時這樣任由想像力紛飛，感覺像是自甘墮落，但這也顯示在各種近戰肉搏、各種刀劍廝殺、各種水火不容的夙怨，與各種彈丸砲轟下，阿卡確實讓中世紀文化得以在此臨去秋波地盛放。

路易九世在第五次十字軍慘敗後所待在城裡的時日，刺激了阿卡。雖然從來不是什麼主要的學術中心（比較貼近事實的說法是行政中心，是十字軍發動攻勢的跳板、是商賈的倉庫），但不可否認的是充滿了能量的阿卡城活力十足。作為一個熙來攘往的民族薈萃之地，阿卡吸引了無數見過世面的訪客、有頭有臉的神職者、乃至於不只一位人君。亞西西的方濟各（Francis of Assisi）曾經來此佈道，同時阿卡還在其最後的半世紀中發展出一種製書、繪圖與泥金裝飾抄本的流派，相關的作品包括一本本的聖經與各經典的不同版本，乃至於十字軍的史冊。在這些書冊的邊緣留白處，繪圖師傅所描繪的是他們所知的世界：身著鎖子甲的十字軍、各種軍武、船隻與城堡、絲質的亭帳、加冕大典與帝王將相。一種

3　蘭斯洛（Lancelot），圓桌武士的一員。
4　崔斯坦（Tristan），圓桌武士的一員，並與國王叔叔的妻子伊索德（Isolde）有過一段可歌可泣的愛情。
5　帕洛米迪斯（Palamedes），圓桌武士的一員。

東方的文化底蘊圓滑了十字軍世界的稜角。廣見於房舍窗櫺的玻璃、精巧的地毯與織物、嶄新的品味與飲食（包括橄欖油、柑橘類的果物、糖與諸多香料），都是其異國風情全貌的冰山一角。

阿卡陷落近半世紀之後，德國旅人魯道夫・馮・蘇塞姆（Ludolf von Suchem）自顧自地訴諸憧憬與浪漫，發想出了阿卡的璀璨，唯那當中也或許反映了幾分實情。他形容那座只餘廢墟可供他懷思古之幽情的城市，矗立在：

> 海岸邊，其構成的方削石塊都有著非一般的個頭大小，外加有高聳而極其堅實的塔樓將整到城牆圍繞，彼此間相距不過投石之遙。每道城門都設在兩座塔樓間，而其牆垣之厚實，即便僅以今天的殘磚斷瓦去看，都足以讓兩台推車在牆頂會車而綽綽有餘。同時在牆的另一側，朝著土地的方向，阿卡城圍著一道顯著的外牆與極深的溝渠，並交替地裝設有各式各樣對外的工事與防務，還有就是讓守望者方便的一些設備。

他想像宮殿「飾有玻璃窗與繪畫」，想像房舍「建來不僅是替住戶遮風避雨，同時也是要照顧到人類生活中的奢華與享受……城市的街道覆蓋著絲綢或其他華美的遮棚，好讓

圖14　阿卡城內獻給某石匠的紀念碑：「喔，路過這條街的人們，我懇求你們心懷慈悲地，為我的靈魂祈禱——石匠埃布勒·法佐（Ebule Fazle），這座教堂的建造者。」

陽光不會直接照到人身上。每個街角都聳立著固若金湯的高塔，外頭圍著一道鐵門與許多鍊條。」他用畫筆描繪出一個宮廷朝儀會行禮如儀的世界，當中的「國王、公爵、伯爵與男爵會以王家的排場走在街上，頭頂著金色的小冠冕，由此每個人看起來都像個小國王。他們會由騎士、追隨者、傭兵、僕役前呼後擁著，而他的服飾與戰馬都會燦爛奪目地妝點著金銀」，另外軍事修會有自己的大本營與軍隊，教堂一間間不可勝數，還有「蒼穹下各國最富有的商賈聚集於此」，而「天底下每一樣至美至奇的物品都會在此買賣」。很顯然，這樣的阿卡曾經浮誇地炫過富，應該不是不能想像的事情。事實上在一二五二年，霍姆斯的蘇丹來到阿卡時，他們「用來歡迎他的榮寵，是拿黃金與蠶絲織成的布疋鋪在他足跡所到之處。」

代代相傳的石匠中有許多人，都是有穆斯林身分的奴隸，而這座兼具光華與汙穢的城市，包括當中那羅馬風、哥德式的教堂，那一間間修道院與禮拜堂，那雙層的護牆，那臭不可聞的海港，還有賣香料的市場，都是建成在他們手裡。阿卡自然有屬於她的美麗。一名穆斯林作者曾形容阿卡某座教堂的門廊是「出自於人手的一項奇觀，因為那白色的大理石與妙不可言的輪廓中，展現了最高等級的工匠技藝……其柱座、柱身、柱頭一體成形。」聖殿騎士團那壯觀的城堡，高高地坐落在海岸邊上，如地標一般指引著船隻入港。朝著城牆的方向而去是同等氣宇軒昂、醫院騎士團的院落，當中有一系列長長的柱廊、地窖、庭院與塔樓，共同結合出了宮殿、堡壘、醫院與教堂的多元功能。鼎盛時的阿卡可與亞歷山卓或君士坦丁堡分庭抗禮，都符合商貿大都會的概念。由此居於其間，可以讓人體察到一個充滿可能性的花花世界。在安德烈・德・龍如美的中亞之行後，路易九世又派出了另外一名使節。佛萊明方濟各會的傳教士威廉・德・魯布魯克（Willem van Ruysbroeck），這位馬可孛羅之前的馬可孛羅，花了兩年的時間旅行到蒙古大汗位於喀喇崑崙（Karakorum）的朝廷之上，並帶著書面的記述回到了阿卡，而當時在阿卡經商的尼可洛・孛羅（Niccolò Polo）與馬費歐・孛羅（Maffeo Polo），也就是馬可孛羅的父親與叔父，後來也就跟隨了魯布魯克的步伐東遊。兩人第一趟先去中國遊歷了九年，在一二六九年返抵阿卡。一二七一年兩人第二次從阿卡出發，而這回他們便也把馬可孛羅一起帶上。

貴族們一邊用鈍頭長槍在決鬥場上扮家家，一面也沒忘了盡一己之力來強化阿卡的城防。十三世紀後半葉的阿卡曾進行過城牆的整體強化，並在個別人士的推動與出資下增設了新塔，尤其隨著馬穆魯克人的威脅逼近，這些工作的推進力道也不斷加大。在尼羅河搞砸之後的路易九世於一二五〇年，完成了新郊區蒙特穆薩德的要塞化；愛德華建於一二七一到一二七二年間的英格蘭人之塔後來有了伴，原來是其鄰近處增建了一個稜堡，亦稱望樓，也就是以步道與主牆相連的外部防禦結構（做這件事的人是賽普勒斯國王于格三世）。一二八六年，于格三世的兒子亨利二世身為新任的耶路撒冷國王，在阿卡外牆的東北角尖端建造了一座厚實的圓塔，而這座私下被稱為「國王塔」（King's Tower）的結構，其設計宗旨是要補強至關重要的詛咒之塔防禦，為此國王塔對外有一層額外的幕牆。隔年，布盧瓦女伯爵艾莉絲（Alice, Countess of Blois）也出資建了一座以她命名的塔樓與國王塔相鄰，還捐了錢來強化保護蒙特穆薩德的牆垣。一年之後的一二八八年，教宗預撥了一筆貸款給新任的宗主教與教廷使節尼古拉·德·阿納普（Nicolas de Hanapes），讓他去執行壕溝跟城牆的維修，外加重建稍遠處的一座塔樓，也就是「宗主教之門（塔）」（gate tower of the Patriarch），藉此來守望東牆靠海的那一端。阿卡這樣大興土木來為防禦工事「拉尾盤」的過程，有過一名證人，他就是威尼斯的政治家兼地理學者，馬里諾·薩努多・托塞羅（Marino Sanudo Torsello）。薩努多曾遍遊各地，對地中海世界，也對伊斯蘭跟基督教世界交界的各前線進行考察。一二八六年底他來到阿卡，並以數個月的時間產出了涵蓋其城牆、塔樓，乃至於其內部城市規劃的示意圖。這份新資料稱得上價值連城。

排除掉被薩拉丁占領、聖十字主教座堂被改為清真寺的那兩年不算，阿卡在將近兩百年的時間裡都是基督教的城市。這座城市的人口有大約四萬，其中不少人的家庭都在聖地落地生根，父子相傳了好幾代。拜巴爾固然多次前來騷擾，同時也大肆破壞過城外的腹地，但這名蘇丹從沒有搬出攻城機具與挖坑工人來對阿卡城防造成嚴重的威脅。換句話講，阿卡的決心與城牆仍有待最終的考驗。

第六章

對敵用兵

一二八八年冬到一二九〇年秋

圖15　熱那亞的印璽顯示了義大利商業共和國之間的劍拔弩張：「這頭獅鷲如何把另外兩頭踩在腳底，熱那亞就會如何擊垮他的敵人。」

時間來到一二八八年底，有兩個人來到亞歷山卓城與蓋拉溫對話。這兩人來自的黎波里伯國，此時這個十字軍王國已經衰滅成黎巴嫩岸邊一個不甚起眼的小點，本體夯不啷噹就是一座城而已，只不過就是作為威尼斯人跟熱那亞人的「愛港」，的黎波里還不至於一文不值。在其原本的統治者博希蒙德六世死後，的黎波里因為治理權力的爭端而陷入派系衝突的泥淖，甚至幾乎已進入無政府狀態。在這種狀況下，眼看要站得上風的似乎就成了熱那亞人。熱那亞人只要拿下的黎波里，就幾乎等於拿下了黑海奴隸貿易與北敘利亞的生意，那當中夾帶著極大的商業利益。

這兩名訪客來此說了一個故事：熱那亞人若在的黎波里發動兵變，並藉此掌控住區域貿易，則將有損於蘇丹的利益。沒有熱那亞人介入，的黎波里可以武裝十到十五艘槳帆船：

> 但若熱那亞人把的黎波里拿下，則他們將可以武裝三十艘船，因為熱那亞人可以從四面八方湧至的黎波里，他們會成為海上的霸主，屆時所有人在亞歷山卓港內外不論進進出出，都得仰其鼻息，而這對於與您的王國有生意往來的商賈，絕對是天大的壞消息。

這些字句被一名消息非常靈通的阿卡居民通報了出來，但其人的身分始終沒有令人滿意地獲得確立。他可能不是，但也可能是一位名叫傑拉德·德·蒙特利爾（Gérard de Montréal）的騎士，但他在歷史上最為人所知的代號，其實是「泰爾的聖殿騎士」（Templar of Tyre）。他似乎是耶路撒冷王國的望族裡一名次要的貴族，而在修會中服務的他其實本身並非聖殿騎士。通曉阿拉伯語的他應該是聖殿騎士團團長紀堯姆·德·博熱的通譯、幕僚，或許還兼一個情報官的配角。這名聖殿騎士團的史官年約三十五，且持續有在關注耶路撒冷王國中的大小動態，由此經他手中傳世的，可以說是關於一二九一年的阿卡城之圍，基督教視角中最栩栩如生的目擊紀錄。真要挑剔，就是他的主觀判斷會對他所效力的軍事修會比較友善。

他顯然知道蓋拉溫這兩名訪客的國籍，「只要我想，我可以告訴你他們的身分」，但最終他並沒有揭曉答案。不過窮盡各種可能性，那兩人應該是威尼斯人，出於商業利益的爭奪，最不想看到熱那亞在的黎波里奪權成功的，不外乎威尼斯人。義大利那三座商業城邦之間的敵意，自從薩巴斯之戰以來均不曾稍減，其中威尼斯人與比薩人往往會聯手站在同一邊，而熱那亞人則努力要重建他們在海岸邊失去的地位。那兩名訪客跑這一趟，多半是為了敲定談判的結果，好讓威尼斯可以在與馬穆魯克人的貿易上享有特權，而這些特權也確實在同一年的十一月獲得了核准。另外就是有機會詆毀一下熱那亞人，這種機會威尼斯人是不會放過的。他們的這番遊說，讓蓋拉溫有了動機去恢復對的黎波里用兵，畢竟蘇丹與的黎波里簽的和約是跟博希蒙德所簽，而人亡政息，他現在也可以當那和約是個屁。持續不斷的派系傾軋，在殘存海外王國的分崩離析上推了一把。

⁂

一二八九年一月，馬穆魯克大軍開始集結在開羅郊外，後勤補給也開始為將至的戰事動了起來。一如先王拜巴爾的習慣，埃及沒有把作戰的目標大剌剌說出來，但在阿卡，聖殿騎士團團長博熱很快就意識到蓋拉溫鎖定的是的黎波里。這種種情報會從馬穆魯克的朝堂上洩漏出來，完全是蓋拉溫手下一名埃米爾巴德丁・貝克塔什・法克里（Badr al-Din Bektash al-Fakhri）的所作所為，通阿拉伯語的泰爾的聖殿騎士就毫不諱言自己與這名內鬼的交易。「這名埃米爾是所謂的希拉埃米爾（Emir Silah，主管武器之人），而他早已習於洩漏對基督教世界有益的情報給聖殿騎士團團長，讓團長能在蘇丹想以各種方式傷害基督徒的時候得到警告。這種服務可是讓團長砸了不少錢在每年的大禮上。」這場間諜遊戲雙方都有參與。蓋拉溫也在阿卡內部安插了眼線，包括一個名叫雅旺・康達克（Jawan

Khandaq）的男人會通報十字軍的一舉一動。

但當博熱把這情報分享給的黎波里時，對方並未當真。主要是這名團長出了名地愛耍政治，所以他的話被當成了幌子。在此同時，馬穆魯克人如平日那樣一絲不苟地開始出兵；他們沿路建立了一綑綑的補給，攻城機具與保護屏幕所需的木材被一一裁切好，志願者也回應號召從四方湧至。博熱派出了第二名信差去的黎波里示警，但城內派系間的爾虞我詐仍舊未歇。就這樣到了一二八九年三月底，蘇丹大軍已幾乎可以在城外望見。

緊急派出的援軍沿海岸線自阿卡北上。聖殿騎士團與醫院騎士團各派了一隊人由若弗魯瓦・德・凡戴克（Geoffroi de Vendac）跟馬提厄・德・克雷芒（Matthieu de Clermont）這兩名將軍指揮。另外法國的部隊是由約翰・德・格萊伊帶領，至於耶路撒冷與賽普勒斯國王亨利二世則派了，他當時年僅十七歲的弟弟阿馬里克（Amalric）率騎士與四艘槳帆船同行。

的黎波里是個不靠艦隊則難以包圍的據點，而蓋拉溫麾下就沒有艦隊。根據敘利亞貴族阿布・菲達（Abu al-Fida）依其現場見聞所做成的描述：「海面包住了城市大部分的外圍，陸路唯一的接觸點只有東面，而那裡並沒有很寬敞的空間。」唯馬穆魯克人嫻熟的圍城戰仍不容小覷，且這次蘇丹還組成了規模相當可觀的大軍。根據聖殿騎士團所言：「蘇丹架起了他大大小小的攻城機具，在小鎮與他的『卡拉波哈』（caraboha，小型拋石機）前方立起了他的『布歇』（bûche，木質的保護屏幕），席捲了的黎波里周遭的鄉間，並用地下坑道穿越了外層第一圈的防禦溝渠。」

雖然的黎波里精神抖擻地積極反抗，但馬穆魯克人的戰技與資源都遠在守軍之上，而且後者很快就發覺了這座城的弱點——年久失修的主教塔（Bishop's Tower）。「攻城機具開始對該塔狂轟猛炸，直至其粉身碎骨。」泰爾的聖殿騎士的報告如是說，「同樣地，極為強固且新建成的醫院騎士塔（Hospitallers' Tower）也受到重創而從中裂開，連馬都可以順利從中間穿過。蘇丹的人手多到每個據點都有二十名撒拉森人在進行射擊，以至於我們連一個十字弓手都不敢跳出去發射箭矢或十字弓，畢竟敢這麼做的人都立刻被射中了。」

隨著的黎波里的情勢愈來愈危殆，最應該為這團亂負責的威尼斯人卻第一個離開。他們把船隻裝滿，然後隨即揚帆，只見其死對頭熱那亞人緊追其後。士氣開始大幅流失。四月二十六日，蓋拉溫下令發動總攻擊，的黎波里完全無法招架，原因是「守軍一個個棄城逃走，讓防禦的人手根本不夠。」城內出現大亂，港邊湧現大量人潮，其中貴族順利撤離，諸如聖殿騎士團與醫院騎士團裡的大人們、的黎波里名義上的統治者女伯爵露西婭（Countess Lucia）、約翰・德・格萊伊，還有阿馬里克親王都順利脫身，留下來首當其衝的則都是窮人。大部分男人遭到屠戮，婦孺則被俘虜。許多人為了活命的最後一搏，是划著小船或直接游泳到沿岸不遠處的聖托馬斯島（St Thomas），並在那座小島上的教堂中尋求庇護，但命既該絕這些都屬枉然。「我見證了圍城。」阿布．菲達說，「當的黎波里陷落時，大批法蘭克人與女人逃向了外島與島上的教堂。穆斯林軍向海中一躍而下，騎馬游過海峽登島。他們把男性趕盡殺絕，婦孺則收為戰利品。在洗劫告一段落後，我搭船跨海到島上，才發現上頭屍橫遍野，屍臭重到讓人無法在島上久待。」

蓋拉溫把的黎波里剷平，然後在內陸數英里處重建了一座新城。其用意昭然若揭：要讓異教徒在巴勒斯坦沿岸滅絕，並讓他們想回去也沒地方回。在此同時，城破之後的劫掠養大了穆斯林對於征服的胃口。阿布．菲達很虔誠地對占領者在的黎波里的統治過程，進行了直截了當的記錄，但就是在時間細節上有點兜不起來。「法蘭克人在都爾黑哲月[1]十一日（西元一一一〇年七月一日）占領的黎波里，而該城便一直掌握在他們手中直到今年（伊斯蘭紀年）六八八年（西元一二八九年）年初。所以該城歸法蘭克人所轄的時間長度為大約一百八十五年加幾個月。」一千兩百名男性被留了活口來當作奴工，並被驅趕到亞

1 都爾黑哲月（Dhu'l-Hijjah）是伊斯蘭曆法的第十二個月。

歷山卓城去修築蘇丹的新軍火庫。

⁂

不論在基督徒與穆斯林的心中，的黎波里的陷落都非同小可。的黎波里是法蘭克人在巴勒斯坦連續控有最久的據點。其失守隱約暗示著終局將至，而大敗的消息也震動了歐洲。因為的黎波里一淪陷，十字軍剩下的就只有耶路撒冷王國那濱海的一條線，阿卡則是其唯一的重鎮。一二八三年，蓋拉溫與耶路撒冷王國簽署了和約，期限為「十個整年、十個月、十天又十小時，起算日為希臘人腓力之子亞歷山大大帝紀年之一五九四年哈齊蘭月（Haziran，突厥語的六月）三日星期四。」穆斯林一般都對這種白紙黑字的和約說話算話，因為這都是以神之名立誓簽下，但既是和約就有到期之日——也有漏洞可鑽。這兩造即便有暫時的停戰，也絕不會有永久的和平，畢竟穆斯林的神學信仰是建立在伊斯蘭終將擴散到全宇宙的基礎上，因此與異教徒民族的戰爭狀態會是伊斯蘭教法學者的基本信條。

但話說回來在一二八三年的談判中，蓋拉溫曾私下承認了與耶路撒冷王國保持和平關係的經濟紅利：「（話說）阿卡是我方商人仰賴的車隊驛站，一個能讓我們擁有更多選擇的地方。」這種思路在阿卡也曾是主流，那兒的居民自我感覺良好地認定法蘭克人的存在會獲得容忍，畢竟他們能提供給伊斯蘭世界的商業利益實在太大，毀掉這裡對穆斯林而言太不划算。唯的黎波里的下場讓這樣的想法有所改觀。在馬穆魯克王朝的軍中，不少人對於把阿卡打下來都躍躍欲試，主要是聖戰的精神與戰利品的誘惑，都讓軍士們非常想前去一搏。倖存者帶來的的黎波里慘狀，讓雅克．德．維特里筆下那個腐敗而奢華的城市含其城內的商人，都深受到震撼。除非你撇開眼裝瞎，否則末日預言已經明明白白寫在牆上。

＊

的黎波里陷落後三天，雙料國王亨利二世親自從賽普勒斯來到阿卡，而蓋拉溫的特使已經在此恭候大駕，他抱怨阿卡派兵前往的黎波里救援，違反了一二八三年簽訂的和約，但他在技術問題上被反將了一軍：該和約僅適用於耶路撒冷王國，而不適用於的黎波里，如果適用的黎波里，那就代表先違反和約的是蓋拉溫。亨利國王的邏輯無懈可擊。他回派了使團前往大馬士革去找蓋拉溫，並要求將和約以十年為期延長，而蘇丹對此也予以接納，主要是他手上有努比亞（Nubia）的麻煩要處理，不希望在這裡節外生枝，唯這麼一來，他日後要直取阿卡就得編一套更好的說詞。唯和約延長後不到一年，蘇丹的書記官就撿到了一個機會可以仔細檢視和約條文，而那當中牽涉到的又是穆斯林商人的商業利益。

亨利在九月揚帆回返賽普勒斯，走前留下了他十七歲的弟弟泰爾領主阿馬里克，來擔任耶路撒冷總管暨阿卡的攝政。在此同時，他派了約翰・德・格萊伊返歐警示西方君主要留意處境的嚴重性。格萊伊銜命來到羅馬覲見剛選出的教宗尼古拉四世（Nicholas IV）。尼古拉極度熱衷於糾集歐洲各具有頭銜的君主，來重新發動大規模的東征，但實務上困難重重。當時的歐洲正徹底陷於一場權力鬥爭中，一邊是亞拉岡（Aragon）王國的國王海梅二世（James II），一邊是在南義有教宗力挺的那不勒斯王國之安茹王朝（Angevin Kingdom），而他們爭奪的目標則是西西里的領主地位。史稱「西西里晚禱戰爭」（Wars of the Sicilian Vespers）的這場爭端將歐洲一分為二。尼古拉寄予厚望的是如今成為英格蘭國王，而且也是唯一有十字軍經驗且持續表達過不放棄聖地的愛德華（一世）。他曾在一二八七年舉起十字架東征，但如今他一心一意只想征服蘇格蘭。至於其他君主也有各自的事情要忙。就在尼古拉四世嘗試要號召十字軍的同時，亞拉岡王國的特使來到了開羅，並與蓋拉溫蘇丹簽署了一份條約，其中與援助阿卡有關的一條關鍵條文是：

假若任何一名來自阿卡、泰爾、（地中海）沿岸地帶或其他地方的法蘭克人，在與我們蘇丹簽有和約的期間，打破了建立在蘇丹與他們的和平，進而導致和約失效，那亞拉岡的國王暨其弟兄、騎兵、騎士，乃至於他疆域內所有人民都不許以馬匹、騎兵、武器、財寶、援助、補給、車輛、槳帆船或其他任何形式協助法蘭克人。

在此同時，曾怒對亞歷山卓發動突襲的熱那亞人也已經修補了他們與埃及的關係，並與蓋拉溫蘇丹簽署了新的商貿協定，畢竟以貿易上的好處而言，尤其是在戰爭物資的供應上，熱那亞與埃及無疑是合則兩利。

聖薩巴斯之戰後已大致上被驅逐出阿卡的熱那亞人，已沒有什麼商業上的利益殘存在該城。但威尼斯人可就沒辦法這麼瀟灑了。他們樂見自己的煽風點火，導致熱那亞人在的黎波里的戰事中被波及，而失去後者在中東的根據地，但阿卡可就是另外一回事了。教宗想鼓吹歐洲君主與作為海權配角的義大利商業共和國，去共赴十字軍的大義，在短期內注定要失敗，但情勢之緊急又讓人即便規模不大，也得有所回應。的黎波里陷落的四個月後，宣揚十字軍東征的倡議開始在威尼斯響起，並迴盪在整個北義，接下來沿著亞得里亞海沿岸都傳出這樣的聲音。尼古拉．德．阿納普身為新任的阿卡主教，獲得了全權督導防務的授權，這包括他有權在阿卡城裡把不支持十字軍的人逐出教會。教宗託付給阿納普的資金被用來修理跟補強城牆與城外的防務，用來囤積彈藥與軍備，也用來打造強力的拋石機。額外的財源募集自教會徵的稅與銀行家的挹注。來自蒙古的特使也造訪了羅馬，讓教宗萌生了大型反馬穆魯克陣線會逐漸成形的期待，但最終這些被畫出的大餅都沒有兌現。一二九〇年一月，教宗發布了通諭號召所有人加入十字軍。

這樣的呼籲沒有獲得太多回應。時至今日，已經沒有人能登高一呼把基督教世界的領袖團結為一支十字軍。威尼斯人提供了二十艘槳帆船由威尼斯總督的兒子尼古拉．提耶波羅（Niccolò Tiepolo）率領。愛德華一世原本仍希望能加入東征，但最終僅僅派了他心腹的將領奧托．德．格朗松外加寥寥六十名騎士。格朗松善謀劃且作戰英勇，所以這種派法的用意是希望由格朗松去統御阿卡城裡，隸屬聖托馬斯騎士團的英格蘭騎士。西西里島的亞拉岡國王海梅二世表明願意提供三十艘槳帆船與上萬名步兵的大軍，但與教宗之間的政治傾軋讓這些數字被砍到只剩下五艘船跟一支西班牙的小部隊——海梅二世本人則好生在老家待著。

精英如此，草根基層對於十字軍的反應也同樣讓人大失所望。唯一共襄盛舉的地區只有北義，而即便在那裡，你也看不見有份量、有能力貢獻職業軍人跟號召力的諸侯身影。相對於此，實際上來報名的主力多半是參差不齊，來自托斯卡尼（Tuscany）與倫巴底（Lombardy）的城市民兵、傭兵與公民，外加由基層農民與無業者所組成、紀律較差的一支軍旅。至於他們加入的動機，則是宗教的熱情混雜著對冒險的憧憬，還有希望能撈到一點戰利品。這樣的烏合之眾看上去，實在是不怎麼能讓人有所期許。

教宗問起了他出錢的艦隊籌辦到哪裡，但並沒有得到很令人滿意的回音。設備的組裝不算完備，而武器的供應（特別是十字弓）也有很多地方有待改進。這些軟硬體資源固然有許多問題可挑剔，但十字軍能湊出來的也就這麼多了。一二九〇年一月，最多可帶三千人的艦隊獲判適航，並由提耶波羅擔任船長，而十字軍的統帥權則由尼古拉・德・阿納普、約翰・德・格萊伊與從的黎波里逃出生天的伯納德主教（Bernard）共享。在這三人中，阿納普是遠征軍的靈魂人物，而歷史也證明他是唯一能在阿卡把人團結起來的一股力量。他的三重身分：主教、宗主教與教廷使節（其中教廷使節的頭銜讓他自動以教宗之名，獲得了調度軍事修會的權威），讓他擁有在阿卡城內最關鍵的地位。教宗致函給了城內所有的派系、給阿馬里克、給各軍事修會的團長、給威尼斯與比薩社群的領袖，也給阿卡城全體居民，敦促他們堅守聖地，並多給阿納普支持與指教。但等宗主教阿納普來到阿卡之後，他發現自己即便手握破門令（可以把整個城鎮逐出教會）的大權，而且還身兼三重身分，但他對這座城的影響力還是相當有限。他獲得的接待，比起八十年前的維特里也好不哪裡去。他很快就意會到城中對於大難將至該如何抗敵，完全沒有一套經過深思熟慮的行動方略，而教宗在收到他對於阿卡城如何像是一盤散沙的回報之後，則是在震驚中提筆怒斥了當地的主事者。

在西西里，遠征軍加入了海梅二世的五艘槳帆船——海梅二世顯然只能提供這僅具象徵意義的五艘槳帆船，畢竟阿卡與蓋拉溫的和約還沒有正式被違反。最終不過十三艘船的十字軍艦隊在春天駛抵阿卡，而提耶波羅與海梅的槳帆船在那不久後就離開了。「登陸在阿卡門前的有一千六百名朝聖者與士兵，看起來躍躍欲試。」有些目擊者後來留下這樣的紀錄。這些人多半是在一二九〇年的復活節，四月二日靠岸。傳統上在此時，朝聖者與西方的商人會來到耶路撒冷王國，而穆斯林商人也會從大馬士革來訪，就像來趕集一樣，外加有在地的穆斯林小農會把農產品拖來賣。初來乍到的朝聖者帶著高漲的宗教狂熱上岸，是要為信仰而戰，但他們突然置身其間的卻是維特里筆下那個熙來攘往、紛亂嘈雜的大都會，只見做各式東方服飾打扮的陌生臉孔、港都的各種誘惑，還有在市區穿梭的眾多穆斯林將他們團團包圍。當一時半刻等不到馬穆魯克人來犯時，許多十字軍索性打道回府，只留下遠征軍中一群荷包空空且不知為何而戰的烏合之眾，簡直就是阿卡城內的一顆未爆彈。

在這個極可能是八月的貿易季裡，一種至今未能清晰重建的狀況下，據稱是北義「平民」出身的那些敗類朝聖者，攻擊並殺死了若干穆斯林商人。極可能人在現場的泰爾聖殿騎士，做出了這樣的描述：

當這些人來到阿卡後，國王與蘇丹立下的和約仍穩當地維持在雙方之間，接著便是刻苦度日的撒拉森小農依例帶著農作來到阿卡……事情的發生，在於來自地獄的死敵渴望煽動良民之間的邪佞，而在他的操弄下，原應來此行善、帶著武裝來幫助阿卡城的十字軍，反而為之帶來了毀滅，因為那一天他們肆虐了阿卡，以劍刃施於大包小包來阿卡兜售農作的貧農——這些小農是來自阿卡四周村莊的撒拉森人，賣的不外乎麥子等莊稼。他們還殺死了一些歸希臘法律（希臘正教會）管的敘利亞人。他們殺死這些人，因為這些人的鬍子讓人誤以為他們是撒拉森人。

無聊、無奈、醉酒、沒領到約好的軍餉、宗教的狂熱，還有想要做點什麼的心情，種種因素都被點名是他們心狠手辣的動機。這以外還有其他版本的目擊紀錄，包括「他們在離交易處不遠一個叫拉芳達（Lafunda）的地方，砍死了十九名撒拉森人」，其中交易處指的是會有穆斯林車隊駛至的王家市場。若干阿拉伯人視角的證詞指出這些嫌犯下手是受到貪婪的驅使，主要是這些商人是從黑海帶著軍事奴隸在前往開羅的路上，而他們被殺就是懷璧其罪，因為他們一死，那些奴隸也疑似遭劫。鎮上的官民嘗試拯救了被暴民盯上的對象，並將他們安置在王家城堡中。在另外一個版本的說法中：「一大早，因為鎮民控制不住（這些人），加上鎮民本身並不受其威脅，於是（他們）帶著武裝並展開旗幟離開了市區，朝著山間的農場與村莊而去。他們不分青紅皂白且心狠手辣地對途中的撒拉森人見一個殺一個（這些被害者都以為自己只要沒有惡意，就不會被針對了），然後興高采烈地把搶來的戰利品帶回。天啊，實在太慘了。」而這便是史官做成的結論：「這些傢伙或許一時間手舞足蹈，但他們的所作所為終將化為可悲的危險與可嘆的厄運，降臨於阿卡城與聖地。」

＊

不論事情是怎麼發生的，阿卡的官方與民間都為之譁然。他們立刻就意識到可能的後果。消息先傳到蓋拉溫耳中是透過細作，至於稍後補上的鐵證也有目共睹。遺族帶著親人的血衣奔赴開羅，並在清真寺的集體祈禱中將之高舉過頭。這些讓人怵目驚心的遺物像電擊一樣震撼人心。蓋拉溫怒火中燒。在基督徒的眼裡，這代表心裡早就不安好心的蘇丹變得師出有名。「由於蘇丹早就計畫好，橫豎都要傷害阿卡這座城市，他立刻派了信差給阿卡的大人們，清楚表明他明明與基督教簽有和約，井水不犯河水，而如今他們卻無視和約，殺死了他的撒拉森貧農。」泰爾的聖殿騎士寫道，「他（蘇丹）要求他們賠償並將幹出此等血案的犯人繩之以法。」按照泰爾的聖殿騎士的解讀，阿卡當局很顯然看法如下：在的黎波里之役後，蓋拉溫的野心與圖謀已經非常明顯。不論出於宗教或經濟的理由，蘇丹都有理由捻熄十字軍國家在中東的餘燼。在和約簽署的一二八三年，蓋拉溫曾經表達過透過阿卡進行貿易的好處，但如今他已經不需要阿卡了。馬穆魯克王朝已經拿下安條克和的黎波里，由此阿卡現在只是一塊大石頭，擋在貫通巴勒斯坦沿岸的陸路之上。蓋拉溫已經跟熱那亞、亞拉岡與威尼斯簽下了貿易協定，因此可輕鬆鬆鬆把西方的貨物運回亞歷山卓，不用再倚靠穆斯林商人反正無法在那兒安全做生意的基督教港口。摧毀阿卡，已經變成了有百利而無一害的計畫。

回到阿卡，年輕的阿馬里克聚集了城內的群賢來討論危機的因應之道。眾人普遍認為自己大難臨頭。他們要怎麼跟蘇丹解釋事情的來龍去脈？要採取何種反應？他們顯然沒有意願把犯事者移交給蘇丹。紀堯姆．德．博熱建議了另外一條路。人不在現場的聖殿騎士，給出了道聽塗說版的討論內容：

在現場眾口交換的許多字句中，我的聖殿騎士團團長大人建議他們應該交出所有關押在王家監獄中，乃至於關押在聖殿騎士團、醫院騎士團、比薩人與威尼斯人監獄裡的死囚，並說他們就是違反和約並殺死無辜撒拉森人的元凶。「這麼一來，透過原本就要施加在他們身上的法律制裁（他們橫豎是死路一條），我們就能安撫好蘇丹，阻止他對我們動手。」現場有人同意這個計畫，但徹底不同意的人明顯更多。而最後的結果是他們沒有採取任何實質的行動，只不過是擬了一道看似四平八穩的回覆給蘇丹。據我所知，他們致函蘇丹表示幹出這些傷天害理之事的十字軍，都是出身海外的異國人，不受阿卡的法律管轄，因此他們也拿這些人沒轍。

博熱的計畫是要把基督教的死囚派出去，讓他們換個地方死在蓋拉溫的手裡，但這做法似乎讓很多人都吞不下。從其他與會者處，冒出了一些更不可行的辦法或說詞：有人說他們可以說這些撒拉森人是死在醉漢的混戰裡，而那些醉漢裡既有基督徒、也有穆斯林；也有人說，他們可以說事情的起因是有個女性基督徒被她丈夫逮到跟穆斯林男人私通，氣憤的丈夫殺了這對狗男女，一場暴動才隨之而起；還有人說，他們可以直接說是穆斯林自己引發了鬥毆。對蓋拉溫來講，這些解釋沒有一樣讓人聽得下去。事實就是阿卡的統治者沒能當機立斷在他們的土地上控制住暴民，而光這一點就能凸顯出阿卡城的弱點。

但問題是，耶路撒冷王國到底有沒有違反和約呢？光是有些十字軍的遠征軍出現在那裡，即便為數不多，或許就已經在嚴格的技術面上說不過去。和約明文規定：「若有任何一名法蘭克人的海權君主或其他人跨海而來，意圖要對我們的主上蘇丹不利」，那阿卡當局依約有義務在兩個月前提出警語，而他們很顯然在這一點上失約了。要說有誰對和約的內容一清二楚，博熱本人肯定得是其中一人，畢竟議定於一二八三年的和約原件，上頭就有他的簽名。

在開羅，馬穆魯克人也一字一句地在推敲著和約的遣詞用字，只不過他們根據的是一二八三年的原始和約，還是一二八九年重簽的新約，就不得而知了。但不論是哪個版本，和約就是和約，就是代表著一種神聖不可違反的約定，畢竟蓋拉溫已用連呼三聲阿拉的至高形式宣誓遵守。

我憑著阿拉、阿拉、阿拉立誓，以阿拉、阿拉、阿拉之名，在阿拉、阿拉、阿拉的見證下，那偉大而追尋真理的阿拉，那懲惡獎善的阿拉，那可使樓起樓塌的阿拉，那明察有什麼被掀開或被掩蓋的阿拉，那對祕密與攤開之事皆瞭若指掌的阿拉，那慈悲容人的阿拉；我憑藉著古蘭經，也憑藉著能揭露一切，一切也向他揭露的那一位立誓，穆罕默德，阿布達拉之子，願神保佑他也拯救他；我藉所有一章章、一節節寫明於書中的真理，也藉著拉瑪丹齋戒月立誓：我要求自己要謹守我自身與阿卡城，乃至於居於城中的騎士團團長之間，此一蒙福的和約。

這些字句，在蘇丹身上施加了最嚴格的公義標準。而在此同時，你也會覺得蓋拉溫也在設法合理化自己覺得滿意的答案，而給他動機這麼做的理由不光是聖戰。阿卡仍舊是重要的奴隸貿易中心，也是武器採購的重鎮。那條南來北往的貿易通道將亞歷山卓城連結到更北的港埠，也將之連結到黑海這軍事奴隸的重要來源，而阿卡城正好坐落在這商道的中點。穆斯林商人被殺的事件，確實對貿易構成了極為嚴重的威脅。針對此局，蓋拉溫也把埃米爾與大臣們召來共商大計。

沒想到，不少埃米爾認為阿卡並沒有違反和約，他們認為這次的事件只是街坊的一場鬥毆意外，而他們仍有義務要遵守和約。他們會如此主張，可能是因為厭戰，也厭惡了戰爭帶來的負擔。蓋拉溫對此顯然很不開心。他找來了法斯丁（Fath al-Din），蘇丹的通訊局長，而講出個中聽些意見的責任也落在了他的肩上。馬穆魯克人擬定條約都是全家族出動的事情，所以在廂房等著的有法斯丁的父親穆伊丁（Muhyi al-Din），多半是原始和約的起草者，還有他的姪子沙菲・伊本・阿里（Shafi ibn Ali），其中阿里留下了此次決策過程的目擊描述。法斯丁被問到：

「和約裡有我們的（行動）空間嗎？」

法斯丁看了一眼和約，但找不出空間，由此他便把我跟起草者，也就是他父親穆伊丁找來，給我們說明了情形，也念了和約給我們聽。他的父親說：「這當中沒有空間，這就是實情。」

我隻字未發。法斯丁轉向我說：「你怎麼說？」

沙菲如履薄冰，字斟句酌地忖度著蘇丹的心意：

於是我說：「此刻有蘇丹在場，若他希望和約一筆勾銷，那就一筆勾銷。若他希望和約一如往常，那和約就一如往常。」於是法斯丁對我說了話，其精要是：「比起以往，埃米爾變得又傲慢又懶散，而蘇丹的意思是廢了和約。」

我對他說：「如今有蘇丹在場。」我指著和約的其中一部分，上頭明文寫著：假使陌生人前來意欲對穆斯林不利，（阿卡）當局與首長必須盡其所能保障穆斯林的人身安全。若力有未逮，則他們也得在事後深入調查，並對已經發生的事情進行彌補。

他們（阿卡的主事者）已承認殘害穆斯林的是海外的法蘭克人。法斯丁聞此大樂，並將此事稟告蘇丹。蘇丹隨即開始備戰。他走出了大帳外，募集起了要直襲阿卡的部隊。

第七章

我的靈魂渴望著聖戰

一二九〇年秋到一二九一年三月

圖16　伊斯蘭的騎兵。

蓋拉溫一直想加入秋季朝聖的行列前往麥加，但也為了作戰計畫而放棄了這個心願。唯在準備對阿卡用兵的同時，他還是虔誠地為要在十月出發的朝聖者，安排了隨行的護衛。

他為要前往麥加朝聖的人組織了一支軍力，目的地是（阿拉伯半島上的）漢志[1]，另外又組建了一支用來侵略的軍隊要去征服阿卡的居民。他派了許多人騎馬前往漢志，為的是把物資送到每一個需要的人手上，也派了人騎馬去「戰爭之域」[2]，目的是把武器跟裝備送到每位戰士手中。他準備了一面旗幟要前往受真主保護、其實不差這一面旗的麥加，也準備了一面旗幟要前往法蘭克人的土地上飄揚。

在大約同一個時間，蘇丹的健康開始出現異狀。

唯即便如此，他還是繼續動員著馬穆魯克的戰爭機器：補給與物資開始集結、部隊開始募集，埃米爾跟藩屬國也開始收到他的命令。快馬加鞭的信差被派了出去，信鴿振翅飛起，傳達著蘇丹既需要人力也需要物力的消息。穆伊丁有言如下：

他下令要所有的部隊在指定的日期集結，並花了無以計數的金錢在整群埃米爾身上，讓他們受王恩浩蕩到超乎想像。另外他還把大軍火庫的庫存都大方地搬了出來，其規模之大前所未見，由此這場入侵的火力之強，注定會是史上罕見。他命令手下放手去做，大家也就毫無保留。他用上了為數眾多的石匠，乃至於從鐵匠到木匠等各式工匠，該花的錢他一毛都不打算省。他發函給敘利亞的每片土地，要他們帶上所有的拋石機、戰爭機具、裝備與武器，帶上（拖運）這些拋石機具所需要的牛隻，也帶上壯丁，並讓壯丁帶上他們各鄉鎮依其能力可供輸的補給。

一堆堆的糧草供應，在穿越西奈沙漠後沿巴勒斯坦沿岸北上的五百英里路上，被建立了起來，好支應從開羅出發的人畜大軍所需。在阿卡城南四十英里處，阿特利特（Atlit）的岬角上，矗立著聖殿騎士團的要塞朝聖堡，而幾乎就在這城堡的眼皮子底下，埃米爾魯克丁・塔克蘇・曼蘇里（Rukn al-Din Taqsu al-Mansuri）正在讓他的手下伐木來取得建造野

---

1 漢志（Hijaz），又稱希賈茲，地理上位於阿拉伯半島西部的沿海地帶。該地區作為伊斯蘭教的發祥地，範圍有麥加和麥地那兩座伊斯蘭教聖城，

2 戰爭之域（Dar al-Harb），指尚未被穆斯林征服的地方，相對的是順從於伊斯蘭的「伊斯蘭之域」（Dar al-Islam），此種二分法是發動聖戰的原始動機。

戰要塞的材料，但埃米爾對外卻放出這是在為征伐非洲做準備的煙霧彈。

阿卡城的民眾原本可以不被騙的。法克里身為博熱安插在馬穆魯克朝中的臥底，已經把蓋拉溫在備戰的消息知會了騎士團團長。但就跟在的黎波里發生的慘劇一樣，這次的情報也沒有獲得阿卡城的議會採信。博熱愛操弄政治的名聲、他與馬穆魯克間諜與雙面諜之間剪不斷、理還亂的關係，過去可能出現過的「狼來了」案例，乃至於馬穆魯克人也會放假消息來混淆視聽，在在都讓這些確有其事的警訊被反覆當成空穴來風。

在某個點上，心急如焚的博熱似乎自行派了非正式的代表團去開羅力挽狂瀾，希望能化干戈為玉帛。但作為讓他不出兵的賠款，蓋拉溫獅子大開口地說出了一個驚人的人頭費：阿卡每人收一枚威尼斯鑄造的西昆金幣（sequin）。這個誇張的要求遭到了阿卡議會悍然回絕，但這應該也就是蘇丹原本的用意。至於可憐的博熱，則被某些人扣上了叛國的嫌疑。

雖然戰爭威脅的現實已經擺在眼前而不需要強調，但在阿卡城西三十英里處的亞寧（Janin），穆斯林的駐軍還是很快就收到命令要保護通往大馬士革的商道，並強迫阿卡城民退回他們的牆內。阿拉伯的資料來源顯示埃米爾桑克．瑪薩（Sunqur al-Massah）奉命：「要每日騎馬與對面阿卡城的士兵對峙，以確保海岸線的安全，也確保對阿卡城居民有所忌諱的商人能安全無虞。這段期間，戰事與糾紛持續出現在他與阿卡城的人之間，而勝利的始終都是他。」

時間來到十月底，蓋拉溫已經做好了萬全準備。「就只差把腳放到馬鐙上了。他躍馬從自己的城堡出發……然後只見命運的流星一閃而過，連戰神火星都預示著他的榮光。」從開羅出發的典禮排場甚大。「分列式極其壯觀，遊行的人數與氣勢都是史上僅見。諸王的使者隨侍在側，而他也就紮營在『勝利之門』（Bab al-Nasr）這個城關——剩下的就是跨出征途的第一步。」但就在萬事俱備的此時，東風無預警地停了下來。蓋拉溫的病情加劇且日益憔悴，而這讓他甚受打擊的疾病多半是痢疾。「出征有所延誤……」穆伊丁寫道：

> 我們的主上因為一種他一直治不好，只能勉強自己忍耐的疾病倒下了。他的痛苦與日俱增，帳篷的繩索已斷，古蘭經捎來了他的大限之期。他的大軍保不了他，部將保不了他，使節保不了他，群臣保不了他，他的長槍、利劍、武器保不了他，堡壘與駿馬也保不了他，要塞跟鄉鎮也保不了他。他在眾多戰爭機器中被帶走，而他的命運就是他一個人的命運，沒有人能分擔。失去了獅王的叢林感受到了恐懼，伊斯蘭頓失所依。

蓋拉溫駕崩於一二九〇年十一月十日。他生前是名偉大的蘇丹，因為在與蒙古人跟基督徒的軍事抗衡上，他比起拜巴爾毫不遜色，而在與外界不論是敵是友的應對上，他又比起前任的拜巴爾更加以榮譽為尊。

＊

原本精心設計出的作戰計畫，在蘇丹死後全都亂了套。泰爾的聖殿騎士描述說當蘇丹的死訊傳到阿卡，居民們「喜不自勝地覺得自己得救了」。他們推定繼任的蘇丹得至少花一年時間鞏固自身的權力基礎，畢竟馬穆魯克人得先歷經一段奪權的鬥爭。但他們太天真了。蓋拉溫的兒子馬利克・阿什拉夫・哈利勒（al-Malik al-Ashraf Khalil）早在父親健康走下坡之際，就開始逐步接掌朝政；由此蓋拉溫殯天的隔日，二十七歲的哈利勒就無縫接軌地被冊封為蘇丹。

蓋拉溫的遺體被送回了開羅，等待擇日安葬到符合身分的陵墓中。哈利勒宣誓要完成父親出征的遺願。但就算不談到繼承父親的遺志，馬穆魯克政壇之凶險也讓以一場征戰的勝利來換取統治的正當性，成為了年輕蘇丹最好的選項。再退一步說，馬穆魯克的戰爭機器既已啟動，那就是勢不可擋，即便新任蘇丹站到前面，恐怕也會被輾壓：馬穆魯克的蘇丹王位並沒有繼承的傳統，證明自己是領袖的義務。證明了自己可以，有力的埃米爾才會支持你；證明不了自己，埃米爾抽腿會又快又血腥。

哈利勒是蓋拉溫比較不受寵的小兒子，所以起初他的政敵不但存在，而且還大量攀附於他大哥薩利赫·阿里（al-Salih Ali）的陣營。只不過他大哥死得早，所以其支持者也就跟著失勢了。這些政敵中有一個是埃及總督突蘭泰（Turuntay）。話說有人認為阿里是被哈利勒毒死的說法，屬實的可能性不高，但這無疑反映了他相對比較不得人望。蓋拉溫生前對哈利勒的判斷力有疑慮，所以比較不希望由他來繼位。「我絕不會給穆斯林一個像哈利勒這樣的統治者。」他曾有感而發。

雖然被看衰成這樣，新任蘇丹卻表現得夠英勇、夠有活力，外加也有足夠的狠勁。不同於父親，他的阿拉伯文書寫都很流利，而且也因為熟稔於馬穆魯克的傳統騎射戰技而甚受景仰，由此他帶兵作戰都是身先士卒。他胸懷開疆闢土的志向，而且做起事來劍及履及：「他每天都會從城堡下到營地，掌握所有事務的先機，把所有的人事處理地有條不紊，然後三更半夜才回到城堡就寢。」

十一月十八日，他逮捕了埃及總督突蘭泰，並將其處死，並同步派人去拘捕在阿卡城牆外進行騷擾的埃米爾桑克·瑪薩，為此蘇丹羅織了瑪薩一個通敵的罪名，但真正的理由應該是他是突蘭泰的支持者。想要在蘇丹的位子上活著，先下手為強是一定要的。他另外又拘捕了一些埃米爾，但也有一些埃米爾獲頒錦袍而加官晉爵。不過即便如此，異議分子依舊沒有從新蘇丹的統治圈與軍伍中被連根拔起，而他們不滿的絮語將在未來的戰事中蕩漾出漣漪。

出兵的進程經過修改，埃及大軍與敘利亞的各藩國奉命要在三月前完成備戰，並要為此一春季作戰提供拋石機、石匠、木匠、地道工與士兵等人力物力。阿卡再次接獲了攻擊將至的警示。泰爾的聖殿騎士三兩下把一封署名給他團長博熱的書信譯成了法文，而哈利勒的野心也在信中昭然若揭：

蘇丹中的蘇丹，國王裡的國王，大人中的大人。馬利克・阿什拉夫，那大權在握、那令人敬畏、那反叛者的懲罰者、那法蘭克人與韃靼人與亞美尼亞人的獵手、那將城堡從異教徒手中奪回之人、兩片海洋的主人、兩處朝聖地的守護者，哈利勒・薩利希（Khalil al-Salihi），致函給您，尊貴的聖殿騎士團團長，對純真而有智慧的您，我在此致上問候語我們的善意。由於您是個純真之人，所以我們希望以信件向您表達我們的意圖，並讓您了解我們將前往您的區域撥亂反正。由此我們希望阿卡城不要枉寄信件或禮物給我們，因為我們絕對不會接受。

「我拿著信件的譯文，」泰爾的聖殿騎士接著說，「將之呈給了我的團長大人跟阿卡城內的所有大人。宗主教與教廷使節也被告知了此事，另外就是醫院騎士團團長約翰・德・維利爾（Jean de Villiers）弟兄，還有日耳曼人的指揮官……我還將之獻給了比薩的領事，給威尼斯的諸拜羅（bailo，一種官銜），但他們都絲毫不肯接受蘇丹來襲的事實，直到他都幾乎要兵臨城下了為止。」考量到幾個月以來有目共睹的各種跡象，諸如為了打造圍城機具而砍伐樹木，牆外持續的騷擾活動，阿卡城視而不見的程度只能解釋為自欺欺人的鴕鳥行為。

雖然蘇丹已經斷然說了不要妄想再循外交管道來甜言蜜語，但阿卡城還是決定死馬當活馬醫，由此一月時他們派了四名勇士去開羅求和，他們分別是通阿拉伯語的「阿卡騎士」腓力・德・曼博夫爵士（Sir Philip de Mainboeuf）、聖殿騎士團的弟兄巴托羅繆・比桑（Bartholomew Pisan）、加泰隆尼亞出身的醫院騎士團弟兄羅普・德・李納瑞斯（Lope de Linares），外加一名喚作喬治的抄寫員。但這樣的努力為時已晚。「他們來到蘇丹面前，但他既不收信、也不收禮，甚至把來使關進了牢裡。」（泰爾的聖殿騎士的紀錄裡說

「他們後來悲慘地死去」，但顯然他應該並不清楚他們最終的命運，因為他們當中有人在多年後依舊活著，其中李納瑞斯於十五年後的一三〇六年獲釋，曼博夫則在一三一九年重新出現，至此他被關押了二十八年。）

在此同時，由先王蓋拉溫所啟動的備戰與物資籌措工作，跨越了冬天而繼續進行著。起碼從薩拉丁的時代開始，伊斯蘭軍就摸熟了如何善用後勤與財務面的運作，來把預先製作好的大型拋石機組件運到圍城處組裝，而不是到了現場才就地取材從零開始。事實上大馬士革作為敘利亞的軍火庫與武器製造中心，也同時負責拋石機組件的收集、組裝與部署，而拜巴爾更是把這些技術運用到登峰造極。然而，機具原物料的蒐集與運送也算是勞民傷財，馬穆魯克人在後勤上的卓越表現，背後都付出了甚高的代價。以一二六五年的阿蘇夫之圍來講，拋石機的組件就必須要用人的肩膀扛過崎嶇不平的地形，才能抵達目的地。拜巴爾本人也記錄下在一二七一年為了攻擊阿卡，用推車把攻城機具運過北黎巴嫩山區有多麼艱辛。但攻城不能沒有拋石機，而馬穆魯克人也確有資源可以把再大的機具都運到幾乎天涯海角去。

當埃米爾沙姆斯丁（Shams al-Din）被蓋拉溫派到阿卡與巴勒貝克（Baalbek）之間、黎巴嫩山區的一處谷地瓦迪・穆拉比博（Wadi al-Murabbib），去採集打造攻城機具所需的長梁時，冬天的天氣已經冷到刺骨。這座嚴寒山谷裡的樹木可以長到十公尺高，而這苦差事則重重落在了被「強迫中獎」的在地民眾肩上。話說這些民眾被迫成為蘇丹的子民後不但得繳稅，還得義務服勞役。沙姆斯丁本人也「被突然降下的暴雪嚇了一跳，甚至差點命都沒了。為了自救，他不得不連行李跟帳篷都沒拿就連夜潛逃。所有東西都被埋進雪裡到隔年夏天，所以一大部分的設備都毀了。」儘管如此，群龍無首而慘兮兮的工人還是想方設法，把木材送到了巴勒貝克，讓那兒有材料可以做出馬穆魯克人造出過最大型的拋石機。分拆成組件之後，這些機具走山路在十二月底被送到了大馬士革。

＊

若論超長距離上的人力與物力統籌，馬穆魯克的軍方絕對是一把好手。哈利勒手握各種辦法可以組織戰事，而這些辦法已透過拜巴爾與蓋拉溫之手，千錘百鍊了半世紀之久。大馬士革將是部隊與戰爭物資的集結地，問題是濕冷的冬季持續扮演著程咬金。新的一年開始，一支分遣隊被派至「庫德人的城堡」（Hisn al-Akrad，即克拉克騎士堡）來接走一台組裝於此的巨大拋石機。這台強力的機具被拆解成組件，裝上了推車。

在參與這次運送的人員中，有一名敘利亞的年輕領主名曰阿布・菲達，他說：「我們在這裡接下了一台巨型拋石機的運送工作，機具名為『曼蘇里』，也就是『勝利號』（Victorious），而它拆一拆足足裝滿了上百輛車。這些車被分配給了這支哈瑪（Hama）支隊，包括我也分配到了一輛，因為當時我只是埃米爾裡的一個十人長。」把這些組件拖到八十英里外的大馬士革，再從大馬士革拖到要攻打的阿卡城，是極其艱苦的工作：

> 我們的推車之旅進行於隆冬，並在庫德人的城堡與大馬士革之間遭遇了降雨和風雪。我們千辛萬苦地拉著推車，因為拖車的牛兒在嚴寒中極其孱弱，甚至已經奄奄一息。我們花了一個月把推車從庫德人的城堡拖到阿卡城，而這平日是騎馬要八天的距離。蘇丹馬利克．阿什拉夫同樣下令讓各地的要塞都把拋石機拖來。

拖拉攻城機具的艱辛工作持續進行著。二月，哈利勒派了他的代表，埃米爾伊齊丁．艾巴克．阿弗蘭（Izz al-Din Aybak al-Afram），到大馬士革監督拋石機與其他圍城設備的建造，乃至於如何把成品運送到阿卡。在攻城機具的建造、監工與運輸上有著二十五年經驗的艾巴克，是蘇丹手下很資深的軍事工程師，他生涯的初期要從拜巴爾蘇丹早年的戰役算起。

同一時間，哈利勒則忙著演一齣大戲來為宗教熱情煽風點火，主要是他想把眼前的戰役連結到對他父王的懷念，並將整個黎凡特團結在神聖的目標之下。一二九一年一月四日，伊斯蘭新年的第一天，蓋拉溫的遺體由各種帶有宗教色彩的人物，諸如謝赫[3]、托缽僧、卡迪[4]扛在了莊嚴肅穆的移棺隊伍中，第一站先前往開羅的愛資哈爾大清真寺，然後再移動到他雄偉陵寢裡新建成的墓地。在哈利勒預定要隨主力部隊出征的一週之前，他在先王眼前主持了一場狂熱的禮讚。三月二日與三日連著兩夜，古蘭經完成了全本複誦。隔天早上，在總督與維齊爾[5]的主持下，金錢與衣物被慷慨地散發給窮人、古蘭經的複誦者，還有宗教體制的成員們。「這種種舉動都是蘇丹在向父王的陵墓道別，因為他已經決心要出發去圍攻阿卡。」

對照十字軍自始至終的盛衰，再看看此刻把持了整個伊斯蘭世界的宗教狂熱，我們可以看出兩者之間的對稱性。兩百年前，正是這種類似的情緒發動了基督教歐洲的力量直撲

3 謝赫（sheikh），長老，或有伊斯蘭教長之意。
4 卡迪（qudi），穆斯林的法官。
5 維齊爾（vizier），相當於宰相之職。

圖17 砲彈來襲：穆斯林準備發射拋石機。

聖地而來，而當時的伊斯蘭則分裂而毫無團結可言。唯曾幾何時，歷史舞台上換成了教宗希望集結十字軍的悲願遭人置若罔聞，反倒是穆斯林號召聖戰則一呼百應如燎原野火。伊斯蘭聖者預測對神不敬的基督徒將面對命運中的覆滅，加入聖戰的號召也在清真寺內經由傳道者之口，一傳十十傳百。在聖戰精神的感召下，加上有的黎波里之役示範了有戰利品可拿，精神與物質的動機造就出許多伊斯蘭志願軍。

三月六日，哈利勒帶兵出發越過西奈沙漠。臨行之際，身為卡迪的穆伊丁對阿卡城下了詛咒，警告著他們大禍臨頭。「喔，你們啊，作為金髮之人（基督）的子嗣，真主的復仇很快就會如雨絲降臨在你們頭頂，你們將屍骨無存！馬利克．阿什拉夫眼看就要踏上你們的岸邊，快準備著從他手中接過你們無法承受的打擊吧！」一名謝赫據說夢到一個無名的男人朗誦著這樣的詩句：「穆斯林已然拿下了阿卡，異教徒的頭顱被砍下。我們的蘇丹身先士卒，率軍對抗那些曾經把崇山峻嶺踩碎在腳下的敵人。突厥人立誓既已出征，就絕不留寸土給法蘭克人。」就這樣，預言於狂熱空氣中迴旋。

興奮感與殷切的期待，反映在了拜巴爾．曼蘇里（Baybars al-Mansuri）的熱烈回應上，而他的身分是卡拉克城堡（Castle of Kerak）堡主，而卡拉克城堡又是一一八八年，薩拉丁從十字軍手中奪得的戰略要地。曼蘇里奉命要提供人員與設備給阿卡之役，但他本人並沒未被期待要參戰，唯聖戰之火已經延燒到從上至下的整個伊斯蘭社會，而對此他有如下的記述：

> 當時我人在卡拉克（城堡），當進軍的命令傳至，當蘇丹要我們把武器和機具準備好的飭令抵達時，我的整副靈魂嚮往著聖戰，就像乾涸的土地渴望著盡其該盡的職

責。我帶著這份赤忱去覲見了蘇丹，並懇請他讓我同行並分攤攻擊的所需，而他也同意了。他的批准，讓我在希望中感到無比雀躍，也讓我的黑夜晴朗地有如晨間。我於是準備了保護用的工具（木質屏障與掩體）、派得上用場的機具，專職的戰士、神射手、石匠、突擊兵與木匠。我前往迎接蘇丹，並在他抵達加薩時見到了他，也獲得他傳達出的熱情、喜悅與笑容，接著我便隨他的騎兵前進到阿卡。

*

人員暨物資的收集開始不斷加速：攻城用的拋石機、石丸、石腦油、用來搭建防禦掩體的木頭、地道的支柱、食物補給、駱駝與馬匹，還有各類專才部隊，像是地道工、石匠、燃燒彈專家、拋石機組員、突擊隊員、弓箭手，以及後勤部隊。三月初，一支先鋒出現在了阿卡城外，逼著歐洲墾民放棄了村落，並透過砍伐把果園清空，好騰出位置來建立防線跟軍事營地。哈利勒的意圖如今已攤開在阿卡城民的眼前。集結自各藩國與各地方首長的部隊不僅來自開羅與大馬士革，也來自遠在北方兩百五十英里處的阿勒坡，來自從阿勒坡到大馬士革途中的哈瑪與霍姆斯，來自黎巴嫩山區的阿喀爾，也來自喀喇與的黎波里與庫德人的城堡。被派至大馬士革監督攻城機具搬運的埃米爾艾巴克・阿弗蘭在三月三日抵達了目的地。接著的幾個星期，哈利勒橫越了西奈半島，並在加薩接獲在其堡主拜巴爾．曼蘇里率領下，卡拉克支隊的報到。他們沿海岸線騎馬北行，身後的輜重車隊還多了在開羅預建好的一台台拋石機在拖運。一二九一年春，一支大軍中的大軍巍然成形。

此時的大馬士革熊熊燃燒著戰爭的熱情，整座城市迴響著鐵鎚敲打跟木鋸推拉的聲音：木匠在興建拋石機、鐵匠在鑄造刀刃、鎖子甲、馬蹄鐵；另外各式各樣的戰爭必需品也在如火如荼地匯集，諸如人畜的糧草、盾牌、帳篷、旌旗、推車，與挖掘壕溝的工具；再來就是永遠不嫌多的兵力、馬匹、駱駝跟驢子也在持續累積。三月九日在城內雄偉的倭馬亞大清真寺（Umayyad）內，原本的週五的祈禱中出現了這麼一段公告：「任何人若要在賴比一月（Rabi I，春天的第一個月或伊斯蘭曆的第三個月，這個月因為適逢穆罕默德的生辰而格外吉利）的前十天為了有信者而前往阿卡城作戰者，就應該投身到拋石機的拖曳工作上，並將它們拉過橋去。」

這樣的呼籲得到了基層熱烈的反應。在民氣可用的激情背景下，巨大的攻城機具組件順利被拖出了城門、跨越了橋梁。志願者們「破曉即起，忙到午間禱告時間才離去。貴為法學學者、教師、宗教學者，乃至於信仰極為虔誠的每個人，都在物資的搬運上出了一份力，拋石機所需木材的搬遷路上都有他們的足跡。」三月十五日，所有拋石機所需的零件都已經搬出城外，第一批要拖運的貨物於是在埃米爾達瓦答里（al-Dawadari）的率領下啟程，目的地是八十英里外的阿卡城。

幾乎同一時間，各地的運輸開始在大馬士革會師。二十三日早上，大馬士革總督胡薩姆丁·拉金（Husam al-Din Lajin）率軍出發前往阿卡。那天晚上，哈瑪領主馬利克·穆札弗（al-Malik al-Muzaffar）抵達了哈瑪。三天後，他的部隊與圍城設備抵達。二十七日星期一，統領的黎波里軍的埃米爾塔巴希（al-Tabahi）偕來自阿喀爾的「庫德人的城堡」，來自霍姆斯，與來自敘利亞中部各地的所有人，也紛紛來到現場。由此該區域見證了幾乎是空前的伊斯蘭大部隊動員，甚至有一說是基層的熱情大到志願者多過了正規軍。一支接著一支的部隊從四面八方湧至海岸，並開始席捲阿卡城周遭的地區。

基督教的消息來源在對伊斯蘭軍隊的評估上，捏造出了一些啟人疑竇的數據，但出於對其壯盛軍容很不情願的尊敬，基督教拿出了生動的想像力，描繪下了伊斯蘭進軍的影響所及。在他們的描寫中，這些縱隊「想一解對基督教之血的飢渴」，是世界末日的恐怖先兆——野蠻、令人驚嘆，但也有種無法言傳的壯觀。

隨蘇丹朝阿卡進軍的是由異教徒組成的超巨大熔爐，數量多到無法計數，那當中有來自東方與西方，各式各樣的種族、民族、語族。大地因為他們的現身而震動，替他們開道的是無數號角、銅鈸與戰鼓的聲響。在山脈間穿梭折射的陽光，閃爍於他們有如黃金一般的盾牌表面，而他們拋光過的長矛尖端閃耀在太陽下，宛若蒼穹的眾星照亮了靜謐的夜空。部隊行軍時，你會看到森林在大地上動了起來，只因為槍矛的數量實在太大。看著這四十萬大軍，你很難不為異教徒之眾而動容，畢竟他們的身影覆蓋了整片大地、整個平原，還有所有的丘陵。

不論這支大軍的規模與外觀真相如何，馬穆魯克王朝都藉此完成了驚人的軍力展示。

時間來到一二九〇年底，阿卡城內才終於緊張起來。建軍備戰開始成為當務之急。亨利國王從賽普勒斯派了一些援軍過來，而駐在耶路撒冷王國邊疆的士兵則紛紛從朝聖堡、泰爾、西頓、貝魯特被召回。條頓騎士團的團長布夏・馮・史溫登（Burchard von Schwanden）帶著四十名騎士外加四百名十字軍來助陣，但這事最終卻讓城內士氣為之一挫，原因是他隨即請辭了職務並搭船返回了歐洲。教宗託給尼古拉・德・阿納普的資金被用來補強了城牆與外部防務，用來添購武器彈藥，也用來打造了強力的拋石機。宗主教藉由其在阿卡的主教座堂，也就是聖十字教堂裡鏗鏘有力的演說，一柱擎天地撐起了城內的民心士氣。但打仗靠的是兵力，所以阿卡城還是趕忙著完成備戰，同時間馬穆魯克大軍仍一列列縱隊朝著城牆逼近。

第八章

紅色帳篷

一二九一年四月一日到九日

圖18　頭戴圓錐狀頭盔，身著鱗狀盔甲的馬穆魯克士兵。

哈利勒蘇丹在一二九一年四月初來到了阿卡。在一段基督徒的描述中：「他偕他的將領與智者們修整了三天，藉此進行部隊的組織。第四天終於有了動靜，蘇丹率軍向前推進，在距離阿卡城只有一英里的地方紮了營，過程中還不斷用號角、銅鈸與戰鼓發出震耳欲聾的噪音，外加士兵一人一張嘴，喊著各種可怕的叫聲。」在抵達後的第五天（這天是星期四），蘇丹正式發表了圍城宣言。

他選了一座離地三十公尺，位於城池東邊三百公尺處的小山丘，來做為他個人的紮營處。此處不論從什麼角度去看，都是一個待起來讓人心曠神怡的地方，畢竟這裡曾經有過「一座美輪美奐的塔樓，還有同樣屬於聖殿騎士團名下的一千花園跟葡萄園」，居高臨下的景觀無敵。穆斯林稱呼這裡是富克哈爾土墩（Tall al-Fukhar），意思是「陶器的圓丘」（pottery mound），而基督徒則稱之為土宏（Le Touron），意思是「塔樓」。這裡對對戰雙方都是有歷史意義的地方。一個世紀前在一一八九年的夏天，耶路撒冷國王居伊・德・呂西尼昂曾在此下令圍攻薩拉丁手中的阿卡城。如今命運之輪轉了一百八十度，換成哈利勒蘇丹從這裡發表圍城宣言。從這裡，蘇丹可以俯瞰到正下方有原野跟果園，然後慢慢延伸為長長的沙洲，而流進沙洲的是蜿蜒穿越了一塊塊沼澤而來的乃縵河。更遠處有被拜巴爾遺棄，如今已成廢墟的海法城堡，就位於南邊十英里處的岬角處。至於北邊，則有阿卡城的雙層城牆與城牆交叉處的一座座塔樓，有人形容其格局就像「一把斧頭」，斧頭中包含了阿卡的海港，包含了寸土寸金的擁擠城中心，城中心有一間間教堂，有耶路撒冷諸王一座座氣宇非凡的宮殿與要塞，有各家軍事修會，還有義大利人的社群升起於平頂的家家戶戶之上。從這個制高點上，蘇丹還可以看到自己的軍隊集結在阿卡城前。

話說蘇丹大帳的選址與搭建，都相當於是一種儀典。按照馬穆魯克的習俗與此行的目標，哈利勒為其華美的達利茲營帳（Dihliz）設定了方位。達利茲營帳「完全是紅色的，門一開就會看到阿卡城。」這樣的方位設定是其意圖的一種宣示。「（馬穆魯克）蘇丹這種儀式性的做法是他把達利茲帳門的方向對準哪裡，就代表他在昭告天下自己要朝哪裡前進。」多半在同一天，蘇丹代表走了趟阿卡城，交付了「阿曼」（aman），也就是只要阿卡獻城投降，那他們就會保城內居民周全離開的承諾。但在十字軍據點一一陷落之後，再加上的黎波里的屠殺，這種保證只是做做樣子，形式上尊重一下伊斯蘭教法而已。對於背水一戰，且在巴勒斯坦海邊已經沒有重鎮可退守的阿卡守軍而言，他們很清楚自己只能與蘇丹決一死戰了——為了苟活而投降，他們會在死要面子的基督教世界裡成為千夫所指的全民公敵。但要是拒不投降、要是法蘭克人帶著驕傲用箭雨與其他攻勢做出回應，那就代表圍城會在隔天正式展開。送來阿曼的這天是個星期五，也就是一星期裡對穆斯林來講最神聖的一天。星期五會被挑中，是為了強調這次戰役背後的神聖動機。

那位無名的泰爾的聖殿騎士，也在看著馬穆魯克軍調動的眾人之列。他宣稱蘇丹的軍隊裡包含了七萬名騎兵。哈利勒時期的王家馬穆魯克軍人數大概在七千到一萬二之間，當然這還得加上埃米爾帶來的馬穆魯克軍，還有一群沒有固定主人的自由騎兵。後來擬出於一三一五年的數據宣稱，埃及軍數量在兩萬四千名騎兵之譜（不過不能不提的是當時的騎兵往往會帶兩匹馬移動，外加一兩頭駱駝拿來放行李，所以人獸數量的估算上有很大的誤差空間）。圍城的過程從頭到尾，很清楚的是大量騎兵巡邏著馬穆魯克的陣營，而且日夜不停。而在騎兵之外，泰爾的聖殿騎士估計步兵規模有十五萬人，當中參雜著訓練程度不一的士兵，外加大量的平民志願者與後勤單位，所以總數才會浮誇成這樣。在馬穆魯克人與十字軍的所有接戰中，數量上的巨大落差都是勝敗的關鍵所在。不論泰爾的聖殿騎士對哈利勒大軍的估計如何失真，不可否認的事實都是此戰極獲伊斯蘭世界的基層支持，以至於他們順利集結了一支搞不好是空前強大的兵力。

雖說人數落差極大，但仗沒打之前勝敗還在未定之天。比起馬穆魯克人之前對付的其他據點，阿卡的人口要充沛許多。拜巴爾之前單挑的法蘭克人城堡，人數也就一千人上下，大多甚至不到，阿卡的守軍至少十倍於此。泰爾的聖殿騎士估計阿卡的人口在三萬到四萬之間，這當中包含婦孺，包含七、八百名騎士，還有一萬三千名步兵。這是支雜牌軍，不同軍事修會的重裝盔甲騎士與他們的副手，共同組成了屬於精英的騎兵部隊。每個修會都有其供人辨識的服裝：聖殿騎士的外衣是白底紅十字、醫院騎士是紅底白十字、條頓騎士團是黑底白十字。阿卡的步兵也是大雜燴，裡頭有來自賽普勒斯的部隊、有拿錢辦事的傭兵，也有遠從歐洲來的支隊。他們當中包括了經驗豐富的十字弓兵（他們對圍城戰的守方是無價之寶），加上一小隊技術專家，諸如工程師、地道工、木匠，他們對打造防禦掩體與修建拋石機，還有在馬穆魯克的地道逼近牆底時進行反地道作戰，在在都非常管用。城內的比薩人是實務經驗豐富的水手，且尤其擅長拋石機的建造與操作。這之外，阿卡城內還有初來乍到的平民朝聖者與冒險家，而他們也就是引發這場戰爭的罪魁禍首。

從聖殿騎士團的壁壘處，可以看到馬穆魯克人的大小營帳「密密麻麻地從土宏一路延伸到（就在阿卡城北邊的）蘇邁里亞（as-Sumairiya），換句話說整片平原上都安滿了帳篷。」從這一頭的海邊到另一頭海邊，蘇丹把從廣徵自中東的各支隊將阿卡圍了個密不透風，各路人馬就這樣井然有序地堵在城牆前：在北角從岩岸邊包抄的，是來自敘利亞中部的埃宥比藩國哈瑪，其統治者馬利克．穆札弗的部隊；走中路要攻打阿卡城那嵌於塔樓中的聖安東尼主門的，是來自大馬士革並由其總督胡薩姆丁．拉金率領的部隊；左路是由拜巴爾・曼蘇里從卡拉克堡帶來的部隊；位於丘頂蘇丹大營正下方，是蘇丹親衛兵埃及馬穆魯克軍，他們正虎視眈眈地圖謀著從城牆一路到港邊的整座阿卡城。

還有一個人也正密切觀察著馬穆魯克的圍城布陣，那就是醫院騎士團的團長，約翰・德・維利爾。因為他，我們才知道蘇丹來到阿卡的日子是幾天之前。在一封事後寫成的信中，他極盡誇張之能事地形容了哈利勒是如何氣勢磅礴地兵臨城下。他「花了從日出到提爾斯（tierce或terce，意為天主教祈禱日課的「第三時辰」，約等於上午九點）的時間，從海的這一邊包圍阿卡城到海的另外一邊，同時在東邊則遠至幼發拉底河（意為目力所及的盡頭），都是他帶來的攻城機具。就這樣在大量機器與大批人馬的簇擁下，他坐鎮在了阿卡城前。」

即便馬穆魯克的軍隊被高估是家常便飯，也不影響從阿卡城牆上看出去的人感覺非常壯觀。他們可以端詳到的那一幕會顯得生意盎然：數以千計的各種動物，包括扛著帳篷的駱駝、拖著攻城機具的閹牛、要給馬穆魯克人騎乘的戰馬；各種人力資源，諸如騎兵、步兵、木匠、石匠、廚子、聖者，以及攜帶糧草和供水的後勤團隊；讓人眼花撩亂的繽紛色彩、行頭與武裝，有各色頭盔、頭巾、盔甲、盾牌、配劍。阿卡人可以在大軍就定位的過程中聽到各種聲響，包括動物的嘶叫聲、官兵間的發號施令聲、祈禱時間到了的提醒聲、壕溝挖掘的吵鬧聲、有人使勁把帳篷與圍城機具搭起來的呼喊聲、黃色旗幟在風中拍打的啪啪聲、嘹亮的號角與實打實的鼓點聲。「我們安頓下來後，」拜巴爾．曼蘇里說，「他們也就被團團圍住了。」

反過來說，哈利勒的軍隊若抬起頭，看到的會是「一個被城牆、外牆、塔樓、壕溝與外堡護住的城鎮……形狀就像個三角形的盾牌」，一如數年前的一名訪客所說。雙層的城牆，毫無中斷地從一岸延伸到另外一岸，延伸逾一英里，只在不同的點上有城門或邊門提供進出，還有以規律的間隔設有雄偉的方形塔樓。城牆的前方是一條長長的壕溝，一條兩側陡峭而邊緣是石頭、寬度達到十二公尺的溝渠。一座座塔樓有著五花八門的各種名號，像是威尼斯人之塔、英格蘭人之塔、亨利國王的諸塔，還有布盧瓦女伯爵之塔，這反映了它們的建成背後，是如何各自為政有著來自不同來源的資助。此外，其他的塔名則感覺有點讓人毛骨悚然，那反映了阿卡城不平靜的過往與攀附於其上的各種傳說，像詛咒之塔就是一例，而它的側邊還有座「血之塔」。至於再往西的防禦外牆則包括了「邪惡步伐之門」（Gate of Evil Step）。

但早在防務於近期獲得額外的強化之前，包括主教威爾布蘭德．凡．奧登伯格在內的訪客，就曾讚譽過阿卡城那「理想、巨大而深邃的壕溝，邊緣有從底部延伸上來的石作，壕溝上方則是具有雙層塔樓的城牆，安排得恰到好處，其中第一道包含了塔樓的城牆不比主牆高，因此可以由內層的第二道牆俯瞰並保護著，須知內牆的塔樓不但更高也更強。」在兩道牆中間，夾著一條寬達四十公尺的殺戮地帶，而且裡頭又包含了一條溝渠。有斜度的這些溝渠是用切削好的石塊建成，因此構成了一處人工的峭壁，來犯的攻擊者必須要爬上這處峭壁，才能抵達城牆的基底。較矮的外牆上也有多半是方形而各自相間五十公尺的角塔，「以相隔不到投石之遙的間隔環繞城牆的全長」，當中穿插著較小的突出部來提供掩護砲火；城門也都設在塔樓之內。內牆塔樓之間的部分，由半圓形的稜堡負責保護。在德國旅人魯道夫・馮・蘇塞姆的描述中，這些城牆無比的厚實強壯，「寬度足以讓兩輛推車輕鬆在牆頂會車」，而在外牆的壕溝外頭還有其他「各種外部防禦工事」，也就是可能鋪設有木造屏障的平台，且平台前一樣掘出了溝渠，來進一步拖緩敵人的進軍。綜觀之，阿卡的防務可謂固若金湯。

根據一世紀後被易卜拉辛・安薩里（Ibrahim al-Ansari）集結在兵書中，伊斯蘭世界對於圍城戰的傳統智慧所言，指揮官應該要花時間去「了解要塞的各種狀態，觀察當中有哪些地方無法硬攻，哪些地方是軟肋，哪些地方可能或不可能採取行動……（以至於）……哪些位置可以挖城牆底下的地道，哪些位置可以放置爬繩、攻城梯與爪釘。」從他的制高點，哈利勒有充足的機會可以爬梳阿卡的防務，並仔細盤點有哪些戰略上的選擇。其中特別引起他注意的點有兩個。阿卡大致上可以分為兩個區塊：圍繞著港區的舊城，還有蒙特穆薩德這個比較新的郊區，而兩者如今都包在沒有斷點的雙層城牆裡。隔開舊城與郊區的是阿卡城內的一道牆，而那道牆也就是原始阿卡城的外牆。在新舊城區相接的地方，現今的外牆會稍稍內凹至一處具有戰略意義的城門塔：聖安東尼門。向東大約六百公尺處，城牆會再一次向右朝海邊急彎。而這就是阿卡城最大的罩門。十字軍在一世紀前重創阿卡城，也是在這個點。

重建的詛咒之塔如今不僅有一道外牆保護，而且還有其他的防禦工事提供屏障，這包括他們興建了一座于格三世稜堡（Barbican of Hugh III），這是從外牆突出並有走道相連的一個外部防禦結構，並且在鄰近的外牆頂點上有由亨利國王建成的國王塔，由國王塔提供給詛咒之塔這個通往城中心的入口額外的保障。對哈利勒蘇丹來講，攻城的要務是對整條外牆平均施壓，以便盡可能攤薄守軍在任何一個點上的平均兵力。不過一開始，于格三世稜堡與聖安東尼門仍最獲得蘇丹的聚焦。

＊

雖然成功召集了大軍，而且馬穆魯克人近三十年來揮兵十字軍城堡可以說是所向披靡，但這次的出征對哈利勒並非完全沒有風險——包括他出任蘇丹的正當性也賭在了這次的成敗上。吞敗可能導致他在主要埃米爾之間的威信蕩然無存，而這些埃米爾處理掉不受擁戴的蘇丹，其過程往往也是心狠手辣、刀光血影。哈利勒沒有艦艇或其他能力封鎖阿卡的海運補給與援軍，唯他多半可以透過消息靈通的穆斯林貿易商與細作掌握各種情報，包括阿卡城將採取什麼樣的防守策略，還有他們向外求援得到了什麼樣的回覆。春天的海象變化多端，若說氣候可能會打亂賽普勒斯來援的行程，也是可以預期的。

蘇丹必須要對攻城的進度表現出高度的興趣。出自易卜拉辛．安薩里的馬穆魯克兵書中有言，「身為統帥對於他的部隊，或是對於他授權人指揮的某支部隊，都應該要有的作為是每一兩天就去要塞巡視一圈」，且「應該對拋石機的搭建與發射進行督導」。蘇丹中的雄主如薩拉丁與拜巴爾，都深諳事必躬親在實戰中的重要性。一二六五年，拜巴爾曾經親赴凱撒利亞的城牆前，從附有輪子的掩體下方對地道挖掘作業進行近距離的檢視，不久後還差一點就死在阿蘇夫的壕溝裡。讓部隊看得到自己是如何恩威並施，也是蘇丹的工作之一，因為這樣才能維繫士氣，而撐住士氣，士兵才有為你出生入死的動機。

時間也是關鍵的因素。馬穆魯克人的策略是要用絕對的人數優勢強渡關山，然後速戰速決給阿卡城致命一擊。如果說自從拜巴爾蘇丹時代以來便如骨牌一一倒下的基督教重鎮，都沒有一個能撐超過六星期，那代表效忠程度不一的各路地方軍與志願軍能在哈利勒手中靠得住的時間，上限也同樣就是六星期。薩拉丁在一一八八年想拿下安條克之舉會失利，就是因為「他部隊的戰意開始弱化，尤其是那些從大老遠拉過來的軍隊，他們對聖戰的熱忱開始動搖，一心只想回老家休息而不想打仗。」疾病是另外一個問題。在衛生與營地管理等層面上（具體而言包括供水的調度、洗滌的設備、戰歿者的掩埋，食物的供給），伊斯蘭軍隊都明顯勝過基督教對手一截，但哈利勒大軍的規模，加上入春之後變熱的氣候，還有低窪的平原等因素，在在都對伊斯蘭方不利。一如日後一名旅者多門尼可・拉腓（Domenico Laffi）的證言，圍繞著阿卡的沼澤是瘴氣的來源。他稱阿卡是個「不健康的地點……原因是其周遭的沼澤……我們的（船隻）無法在那裡待滿一整年，就是因為雨季時的空氣太糟糕，環境太惡劣了。」從一一八九到一一九一年間在阿卡對峙的兩支部隊，都吃到了疾病的苦頭。

＊

馬穆魯克軍隊的後勤技術甚有可觀之處，但隨著時日延續，要維持長時間圍城所牽涉到的數據壓力也不斷累積。有人估計中世紀一支兩萬五千人的軍隊光是一天的運作，就需要九千加侖的水與三十公噸的牲畜糧草。而這支軍隊圍城六十天需要移除的人畜穢物就有上百萬公噸，外加四千公噸的固體有機廢棄物。以哈利勒的軍隊規模而言，上面的數字起碼要乘個三倍。別的不說，光是蘇丹人馬願意在城牆外等死的動機就不可能無窮無盡。大量的志願者願意不遠千里而來，可不光是因為信仰虔誠，他們對戰利品也充滿了期待。這些人絕不可能在阿卡城外的平原上無限期耗下去。

從哈利勒的大營望去，阿卡城的防務確實看似滴水不漏，蘇丹「眼中的阿卡城有各式設備與攻城機具的拱衛」。守軍在有限時間內，盡可能完成了一切準備工夫。約翰・德・維利爾後來寫道：「我們與城內所有基督教的善良百姓都做了準備要與他們一戰，為此我們進行了徹底的武裝，也找齊了可以用來捍衛城市並保護百姓生命身家的設備與機具。」戰士也有他們的個人裝備需要整理，這包括有鎖子甲材質的襯衣需要上油，頭盔需要清理乾淨，佩劍、刀刃與槍尖需要磨利，戰馬需要安上鐵蹄，盾牌與十字弓需要調整或校準，彈藥需要補齊。泰爾的聖殿騎士也描述了守軍是如何在準備他們的圍城機具。他們「在防務上各司其職，並開始升高戰備，而這也是敵人來襲時合理該做的事情。」

阿卡城並無面向大海的防務，主要是沿岸的岩塊與沙洲地形讓兩棲登陸作戰的可能性趨近於零。相較於此，蒙特穆薩德的北端除了防務延伸到下方的岩岸以外，還同時由一座巨大的圓塔提供了保護。東側在城牆慢慢與沙洲接壤的地方有一座小塔樓，接著是一尊帶刺的鐵製棚架插入水域，這可防止騎兵從淺灘涉水來發動自東側包抄的攻勢。在港口處，比薩人擁有可以用艦載拋石機轟炸海岸線的船隻。而在岸上他們也有十五處類似的裝置可以從內牆前進行發射，且多半有測距手在垛牆內進行射向與射距的指揮。

鄰接這些內牆有大型的拱頂廳室作為軍需的儲藏室，想在備戰工作中盡一己之力的平民百姓會往裡頭「搬運大量的岩石、十字弓、十字弓箭、長槍、單刃劍、頭盔與鎖子甲襯衣、加厚的鱗狀盔甲、有金屬壓花的盾牌，乃至於形形色色的甲冑。」隨風拍打的旗幟立在牆上，並很可能當城門終於封死後，守軍會依慣例在外牆部署厚重的布簾，把一一捆捆羊毛或一張張皮革固定在梁木上，藉此減緩石丸從拋石機轟來時的威力。

防守責任由眾人分段來分攤。蒙特穆薩德的最北端由聖殿騎士在團長紀堯姆・德・博熱與將軍皮耶・德・賽福瑞（Pierre de Sevrey）的率領下戍守，至於聖拉撒路騎士團則在一旁提供支援。在他們右手邊，醫院騎士團在團長約翰・德・維利爾和將軍馬提厄・德・克雷芒的指揮下，把守通往聖安東尼門的要道，並與英格蘭的聖托馬斯騎士交替輪班。醫院騎士與聖托馬斯騎士的右手邊，則是條頓騎士團在雨果・馮・波蘭德（Hugo von Boland）

指揮下的責任。關鍵的國王塔、詛咒之塔與外凸且城牆向右急彎前的稜堡，則歸賽普勒斯國王的部隊在國王胞弟阿馬里克統領下負責，畢竟他也是泰爾領主與阿卡攝政。最後一段直奔港區的城牆，被託付到了法國支隊與其指揮官約翰・德・格萊伊，與英格蘭支隊暨其指揮官奧托・德・格朗松的手中，而初來乍到的朝聖者與鎮民則會擔任他們的輔佐。

水裡來海裡去的義大利人在防務中僅扮演零星的角色。威尼斯人與比薩人在不同的時間點上提供了支援，熱那亞人則有所遲疑在前，宣布中立在後，主要是他們不想危及自身於一二九〇年五月與蓋拉溫簽署的商貿條約。由於威尼斯人也簽了類似的條約，因此義大利商人社群在阿卡城內的戰意始終遭受懷疑，即便比薩人的投入看似全心全意。

固守城牆一事必須要恪遵班次的輪替，當班八小時，休息八小時，每段城牆必須要有兩路人馬負責，分別由兩名教區牧師節制。資料顯示整體防務的指揮調度是採委員會制，而這個戰爭議會乃是由八名領袖級人物組成，當中包括阿馬里克、三大軍事修會的團長（維利爾、博熱、波蘭德）、頂著「法蘭西人的指揮官暨耶路撒冷王國總管」頭銜的約翰・德・格萊伊、代表英格蘭的奧托・德・格朗松，還有教廷宗主教尼古拉・德・阿納普。

雖然這些安排看似合情合理，但阿卡並未能整合出令人滿意的守城方針。事實上阿卡面對圍城的回應，正好反映了其城內的派系歷史與阿卡城本身的地理格局，當中不同的社群為自身在城中的地界設下了屏障，而那比起守城才更是他們的當務之急。十字軍的各個修會是強大而相互較勁的自治團體，他們唯一會理會的除了自己以外就是教廷，所以也只有身為教廷使節的阿納普，才可以在名義上以教宗的權威統轄這些軍事修會。義大利的各海洋共和國是彼此在商業上的對手，由此他們不但在城內惡鬥令人記憶猶新，而且宗教聖戰根本不會是他們優先想投入的事業，你說他們會想把戰爭物資賣到埃及給馬穆魯克人，才比較像是他們平日會幹的事情。

以上這些派系勢力姑且不論，阿卡城還有一群扎根甚深的在地居民與宗教性修會。對這群人而言，阿卡就是他們的家。而在這群阿卡人的身邊，還有從的黎波里跟其他淪陷城鎮投奔過來的弱勢難民，有一群不久前才抵達阿卡的十字軍與朝聖者，這些人雖無太多作戰經驗，但卻如前面提過引發了這場戰爭。耶路撒冷王國名義上的領導者，年僅二十歲的賽普勒斯國王亨利，把這群離心離德的百姓交到了十八歲的弟弟阿馬里克手裡，但阿馬里克也談不上有多大的威信可以把這盤散沙搞定。圍城戰自始至終，阿卡城內的人都懶得壓抑自己的情緒，而他們的部門多來自於這幾個原因：任務分配不公平、特權與階級的爭議、指揮體系的結構不明。阿卡作為黎凡特罪惡淵藪的臭名，在圍城戰的過程裡揮之不去，以至於有一說是許多人寧可在港區的酒館與青樓裡花天酒地，也不願意睜開眼面對日漸擴大的危機。

＊

伊斯蘭軍打起圍城戰要經驗有經驗，要研究有研究。早在西元九世紀，阿拉伯的兵書就列出了要奪取城堡有哪些公認的程序，而時間來到屬於中世紀高峰的中期，圍攻要塞的技術與實務管理更已經高度成熟。雖然在一馬平川的戰場上無往不利，像是薩拉丁有知名的哈丁之役，但馬穆魯克蘇丹卻讓手中的聖地被法蘭克人一點一滴奪了回去，而法蘭克人靠的就是積極採取高強度的圍城戰。十三世紀的歷史見證了一票看似固若金湯的重鎮接連被扳倒：阿什凱隆、凱撒利亞、薩菲特（Saphet）、安條克、白城堡（Chastel Blanc）、克拉克騎士堡、馬格特、的黎波里。沒有一個據點撐超過六星期。

傳統的程序，首先是用防守用的圍籬與溝渠來確保馬穆魯克人的陣營不受城防突襲的威脅。「我們必須強調，」安薩里寫道：

你去包圍敵人，但其實你也被敵人包圍，因為城外的你也不能確定免於被敵人衝出來突襲，尤其不分日夜一旦有機可乘，他們就會一鼓作氣予你迎頭痛擊；畢竟你有多想擊敗他們，他們就有多想擊敗你。所以三軍統帥有責任提醒自己，而部隊的每個指揮官也要盡可能提醒他。他應該在有需要的時候多使用壕溝，而建造壕溝是可行的；須知壕溝是在要表達決心與征服之意時，至為強大的一種（因子）。

為了保護營地不受砲轟與反擊，他們在營區正面建立了土牆。他們得時時保持警戒，並把騎兵駐紮在從城牆算起十字弓的射距外，以便在敵軍出城奇襲時予以反制。一旦針對奇襲的防務確立了，下一步就是想辦法在各種掩護下前進到距離城牆最近的距離，藉此最大化拋石機與其他拋射武器的殺傷力，並啟動地道挖掘作業。軟化對方的心理是另外一項重要的事情。震耳欲聾的噪音，諸如拋石機反覆發出的尖銳擠壓聲跟撞擊聲，來自駱駝背上有條不紊地、有如交響樂團的鼓聲，還有整片戰場上發自戰士口中的呼叫聲跟有節奏的口號聲，在在都可以讓守軍的士氣為之一挫。

用拋石機毀壞城牆，用連發的拋射武器蕩平躲在胸牆中的敵軍，都只算是準備階段的事情而已。在火網的掩護下，地道工可以設法掏空城牆來讓牆倒下。一旦城牆有了一定的破口，守軍就會接受繼續反抗也無濟於事的事實，然後尋求投降的可能。事實上許多十字軍的要塞在受到拜巴爾與蓋拉溫攻擊的過程中會放棄抵抗，都只是肇因於某個關鍵稜堡或某一面幕牆的崩毀。如果不是守軍士氣隨城牆一起崩壞而自動投降，那等待著圍城的另一種結局就是在連番轟隆巨響中，發動於拂曉前的一場腥風血雨。為了攻堅，壕溝必須要被回填到一定程度，好讓人可以越過去，然後攻方必須得逼著志願者或囚犯到第一線當砲灰犧牲，然後再踩著他們的屍體進行最終的屠城。

＊

哈利勒的軍營組織很顯然費了一番功夫。維利爾看著哈利勒安頓好軍營，前後共花了九天的時間：「而從他們抵達的那天算起，直到星期一（四月九日），他們都馬不停蹄地在占領土地，有些是給機具用的，有些是給防務用的，有些是給壕溝用的，有些是給柵欄或其他工程用的，並且他們讓所有的機具與防務傾巢而出，在營地土牆的四周圍成一圈，並將砲口對準我們的防務。」

哈利勒對於阿卡城防務的鑽研，使他得以把自己最大的拋石機部署在可以打擊最顯著目標的位置。這些分別從開羅、從黎巴嫩山區另一邊拉過來到大馬士革，然後藉著民眾一波愛國與宗教的熱忱被拉出大馬士革城門，拆成零件，再拉八十英里，然後在阿卡城門外重新組裝起來的機器，代表著不只是馬穆魯克在軍事組織上的勝利，也代表了各種資源與

「人力—機械」資本的可觀投資。這些機具若毀損便無法替換，且非常易遭到希臘火的反擊。馬穆魯克人深知這一點，於是他們在部署機具都有顧及安薩里的提點：「想架設機具來攻擊堡壘的人，必須要將之置於一個敵方（砲火）無法觸及的距離。」每一台機器都花了兩天架設、就定位與完成戰備，而這除了代表伊斯蘭軍事史上最大批的拋石機具以外，也代表了十字軍時代登峰造極的機械式砲火。

攻城機具的架設與部署，是暴風雨前的陰森寧靜。從穆斯林這側看過去，拜巴爾·曼蘇里注意到守軍的自信高得令人心驚：「他們展現出極大的耐心，對即將遭到圍城也不是很擔心，甚至於他們連城門都還沒關閉，也沒有把大門前用來（緩衝砲擊）的屏幕拉下來。」守軍很顯然會趁駐紮中的營地還沒站穩腳跟前，利用其弱點來進行騷擾或刺探軍情。泰爾的聖殿騎士注意到蘇丹的軍隊「在阿卡城前一待就是八天，除了跟我們的人發生零星的衝突，雙方各有少許人陣亡以外，其餘毫無動靜。」穆斯林的資料來源給出了一幅更針鋒相對的光景，當中，就像那是一場由兩名騎士硬碰硬的決鬥：基督徒開始跑到穆斯林的軍前叫陣，要他們的騎士出來單挑。屬於自由騎士與蘇丹的馬穆魯克部隊趕忙迎戰，兩造之間爆發了攻擊、撤退與相互突刺等橋段。他們就這樣你來我往了數日，最終取勝的穆斯林傷了基督徒數員，殺了基督徒幾人，日復一日阿卡城都鎩羽而歸，而守軍也在過程中看出了穆斯林擁有他們不具備的決心。由此他們停止了騷擾，也放下了要與穆斯林一較高下的好勝心，轉而站定城門來保護阿卡城，自此不再出城突擊。

當然更可能的實情是基督徒顯然寡不敵眾，而常識轉瞬勝出，城門也因此緊緊地拉下。

第九章

轟雷與閃電

一二九一年四月十日至十三日

圖19　馬穆魯克的紋章徽記。

哈利勒大軍展示在阿卡城牆前對圍城戰的嫻熟，還有他們所能施展出的科技，都源自於可以上溯至伊斯蘭信仰發軔時的各種傳統。雖然伊斯蘭的信仰發源自阿拉伯沙漠裡，但先知穆罕默德在傳福音時總免不了要攻城掠地。事實上先知他自己也曾用拋石機圍困過好幾個城鎮，而這門技術多半是起源於西元前幾世紀的中國，並經由拜占庭人或波斯人傳到中東。這些機具使用的能量，源於一非平衡木繞著支點旋轉，然後由這股能量將沉重的彈丸甩到長距離外。拋石機是人類設計過威力最強大機械式砲體，也是拜巴爾整套攻城設備裡的主角，而等到蓋拉溫的時代，它們已經能合起來組成大量的砲陣地。「被集合起來對付阿卡城的，」曾協助搬運機具的阿布・菲達寫道，「是大大小小的拋石機。而這是第一回有這麼多拋石機集體對付一地。」兩年之前，的黎波里陷落是因為其不敵十九台機器，而如今在城牆上許多人眾目睽睽下，阿卡成為足足聚集了少則七十二台，多則九十二台的拋石機。這些拋石機能夠陳兵在外，除了是馬穆魯克人在軍事規劃上的得勝，也證明了其資源的儲量有多深。

哈利勒準備拿阿卡城石牆開刀的機具，不論就威力或種類而言都讓人眼睛為之一亮。若以種類而論，現場的拋石機有兩種。兩種都有一根非平衡木被以不平均的配重放在一樞紐上，然後由一結實的木質支架或單桿提供支撐。一條拋石索（sling，亦稱機弦）會被安裝在非平衡木上比較長的那一段，然後拋石索裡會放有彈藥（石丸或燃燒裝置），最終得到釋放。一開始的拋石機是一種人力牽引式機器，釋放的是人的能量，靠的是一組人齊力把短端的繩子拉下來，同時讓有拋石索的長端翻上去，並讓非平衡木長端上的彈藥被甩出去。拜巴爾蘇丹就曾在阿蘇夫的圍城戰中親自「下海」去參與發射的過程。

時序進入十二世紀末，拋石機的人機工程效率與威力都有了大躍進，主要是新的機具造得更大，且藉助了重力來旋轉非平衡木並拋出彈丸。相對於使用人力來把梁木拋向空中，重力式拋石機會在短端放上重物，例如裝在袋中或木箱裡的石頭或鉛塊，來達到這個效果。重力拋石機那更修長的非平衡木可以長達十公尺，同時其更具份量的木質框架強化以側邊的支撐，也使其更能在機器運作時展現出剛性。進一步的調校還包括把用來裝填彈丸的拋石索加長，藉此來提升速度與射程。同時在某些機型上，用來提供重力的重物會以樞軸跟梁木相連，藉此讓重物本身也可以在梁木上擺動，進而在作動時提供比固定式重物更強的衝勁。這些重力式拋石機的裝填與發射速率要大幅緩於牽引式拋石機。梁木的長端會經由絞盤或人力扭或拉到地面，這時另一端的配重物則會被抬高到空中，然後短端會被固定在發射前的位置。短端固定好後，石丸會被拖放至拋石索的囊袋中，而該囊袋又被置於拋石機基底一個附有刻度的木質渠道裡，並透過一個鉤子連結到梁木上，由此石丸便能

圖20 中世紀手稿殘片顯示著人力牽引式拋石機的發射方式。射手手拉著拋石索而懸在空中，目的是要用自身的體重來彎折梁木，進而提升拋石機的射速與射程。躲在衝鋒騎兵身後的士兵正等待著射手的一聲令下，便會把繩索往下拉，然後讓石丸從射手的雙手發射出去。

在發射時以最恰當的軌道擊中特定的目標。準備發射時，射手會手持用來釋放的繩子退到一個安全距離外，然後著實地用力一拉來鬆開開關，這時配重物就會在重力的作用向下急墜，把梁木的長臂甩向天空，也把石丸以驚人的每秒四十公尺的速度（約當時速一四四公里）投射出去。

兩種拋石機的不論是架設、（目標）測距

與發射，都是技術活，也都在漫長的操作與實驗中累積了大量的訣竅，相關的變數甚多：石丸的大小、梁木的長度與彈性係數、樞紐兩側長短端的相對比例，還有拋石索的長度調整等。射速較快的牽引式拋石機，會在操作上耗費更多的資源與技術。為了創造出「連珠砲」的效果，大隊人馬必須分組輪班，每組的編制可多達十人，而且這十人還得在拉繩時具備絕佳的默契。作為靈魂人物的射手，其職責是指揮拉繩的小組，並準備好要發射的石丸。想擔任射手一職，勇氣、知識與精細的判斷力缺一不可。這人得在發射前把石丸控制在拋石索中。他可能得為了把石丸往下拉而兩腳離地被吊在空中，因為只有這樣，梁木才能在發射前展現出極致的彈性。又或者他可能得不用兩腳離地，但得把拋石索與彈丸緊緊抱在胸前。這是因為這兩樣東西的位置與角度要非常精準，否則一個弄不好，石丸就會直上直下或是根本沒射出去。準備好之後，射手會下令要組員認真起來拉緊繩索，然後梁木會像鞭子一樣把石丸從他的手中扯出去，最後以選定的軌道把石丸釋放出去。拋石機的操作還需要後勤與工藝的輔佐，諸如木匠、裝配工、採石者、石匠（要雕刻石丸），還有要負責把機器拖到阿卡的運輸團隊，缺一不可。

阿卡百年前的上一次被圍，就已經見證過這種機具的威力有多懾人，其中最大型的一些機器即可能是當時相對較新的重力型拋石機。根據基督教的史冊記載，當年的穆斯林守軍也在城內備有：

大量的拋石機，但對方有另外一種拋石機的身形無比巨大，且拋出巨石的能力與效率也無與倫比，其威力堅不可摧。它發射出龐然大物般的石丸……那些彈丸若不受阻擋地順利落地，則地上便會生出一個逾一英尺深的彈坑。這機器擊中了我們的一些拋石機，慘一點的粉身碎骨、好一點的也直接報廢。它射出的石丸摧毀了我們許多其他的攻城機具，或是讓其擊中的東西從中裂開。那股力量是如此之大，如此具有破壞力，任何材質與物體無論其多麼堅固、多麼真材實料，都不可能面對那不可承受之打擊而毫髮無傷。

攻方不甘示弱地派出了一台取名為「神之拋石者」（God's Stone Thrower）的機器，部署在可朝詛咒之塔打過去的地方，而且據說它還真的轟在了與詛咒之塔相接的牆上，掀掉將近三平方公尺大小的牆頂。雖然說這些描述按例都相當誇大，但重力確實為彈丸被拋出時的加速度增色不少。姑且不論其真實的殺傷力到哪裡，光是想到被鬆開的梁木狂放不羈地指向天際，然後因為短臂上石箱的重量而來回搖盪，宛如一個巨大的鐘擺，空掉的拋石索像皮鞭一樣亂甩，接著石丸在眾人期待中朝著即將受到重創的牆壁、屋頂，敵營飛去，就是一幅會讓守軍心理受到嚴重打擊的光景。詞藻華麗的阿拉伯文詩句，用紛飛的想像力描繪了拋石機是一種服務真主的工具，並將其梁木的起伏比擬為信仰虔誠者的祈禱：「拜倒在地上的拋石機是在祈禱，就像我們臣服於真主。」

一台大型的牽引式拋石機，約莫可以十二個人的拉力拋投重達五十公斤的彈丸，唯一般的做法是選擇較小的彈丸來快速連發。重力型拋石機則不論在彈丸的重量與拋投的距離上，都更勝前者一籌。彈丸的重量、軌道、發射的初速與射程，是四樣必須要相互取捨的東西，而這四樣東西又得跟射速（發射頻率）進行取捨。在克拉克騎士堡，拜巴爾的機器曾拋出重達百公斤的巨石。在幾個月後的孟福爾，七十公斤的石丸被拋出到兩百公尺外。機具愈大型，需要的配重物也愈具份量，甚至有些大傢伙的配重可達十噸重。重力型拋石機之所以是城堡外牆等靜態目標的殺手，還有一個原因是其一定程度的準確性，由此它們可以朝著同一個點「死纏爛打」。以中型機器射擊一百八十五公尺外的城牆，可以合理期待的落彈範圍是一個邊長六公尺的方形。真正意義上的火砲要以火藥的威力取代這些機械式砲火的殺傷力，還是很久以後的事情。

哈利勒在一二九一年來到阿卡時，身邊帶上了大大小小好幾款拋石機：有較輕型的機

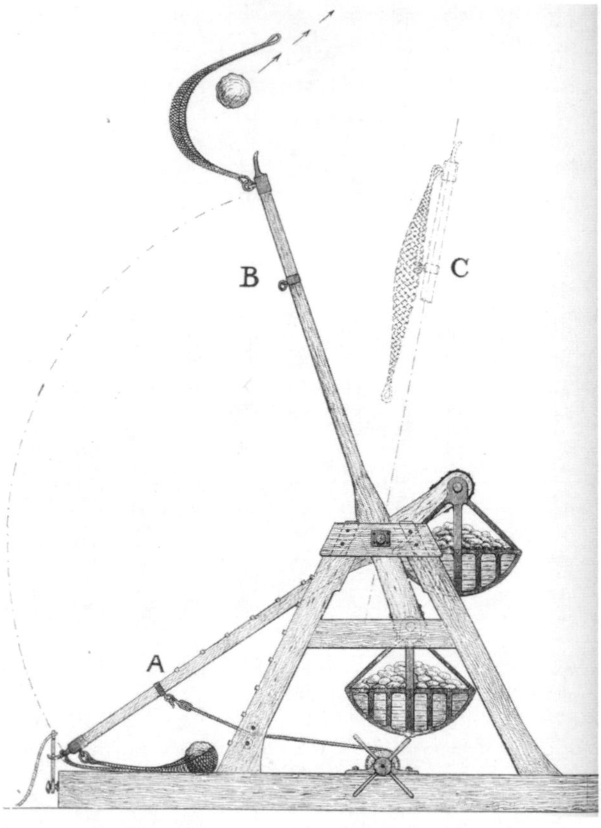

圖21　重力型拋石機的運作：圖中這台拋石機的配重物是一籃鎖在梁木上的石頭。在A所代表的時間點上，配重物已經被絞盤轉高到空中，由此另一側也成為了可進行彈丸裝填的位置，接著便是裝填好彈丸的拋石索躺在平台上，等待著拉力從釋放繩上傳來。時間來到B點，獲得釋放的配重受重力吸引而急墜，梁木一飛沖天，把彈丸從拋石索上以選定的軌道發射出去。時間來到點C，拋石索空掉了的梁木在空中瘋狂地前後擺動。

器可用來對守軍「彈如雨下」，也有比較重型的機器可以轟擊城的牆壁。阿拉伯的資料來源裡有這些拋石機的「點將錄」：伊法蘭吉拋石機（ifrangi，意為「法蘭克人的」），哈利勒有十五台，這是一種負責擊碎城垛與幕牆頂部的重型重力拋石機，設於棧橋式的架構上，性能足以拋投一百八十五公斤的巨石，配重物更重達數噸；然後是兩款份量略輕而由人力操作的牽引式拋石機，卡拉布哈（qarabugha，意為「黑公牛」）與薛塔尼（shaytani，意為「惡魔」），應該也是棧橋式結構。有一資料來源指出後者有五十二台。此外還有小型的反人員拋石機為單桿支撐結構，馬穆魯克人稱之為魯巴（lu'bah，意為「玩具」），其特色是可以原地旋轉來亂槍打鳥。除此之外，還有些士兵會用手持彈弓來對人射石頭。

伊法蘭吉拋石機的安裝與管理，考量到其強壯的支架結構與巨大的配重物，可以說既耗時又費力。其中最大的機器可能光用絞盤把配重物轉上去，裝填彈丸，然後發射，前後就得花上半小時，而且部署的位置也無法說換就換，由此一開始就能睿智地選對攻擊目標，就變得非常重要。相比之下，輕型的人力拋石機就可以較為機動地安裝或轉移陣地。第二次十字軍的一支分隊曾在一一四七年圍困過穆斯林控制下的里斯本，當時他們用上了兩台各自由百人隊伍操作的牽引式拋石機，並以十人為一組輪流操作，結果據說他們在十小時內共發射了五千枚石丸，平均一台每小時可轟出兩百五十枚。以此為標準，哈利勒蘇丹有絕對的人力資源，可以在阿卡城外進行猛烈的轟炸。

砲戰的後勤需索還有一項，是大量適於發射的石彈，還有負責採集、運送與形塑這些石丸的勞動力。經驗讓馬穆魯克人知道砲彈的原料需要什麼樣的地質條件。阿卡城牆用上的是在地的「庫爾卡」（kurkar）這種多孔隙的濱海砂岩。雖說這種石頭拿來做反人員的拋石機彈丸成效不錯，但如果是為了打擊城垛與城牆，那還是要找比阿卡城牆硬得多的材質會比較有效果，如在阿卡城第一次被圍的時候，獅心王理查就據說曾從西西里島帶來了花崗岩的砲彈。為了取得密度能達標的石材，哈利勒從其他岩層覓得了石灰岩，然後將之運到了發射地點。較硬的濱海石材從最遠距離阿卡城有十一英里的礦層中取了出來，然後由老練的石匠製成呈現完美球形的砲彈（多半透過在車床上轉動），且包含各種大小與重量來配合各款拋石機的不同需求，其中最大的彈丸直徑達到五十八公分，重量達到一百六十五公斤。對於重力型的拋石機而言，彈丸的大小必須每一顆都差不多，因為唯有彈丸都像一個模子刻出來的，拋石機才能確保空氣動力與射擊準度的穩定表現。

馬穆魯克人帶到阿卡城外的，還有五花八門的其他圍城科技，當中包括發展臻於成熟、且由訓練有素的特種部隊來操作的燃燒系武器。以用原油跟松脂粉混成，並由松脂粉提供黏稠度的希臘火而言，就是一種可以用多種方式投射的火攻利器。你可以拿陶甕裝希臘火，然後用拋石機扔出去來震懾敵軍與平民，或是藉此焚毀對方的木製反擊機具或防禦工事。強調機動性的話，你也可以把希臘火做成手榴彈的形式，然後由士兵扔過牆去。希望從遠一點的地方攻擊，特製的十字弓可以發射裝有希臘火的「蛋」或燒著希臘火的「火箭」。有可能馬穆魯克人也帶來了真正意義上的爆裂物來對付阿卡的城牆：有篇論文講述的是如何精製硝酸鉀，而其作者在圍城戰的當時就以大馬士革為家。為了盡量逼近城牆，攻城戰的指揮調度包含部署防盾（mantlet，機動式的圍城用掩體），包括讓騎兵保持高度戰備來阻卻守方出城突襲，也包括地道的挖掘。喧囂聲使用得宜也可以作為音波攻擊，諸如像念經一樣複誦字句、用鼓號與銅鈸演奏軍樂，還有讓士兵用喊破喉嚨來鬼吼鬼叫，這都是能讓守軍片刻不得安寧的標準作業程序。

部分伊斯蘭資料來源記載說蘇丹曾花了兩天的時間，把攻城機具集合在城內弓箭手的射程以外，但又能從阿卡城看得一清二處的地帶。此舉是馬穆魯克人的一種心戰：有人主張這番調度「不該保持祕密，反而應該大大方方進行，因為只要大張旗鼓地調動機具，就可以讓阿卡守軍心生恐懼，進而使得其心防鬆動。」光是拋石機巨獸的身影，就足以讓遭圍之城的民心士氣流失殆盡：一三〇四年，當曾以親王身分來過阿卡城的英王愛德華一世於斯特靈城堡（Stirling Castle）門前，立起那台名為「戰狼」（Warwolf）的巨大拋石機時，都還一彈未發，蘇格蘭人就表明要投降了。（但既已任命了這麼大一台機具，愛德華當然不會這麼輕易地放過對方，他就是想要看這台砲打起來感覺怎麼樣。他於是把獻降代表遣回城內，然後專心來欣賞石彈那毀天滅地的威力。）

通曉阿拉伯語的無名泰爾的聖殿騎士，從城牆上看著情勢的演變。他很顯然有管道針對哈利勒的軍力部署取得一些詳細的情報，因為他不僅記錄下了四台特大號重力型拋石機的擺放位置，包括有幾台是用黎巴嫩的參天大樹建成，而且還知道每一台機器的綽號。這些機具存在，就代表大量的人力存在，而這些人肯定抱持著宗教的熱忱並期待著戰勝。在城牆的北端附近，由聖殿騎士把守的那一段，就有被取名為「憤怒者」（Furious）的拋石機；在離海不遠但離憤怒者頗遠的南邊，由比薩人負責固守的那一段牆外，則有個頭不遜於憤怒者，且由阿布．菲達出力在冬雨中運送的「勝利者」。另外兩台無名的機器，則被部署在其他具戰略價值或可能是守軍罩門的地方。其中一台設在城牆向內彎，且由醫院騎士團把守的那一段牆外，藉以威逼靠近聖安東尼門的那一段，而聖安東尼門正是入城的主要通道。最後一台拋石機，則正對著僅由外牆一稜堡保護，其餘則三面受敵的九十度轉角突出處，主要是哈利勒蘇丹認定這裡是最有希望突破的進攻點。只要突破這一點，再打通該點內部的固守據點，也就是詛咒之塔，馬穆魯克人就可以朝著城中心長驅直入。

這些機器會從海的一端設置到另外一端，顯示哈利勒的目的是要讓守軍沿著城牆的外圍盡量分散，即便他內心深處圖的是城牆中間兩段。阿卡守軍也有他們自己為數不多的拋石機，其興建與操作主要控制在比薩人手中。他們很顯然擁有一些「大台的機具」，也就是重力型的拋石機，且多半部署在城內各個靠近內城牆的地方，目的是要跟哈利勒那邊重力型巨獸一較長短，只可惜隨著圍城戰打到後來，阿卡這邊會慢慢用罄合用的彈丸。

時間來到大概四月十一日，馬穆魯克人完成了拋石機的組裝與部署：備用的石丸積成一堆一堆、拉繩的團隊就好定位，而重力型的機器不但已選好方向，其配重物也已經用絞盤旋高而準備好發射。哈利勒的戰略想定是要打快速戰，他不要讓守軍有可以喘息的一絲空檔。「圍城戰一旦啟動，」安薩里的兵書中建議，「拋石機的連發就不宜出現斷點，每一個小時不分日夜，（火力的）輸出都不應該稍歇。因為但凡對守軍的攻勢變緩，他們就能減輕恐懼感，心防也就有機會重建起來。」在拋石機摧枯拉朽地釋出有如洪流的火力之際，蘇丹的部隊則開始一寸寸地朝最外層的壕溝進逼，並日夜不停地剷除途經的防務。帶著不斷在心中累積的恐懼，泰爾的聖殿騎士眼看著敵軍按部就班執行著他們擬定的戰略，其紀律之嚴謹令人咋舌，其進展怎麼看都叫做銳不可當：

第一個晚上，他們設下了巨大的障礙物與柳條的屏幕，並將其按城牆的輪廓來擺放；第二晚他們把這些掩體往前推；第三晚又更靠近一些。就這樣積少成多，他們進逼到了壕溝的邊上。而在這些掩體的背後是下了馬手持弓箭的武裝士兵。而你若好奇他們是如何能來到距城牆這麼近的地方，竟沒有被擋下來，請容我娓娓道來。

這些人讓他們的騎兵連人帶馬都換上一身盔甲，然後從城牆的一端陳兵到另外一端，也就是說從海的這一頭列隊到海的另一頭，總人數超過一萬五千之眾，而且一天按四班輪流來避免有人過勞。我們的人沒能出動去對付屏幕後的敵人，因為他們後面的人（在敵軍最前線後方的那些傢伙）會設法保護自己的同袍；我們的人不論任何時候出城想去掃蕩，他們的騎兵都會殺出來扮演保鑣。

所以到了最後，他們推進到了我跟你提過的壕溝邊緣，而那些騎在馬上的人會在馬脖子上攜帶四、五捆柴枝，並將之扔到屏幕的後方。夜幕降臨後，他們則會改將柴枝扔在屏幕的前方，然後拿繩子將柴枝綁在屏幕上方。這樣堆疊出的東西，就像一道幾乎堅不可摧的圍牆，沒有拋石機可以傷其筋骨。我們有些中型的機器把彈丸打到屏幕上，結果目標文風不動，石丸只是默默地反彈到溝中。

守軍想要摧毀這些掩體而不成的問題，在於敵人如今已距離外牆太近，以至於他們的重力石砲變得英雄無用武之地，主要是重力型拋石機的發射角度不能太低，否則一個發射失誤就真的會「自毀長城」。換句話說這些掩體因為貼得夠近，所以直接排除了重砲的威脅，十字軍只能被逼著由內牆裡面發射個頭屬於「小朋友」的拋石機，而這些小砲的威力顯然不足以傷到蘇丹的木牆幾根寒毛。總之，攻方既已推進到壕溝的邊上，不到三十五公尺以外就是阿卡的外牆，更別說他們還有木製的壁壘提供保障，那下一步自然是要針對新攻勢進行籌劃：

> 這之後，敵人拉出了他們外號「黑公牛」的小型手動突厥拋石機。射速很快的這玩意對我們的弟兄的殺傷力，還要更甚於對方的大砲，主要是在黑公牛所瞄準的這一段，根本沒有弟兄敢暴露在空曠地上，所以反而不會被大砲打到。反過來說在那些黑公牛的前方，敵人都設好了強力的屏障，我們根本打不到在發射（黑公牛）的人。

哈利勒的目的是要阿卡的反擊無效化，以便讓守軍只能蹲在城垛後方無能為力，甚至被從城牆上直接逼退。特別被鎖定的目標分別是稜堡跟孱弱的國王塔。有一處資料來源提到若干拋石機「以巨石朝國王塔狂轟猛炸，以至於無人膽敢繼續待在塔頂。」

守軍受到的騷擾還不止於此，主要是弓兵會一隊隊帶著短而有力的複合弓把無數利箭射成罩日的烏雲，然後四面八方地呼嘯穿過空氣，像大雨一樣落在守軍的頭頂。這些接連不斷的箭雨不僅奪人性命，而且還毒化了天堂的空氣。全副武裝的士兵原本沿牆上壁壘上戍守阿卡城，如今全都身負重傷而奄奄一息。至於手無寸鐵的則只能無奈待在城牆下。基督教陣營的說法是連上帝所管的天界都遭到了玷汙。這場箭雨之緻密，就像流星殞落的異象讓天空變得黯淡，也讓人心中留下了揮之不去的陰影。多半是多年後在蘇格蘭邊境的冬日裡為愛德華一世作戰的奧托・德・格朗松，回想起這場暴風雪中「紛飛著他們稱為蝗蟲的小小箭矢，就像厚實一點的雪花。」從城外，拜巴爾・曼蘇里見證了「他們對阿卡發出了轟雷般的彈丸跟閃電似的箭矢」。

這樣的強力轟炸跟箭如雨下，是其整體戰略思考中的一環。藉由讓守軍為「躲雨」而抱頭鼠竄，屬於重砲的重力型拋石機才有空間以較慢的射速去重創城牆與塔樓，同時也能削去城牆上方的城垛。大轟炸會對人的心理造成可觀的斲傷；刻意帶有刻痕的巨大石灰岩彈一再打在同一個點上，其衝擊「就像天堂的落雷」，讓基督教陣營的描述中遍布著末世風的語言。有一名作者指稱作為反基督代理人的馬穆魯克人有（應該不足採信的）六百六十六台圍城機具（這數字屬於聖經裡那頭從海中竄出的怪獸），而這些機器也跟馬穆魯克人一樣，都從頭到尾在圍城戰中召喚出怪獸般駭人的意象：

（他們）跑來城外騷擾，來一次就是六個小時，以至於不分晝夜，城民都幾乎是片刻不得安寧……他們有些人的叫聲像公牛，有些像狗吠，還有些聲音像是獅子在慘叫怒吼著。馬穆魯克人的習俗就是要這樣叫，就是要拿扭曲的鼓棒來敲打巨鼓，藉此嚇退敵人。此外還有人投擲標槍，有人扔石頭，有人拿十字弓對立於城防弱點守城的基督徒發射箭矢跟弩箭（方頭的十字弓箭）。

對守軍而言，最重要的目標就是要讓哈利勒的軍隊離城牆愈遠愈好，而在這一點上他們已然棋輸一著，更別提馬拉松式的轟炸讓哈利勒現在可以使出他的第二項祕招：挖地道。挖地道是一門專業、危險、耗時的工作，但也是伊斯蘭流圍城的精髓所在，畢竟比起狂轟濫炸，地道更有機會讓城防坍倒。為此，哈利勒從阿勒坡徵用了上千名各有長才的工匠，當中包括礦坑裡的地道工，包括要負責撐起地道的木工，還包括要把廢土移走的勞工，再來就是懂得縱火來讓地基坍塌的專家。挖掘工作在各種掩體的掩護下啟動。阿卡的

圖22　沒日沒夜的轟炸：伊斯蘭部隊用石彈與箭矢轟擊城牆。從拋石機上突出的馬尾是突厥部落戰士的象徵。

主要地質，那多孔的濱海砂岩，讓挖掘工作變得相對容易，但這也不是沒有其特殊的問題。因為岩質較鬆脆，所以地道的支撐工作就顯得非常關鍵。地道工手持單嘴鎬，在令人窒息的黑暗中不停地敲，不然就是在冒煙的火炬中把挖出的廢土往後傳。同時間在他們頭頂，地面上的轟炸仍在持續進行。

*

地道作戰的目標是讓

地道盡可能接近城牆，而且為了免除無謂的勞力付出，工人會把地道盡可能挖窄，通常寬度不會超過一點五公尺，剛好夠兩個人並肩工作。地道的功能只是為了抵達某座塔樓或城牆邊緣下方的確切位置，然後弄出一個較大的空間來點火。

關於在一二九一年春的阿卡城，地道挖掘工作是如何進行的，史上並無詳細的記載，但論及在地下工作的體驗，我們可以藉由一一一五年一座十字軍城堡遭圍之際，一名穆斯林士兵出於好奇所做的描述重建出來：

> 我心血來潮想去地下坑道瞧瞧，所以雖然箭矢與石丸在我們身邊像雨滴一樣落下，我還是下到了壕溝，進入了地道。在那兒，我被執行挖掘工作所需要的智慧給震撼到了。該地道是從壕溝出發，朝著貝舒拉（bashurah，意指外牆）挖過去。地道的兩側分別搭著柱子，柱子之間則延伸有木板來防止土石崩落。整條地道裡的木頭架構一直延伸到外牆的地基。然後地道工會在外牆底下進行挖掘，並以其他東西撐住外牆。就這樣，我們最終來到了塔樓的基底。地道很窄，因為它只是要讓人抵達塔樓底部的途徑，僅此而已。一來到塔樓的基底，工人便朝著塔樓牆壁把地道擴大，並繼續以木材撐住塔樓，然後一點一滴地開始把鑽孔產生的碎石搬出去。地道的地面變得泥

濘，主要是挖掘過程會出現不少塵埃。在恣意參觀完之後，我便避開了庫拉桑部隊（Khurasan，地道工人）的目光退了出去。要是被他們發現我，他們肯定會要我付一大筆罰款再走。

等到目標地點處的「房間」挖成之後，該接續上場的就是縱火者。他們的責任是點燃爆裂物來讓城牆坍塌。

他們開始劈起乾柴，然後將之塞入地道中。隔天一早，他們便將之點了火。我們當時才剛全副武裝地走在石彈與箭矢的大雨下，來到了壕溝邊，就等著塔樓一坍塌，便要對城堡發動攻擊。火攻開始產生效果後，城牆上先是石塊之間的灰泥開始一層層剝落，接著便是牆面上的龜裂愈來愈大，直到塔樓整個塌下。我們原以為塔樓一倒，我們就可以長驅直入與敵人短兵相接，但塌的只是城牆對外的那一面，內牆仍毫髮無傷。我們一直在那裡站到太陽熱到人受不了，才帶著被石頭丟出的一身損傷返回了營帳。

雖然上述的行動有點功虧一簣，但地道仍有比拋石機產生更戲劇化效果的潛力，就像我們這裡有一個例子是牧師沙爾特的富爾徹（Fulcher of Chartres）所描述，耶路撒冷國王鮑德溫二世躲在城堡中受到攻擊的過程。那一年是一一二三年，圍在城堡外的穆斯林大人：

> 下令要去挖城堡地基的岩盤，並要求沿地道放入支架來撐起地上的結構。接著他讓人把木材搬進去，然後點起了火。當木質支架燒起來後，地道突然隨之向內崩塌，離起火點最近的塔樓也轟然一聲倒地。剛一開始，煙霧隨著灰塵一同揚起，主要是瓦礫一口氣蓋在了火焰上面，但是等火焰吞噬掉底下的易燃物，開始明顯冒出頭來後，這意外的一擊便讓措手不及的國王陷入了呆滯。

挖掘地道很難掩人耳目，像是阻擋攻擊的掩體得豎起，挖出的土石得搬離，而且挖掘工作很容易受到守軍出城突擊，所以以彈丸掃平城牆上的反擊砲火，就變得至為關鍵。哈利勒遣其阿勒坡地道工所採取的行動，是以一開始就鎖定了的重點塔樓與城牆為目標；方塔的角落是重中之重，因為他們知道比起圓塔，方塔更容易被地道搞垮。除了稜堡與國王塔，哈利勒也不乏資源將如蛇身一般的地道向外延伸到鄰近的布盧瓦女伯爵之塔、聖尼古拉塔（St. Nicholas Tower），還有靠近聖安東尼門的城牆。

＊

連綿不絕的猛攻，讓守軍的毅力終於被磨到盡頭，而這也是攻方死纏爛打的初衷：操作牽引式拋石機的團隊是如何默契十足地把繩子拉動，如鞦韆般搖曳的梁木是如何起起落落，石丸是如何轟砸在牆上，噪音是如何喧囂不休，蔽天的飛箭是如何在空氣中響哨，保護的屏幕是如何一步一腳印地將土地移到身後，地底下沒人看得到的地方究竟在搞些什麼——這種種作戰共同組成了馬穆魯克流的圍城行動。不間斷的轟炸，還有沿著整條城牆晝夜不停的衛哨勤務，都以增加敵人心理負擔的方式消耗了城內大量的能量與士氣。重點是不能有空檔。說到最後，這就是在比誰的人多。以嚴格的軍紀搭配足夠的兵力，讓哈利勒得以奢侈地用輪班制給守軍壓力。泰爾的聖殿騎士觀察到：「撒拉森人每天都是精神抖擻地上來，因為他們有太多人可以替換。」一時間來到四月中，城內的守軍已經得分心太多事情而焦頭爛額。情勢擺明了光是躲在厚實的城牆內，恐怕是救不了阿卡城。他們必須得想個辦法反擊。

第十章

出擊

一二九一年四月十三日至五月初

圖23　衝鋒中的十字軍騎士。

馬穆魯克人讓阿卡城吃了一驚。他們的部隊組織嚴密，他們進軍起來風馳電掣。短短兩星期，阿卡城的被動守勢作戰就露出了敗象，這一點可以說有目共睹。來犯者轟炸攻勢之淩厲，他們的掩體朝壕溝邊緣進逼的狠勁，還有他們應該已經在挖掘地道要炸坍城牆的高度可能性，在在都讓城內的守軍不能坐以待斃。

大型的拋石機是無從替換的，所以如果守軍可以摧毀掉這些巨獸，並且燒毀防盾，那他們就能先讓鋪天蓋地的轟炸出現一絲空檔。轟炸有了空檔，阿卡城的十字弓兵就可以開始狙擊小型拋石機的機組人員，進而讓地道工人暴露在守軍的攻擊之下。別的先不說，反擊首先就可以讓鬱悶了很久的民心士氣有所提振。出於這些考量，城內的領導者似乎達成了共識決。他們決定沿著城牆全線給敵人顏色瞧瞧，以主動出擊的方式滅一滅這些混蛋的威風。這個決策圈的其中一員，是尼古拉·德·阿納普，耶路撒冷王國的宗主教。現年六十五歲的他以那個時代的標準來看，算是個已經奉獻了一輩子的老人家，而他寫過一本膾炙人口的教誨書是《取自聖經的行事範例》（*The Book of Examples from Sacred Scripture*），內容是從聖經中舉例來說明虔誠的信徒要如何謹慎自持，一直到蒙主寵召之日為止。身為一位極具權威的人物，他一心一意要以教宗的代表之姿，為阿卡城的守軍提供道德與精神面上的鼓舞：作為教廷指派的宗主教，他身處於阿卡城心理防線的核心，由此他一方面會以要到最後一兵一卒的決心，讓整座城顯得更加頑強不屈，一方面他也參與實質上的作戰決定。

而高層最後的決定，是要統合城內的戰力進行一系列出擊。出擊的精髓在於出其不意，而他們的第一次行動也徹底做到了這一點，因為馬穆魯克人確實被逮了個措手不及。四月十三到十四號，一小群滿載士兵的船隻悄悄從阿卡港起錨後溜了出去，而船隊中也包含一艘駁船被改裝成浮在水面上、可供牽引式拋石機發砲的平台。這匠心獨具的水上砲陣地出自比薩人的手筆，並配上了一組拉繩的團隊。其他的船上則是滿滿的弓兵、十字弓兵與步兵，而這些船都做好了抵禦燃燒性武器的配備。這隻船隊拖著駁船繞過了海堤，逼近北岸並來到馬穆魯克軍的右翼，也就是哈瑪分隊所紮營之處，這裡按照阿布·菲達的描述：「位於濱海之地，面對著阿卡城，海就在我們的右手邊。」

哈瑪分隊的陣營完全沒想到會遭到兩棲作戰的偷襲。「有木質拱架上覆蓋著牛皮的船隻突然出現，開始對我們發射箭矢與弩箭。」菲達回憶說。陸戰隊搶灘上岸後，開始對營帳進行騷擾，但營帳擺出的陣式都是朝著阿卡城，包括拋石機都是對著城牆擺設，沒辦法說調整就調整，所以面對奇襲發揮不了退敵的功能。在此同時，第二波突襲部隊從正門竄出，穆斯林部隊的右翼突遇此亂，一時間發現自己得面對守軍聯合作戰的雙重砲火壓力。

彈丸如降雨一般從四面八方落下：拋石機扔來的石頭夾雜著北岸跟船上射來的箭矢。菲達形容這段經歷如下：「正面得與來自阿卡城突擊隊交鋒，右手邊還得應付來自海上的攻擊。他們帶來了一艘上頭架設有拋石機的船隻，所以海上也有石丸發射，而這也搞得我們焦頭爛額。」只不過，事實證明運氣並不站在出擊的比薩人這邊。春天的海象喜怒無常。菲達鬆了一口氣地報告說：「強烈風暴來襲，船隻因此在驚濤駭浪裡被狠狠地丟拋，搭載的拋石機也破損到無法發砲。」自此，難以為繼的海路突襲只能自嘆運氣實在不好。

後續規劃在四月十五與十六日夜間的聯合作戰，是同時以城牆的南北兩端為目標。其中一路打算再度攻擊哈瑪的部隊，且由紀堯姆．德．博熱的聖殿騎士、約翰．德．格萊伊的法蘭西部隊與奧托．德．格朗松所部的英格蘭部隊攜手出擊。三百名重裝的騎士與步兵，從接近城牆尾端的聖拉撒路門出擊，而他們主要的任務是要用希臘火燒毀外號「憤怒者」的大拋石機。很顯然，摧毀「憤怒者」是當務之急。雖然月光皎潔明亮，但奇襲的效果一開始看似有達到。泰爾的聖殿騎士回憶了事情的經過：

團長命令一名具有阿卡城鎮子爵身分的普羅旺斯人，去火燒蘇丹大拋石機的骨架。他們那夜摸到了機器邊，然後負責拋出希臘火的那人在關鍵時刻腿軟，火拋短了，而提前落地的烈火也燒死了不巧待在那裡的全數撒拉森人，騎兵跟步兵都無一倖免。

這一時手軟造成的失敗，拖垮了整個攻擊計畫；而就在大家都搞不清楚狀況的時候，現場陷入了一片兵荒馬亂。阿布・菲達描述奇襲的元素一開始確實讓哨兵陷入逃竄，但他們最終還是重整了旗鼓。聖殿騎士團等各路騎兵被可以突襲對方營地的興奮給沖昏了頭，「但我們的人馬包括主內弟兄與俗家的騎士，都過於深入到對方的營帳之間，以至於馬腿纏進了固定營帳的牽索，摔了個人仰馬翻，然後他們就被撒拉森人取了性命。」有名很不幸的騎士「落進了某個埃米爾的廁所，而那也成了他的葬身之所。」泰爾的聖殿騎士對那一夜的描述是：

我們那晚失去包含聖殿弟兄與俗家騎士在內的十八名騎士，但我們也斬獲了數枚盾牌，還有撒拉森的小圓盾、號角與軍鼓。然後我家大人便帶著人馬掉頭要返回城內，但在半途遭遇若干撒拉森人的伏擊，所幸我們的人將他們斬殺殆盡，主要是月光照得跟白天一樣亮，所以伏兵全都無所遁形。而如同我告訴過你的，哈瑪的領主人也在現場，而他召集了人馬追了上來，並沿著沙岸截擊我們，拿標槍擲向我們，傷了些弟兄，但最終他們也不敢逼上來與我們短兵相接。你要知道他們擁有怕是不下兩千名騎兵，而我們這邊的騎士與一千人等，包括軍事修會的弟兄、騎士的學徒，還有（就地招募的）土耳其弓騎兵（turcopole），加一加也勉強才三百人。

穆斯林給出的描述有點如同瞎子摸象，說法不一而足。阿布・菲達說法蘭克人被迎頭痛擊。另外一個或許比較可信的阿拉伯觀點，則是想要伏擊回程騎士的努力，在埃米爾哈拉比（al-Halabi）的率領下以失敗作收，因為從阿卡出擊的法蘭克騎士早就掌握了伏擊的風聲，所以在作戰上反將了埃米爾一軍：「他們知悉哈拉比已經藏身在某條路上，所以避開原路而走了另外一條通道。他們在路上發現並取走了一些哈拉比的風箏形盾牌跟長方形盾牌。」哈拉比跟他的人馬一直耐心地等待到破曉。然後他們聽到有挑釁的呼聲傳自城牆內，然後看到了被偷走的盾牌被當成戰利品，大剌剌懸在牆上。

在此同時，第二波行動在阿卡城的東端動了起來，而其任務性質是一樣的：用火摧毀木製的屏幕與拋石機本體。在城牆的這一段，身為博熱線人的埃米爾法克里扮演了重要的角色。根據穆斯林方的敘述，法克里似乎早就知道了有人會來偷襲：「他騎在馬上，跟身邊站著的人馬一起守在營外。當法蘭克人帶著希臘火要來丟的時候，他們走的是路中間，而人聲突然從他們的前後左右叫響，箭矢開始在頭頂如夜雨降下，於是他們開始拔腿狂奔。沒有人顧得了身後他們自家的人馬，結果有大約二十名騎士被拋下，而這些落單的人也果然被一支部隊殺出來俘虜。」很顯然不是目擊者的泰爾的聖殿騎士評論說：「撒拉森人知道他們要來，也早有防備，所以撒拉森人狠狠地追擊了他們，搞得他們完全是無功而返。」

*

事實證明這一夜是禍福相倚的一仗，兩邊都為了所斬獲的戰利品而損兵折將。「天一亮，馬利克・穆札弗身為哈瑪的領主，掛起了好幾顆法蘭克人的頭顱在自家部隊從對方手中搶得的馬匹脖子上，然後將其帶到了蘇丹面前。」可以確定的是這些頭顱後來被插在了桿子上，放在阿卡城看得到的地方。在此同時，阿卡城也把帶回的盾牌展示在城牆上明顯之處來回嗆。哈利勒對此有點氣到了，因為對手的這種挑釁對士氣不利。他「把埃米爾們叫來，拿久攻不下的狀況訓斥了他們一頓，然後眾人都同意（有必要保護好）拋石機。」在自家蘇丹督促的目光下，他們感受到了壓力要拿出看家本領。

但從守軍的角度來看，不可否認的是主動出擊沒有換回任何實質的戰果。而這也引發了許多質疑，因為那感覺就像是對方在等著他們上門。第一波精心設計但老天不幫忙的兩棲攻擊沒能得手後，馬穆魯克人顯然已經提高了警覺。這要麼是因為一如公認的「圍城者人恆圍之」的傳統智慧，小心駛得萬年船的哈利勒已經日夜備好了騎兵來防備阿卡的主動出擊，要麼就是這位蘇丹得到了線報。當然這兩點也可能同時成立。總之之後的每一次出擊，他們都總是落入寡不敵眾的逆境。

交戰雙方都同樣擔心的除了士氣，就是屬下的忠心和情報的外洩。哈利勒沒辦法確定埃米爾全都支持他，而最讓他擔心的就是那些敘利亞部隊的指揮官，包括強大的大馬士革總督胡薩姆丁·拉金。此外，聖殿騎士團團長博熱也有他潛在的盟友身處於城外的營帳中：法克里除了是博熱的眼線，也是駐於馬穆魯克包圍線左翼、拉金身邊的紅人。法克里也成了蘇丹懷疑的對象。他近期對於阿卡守軍出擊的抵禦顯得格外賣力，可能就是在刻意昭示自身對蘇丹的忠心無虞。事實上，哈利勒也在被圍的阿卡城內安插有情報來源，而他也收到了一支從牆內射出的箭，包在上頭的警告信是以阿拉伯文書寫，內容讀起來是：

以慈悲憐憫的真主之名，願真主降福於吾主穆罕默德與其家族。伊斯蘭才是對真主的真正信仰。喔，穆斯林的蘇丹，請為今晚的突襲保留好兵力，因為阿卡城的人民已經共同決定出擊，而他們的目標是您，還有您對身邊的埃米爾也小心，因為阿卡城民提到有埃米爾在通風報信。

這封密函來自阿卡城內一名祕密皈依伊斯蘭之人，而這人顯然消息相當靈通。哈利勒為此變得更加擔心。「等蘇丹想到要處理這件事時，他叫來了埃米爾貝達拉（Baydara）跟舒翟（al-Shujai），然後把信念給了他們聽。他們的共識是讓士兵與校尉在埃米爾之間流動，然後這事應該要變成官兵間的公開祕密來流通。至於埃米爾們則應該繼續留在原本的位子上。」埃米爾的調動至少暫時不宜。這麼做的目的是要讓埃米爾知道自己已經被盯上了，如此一來有人會更加忠心耿耿，有人則會露出馬腳來。

這一招發揮了效果。法克里變得在蘇丹的注視下坐立難安。不論是他轉變成了雙面諜，或是在蘇丹收到密函後的懷疑下讓他急於建功輸誠，他的行為都顯得在立場上非常可疑。幾天之後，壓力大到喘不過氣來的法克里突然丟下圍城大計，跑回了大馬士革，因為哈利勒的注意實在讓他太過在意。

*

在出城襲擊沒能達到出奇制勝的效果後，城內的博熱與其他領袖也開始懷疑是不是消息走漏。於是他們在一場密室會議中決定阿卡將再次傾全城兵力，共同設法摧毀讓他們吃足苦頭的拋石機，並藉此打擊敵人士氣，且這一次他們將鎖定防務脆弱的中央段，也就是城牆呈直角右轉，而敘利亞軍把兵權移交蘇丹直屬埃及軍的地方。阿卡這邊負責這段防務的是醫院騎士團，所以出擊之事也將交由他們主導，聖殿騎士團則將從旁輔助。這場突擊進行於四月十八與十九日晚間。因為擔心消息走漏，所以官兵直到最後一刻都不知道自己要執行什麼任務。這天晚上可以說天公作美，因為夜色極黑。泰爾的聖殿騎士描述了事情的經過，唯一如往常他也誇大了敵人的數量：

於是乎大家做成的決定是，阿卡城所有的領主與騎兵都將摸黑從聖安東尼門出擊，藉此殺撒拉森人一個措手不及。這項計畫極為機密，以至於大家都是聽到「上馬！」的一聲令下，才知道這是怎麼回事。而當我們的部隊上了馬，快步通過城門之際，天上竟沒有一絲月光，四下都黑到伸手不見五指。唯撒拉森人似乎提前得到了警告，並在隊伍間備足了光亮耀眼如白日的提燈。接著有一支強大的分隊朝我們直撲而來（人數少說也有近萬），猛力衝刺間還朝我們投擲密如雨絲的標槍。我們的弟兄禁不起這一重擊，紛紛退回到城裡去，好幾名騎士因此負傷。

會在大半夜有備而來，就代表馬穆魯克人一定是透過某個門路，完全掌握了這些突擊的祕密。

＊

復活節愈來愈近，而知道一直悶頭躲在牆後會出大事的阿卡當局，為了在這神聖的日子前提振士氣，打算孤注一擲讓阿卡城掙脫撒拉森人的箝制。經過多半是由奧托·德·格朗松所描述的一段過程，耶穌受難日（Good Friday）當天的阿卡城當局決定了要嘗試新的策略：

當他們看到敵人征服了城牆，也意識到這城守不下去了之後，他們以共識決決定要把懺悔當成武裝來贏回上帝的幫忙。在經過告解認罪後，他們在自己面前把戰俘排成一列，然後打算在我們共同的救贖當天衝到城外，一如上帝作為生命的作者也曾不惜一死殺生成仁。而等待著熱切的靈魂下定了大無畏的決心之後，他們便派人去徵詢宗主教的首肯，因為只有宗主教有這樣的地位能授予他們權威跟祝福，讓他們在求仁得仁的路上有始有終。

在死而復生的耶穌啟發下，他們打算把穆斯林奴隸跟戰俘推到前線去當肉盾，並藉此吹起反攻的號角，唯尼古拉・德・阿納普明確拒絕了這樣的要求。宗主教「雖然在精神面上搖搖欲墜，且得依靠背信者的建議來視事，但他仍回答說沒人應該做這種事情，也沒有人應該為了怕被逐出教會而痛苦地開啟城門。」

格朗松對於阿納普的抨擊，跟宗主教因堅定捍衛阿卡城防而普遍獲得的讚揚顯得格格不入。而宗主教之所以不肯放行，除了說在耶穌受難日使用人肉盾牌戰術，恐怕是對聖經的大不敬之外，更可能的理由是阿納普擔心繼續出擊只是送死而已，同時他也決心要彰顯教廷的權威來鎮住各派系。他受到的批評，很大程度上說明了阿卡的防務核心是如何地多頭馬車。由此在這之後，阿卡城將不再有隊伍出城突襲。守軍在嚴肅的氣氛中迎向了復活節，同時間的哈利勒除了擔心自身的權力穩固與否外，也對前來助陣的埃米爾聯盟不敢完全相信，話說他才因為這些埃米爾沒有全力以赴而大發雷霆。

＊

相應於城牆遭受的轟炸持續不歇，牆底下的地道也持續在挖掘。地道工鍥而不捨地從有木質掩體遮擋的起點出發，朝城牆的方向前進，而過程中他們一邊挖著地道，一邊用支架把地道撐好。就跟一個世紀前的十字軍一樣，他們的目標是城牆上脆弱的突出部頂點，而那也正是詛咒之塔保護著阿卡城之心的地方。

此時在城中，守軍也愈來愈意識到地道工的動靜，而為此他們也有反制的方法：在查覺到布盧瓦女伯爵之塔下有人並掌握了位置之後（線索包括鎬在底下敲打的沉悶撞擊聲，還有桶子裡水面震動的波紋），他們便開始挖掘「反地道」來攔截那些來自阿勒坡的工人。一旦地道與反地道相接，黑暗裡就會有慘絕人寰的打鬥出現，包括基督徒會故意扯掉支撐物來悶死入侵者。「我們的人反挖起地道來，並狠狠地反擊了對方。」泰爾的聖殿騎士報告說。唯勞力勞心的地道挖掘工作需要大量技術工人，由此泰爾的聖殿騎士多次強調了雙方在人力上的懸殊差異。

因為說起挖坑，撒拉森人有本錢讓工人輪班。而透過接力的方式，他們可以多線齊發讓守軍應接不暇。同時挖掘反地道也可能倒打自己一把，因為任何地道都可能是在挖牆腳，都可能本末倒置地讓已經弱化的城牆地基雪上加霜。雖然他們已經盡了人事，但撒拉森人的地道仍持續進逼，各種砲彈箭矢也陸續紛飛落下。

＊

隨著四月不斷向前推進，恐懼不斷累積，阿卡城民愈來愈把注意力轉向海濱。他們不用擔心來自海上的攻擊，因為馬穆魯克人沒有什麼像樣的海軍，而且賽普勒斯的主港法馬古斯塔（Famagusta）就在一百七十英里開外，順風的話不過是兩天的航程，所以船隻可以往返兩地帶給十字軍國家補給。阿卡不少百姓期待著援軍會派自阿馬里克的兄長，也就是賽普勒斯與耶路撒冷的亨利國王，而其他有錢人與來自熱那亞、威尼斯與比薩的精明義大利商人，則評估著有無機會付錢搭經過的船隻離開。阿卡是黎凡特地區的主要貿易港，也是貿易船隊會一年春秋兩季定期停靠的地點，另外軍事修會也會用自家船隻或包船的方式，來從地中海的其他口岸運來補給跟人力。

唯春天的海象可以相當暴力，而阿卡港並非大型船隻最理想的停靠站，尤其是遇到天候惡劣時。阿卡提供給船隻的庇護是由防波堤包住的雙層港口構成，入港處則由位處防波堤端點、一個居高臨下且可綜觀全灣的衛哨「蒼蠅之塔」（Tower of the Flies）戍守。在胳膊向內彎的防波堤裡頭，分別有一個外港，跟一個由跟人手臂等粗的鍊條所護住的較小內港。這條鍊條本身就是十字軍冒險的遺跡。它曾經圍住了君士坦丁堡金角灣的入口，然後才被在一二〇四年不名譽地洗劫了這座基督教城市的十字軍（第四次東征）給帶到阿卡來。船進入阿卡要卸貨，就是得在這個由鍊條護住的小小水域裡進行。下了船之後，所有

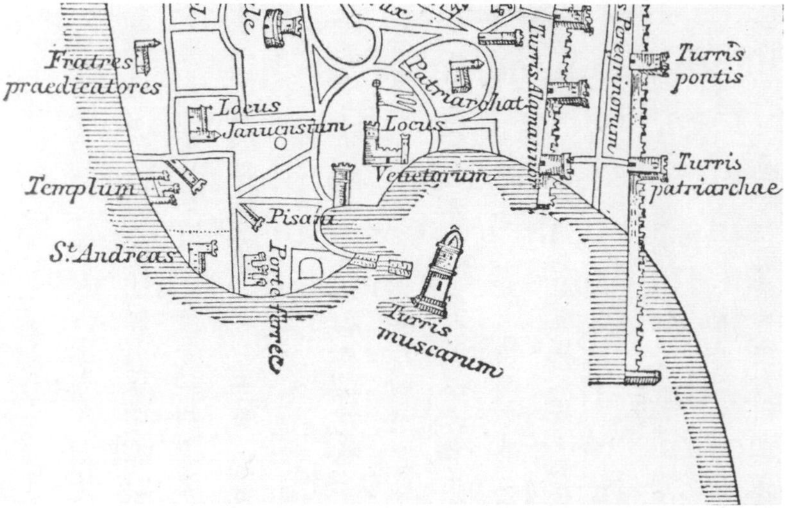

圖24　阿卡的入港千萬難。此版本的中世紀地圖顯示蒼蠅之塔與其左手邊的考驗入港船隻的狹窄開口。地圖中並沒有顯示防波堤，但這座海堤應該是從蒼蠅之塔出發後接上海岸來圍起內港。

到港的貨物都要走鐵門（Iron Gate）繳納關稅進城並得以完成倉儲。同時這個內港也是阿卡的海軍軍火庫所在地。

雖說重重環繞下的內港十分安全，但從海上要進入阿卡港即便在好天裡也十分危險。西來的船隻得先尋找聖殿騎士城堡與聖安德魯教堂（St Andrew's Church）等地標，然後通過阿卡城的西南角，也就是惡名昭彰的風暴之角（Cape of Storms），接著才是沿南邊的防波堤前進。再來，船隻得尷尬地急轉彎來鑽進港區僅僅八十五公尺寬的入口，然後在右舷蒼蠅之塔的注目下入港。

阿卡港的口碑算是毀譽參半。史官泰爾的威廉（William of Tyre）曾讚譽過阿卡的內外港雙層設計，他說「不論停泊在堤內或堤外，船隻都有安全之處可以風平浪靜地下錨」，而入港所需要的操駕技術被認為難度不低，因此相關的建議也被詳細收錄在當時一本義大利航行手冊中，自成一個主題。在承認阿卡是個良港的同時，那本手冊的建議（觀察阿卡城的地標來掌舵），也顯示出進入阿卡港需要多麼謹慎小心：

接近該港時，你要跟該城市拉出一個距離，更明確地說是要跟聖殿騎士團的團部還有聖安德魯教堂保持四鏈（cable，一鏈約十分之一海里）的距離，原因是聖安德魯教堂前面有沙洲地形，而當看見蒼蠅之塔的右邊有城中總管的房子時，你就可以直直朝著港口而去。而等你入了港，繼續往前駛，直到你指向東方的船尾中央是海法城，而船首的中央對準蒼蠅之塔，那你就可以轉進港內，不用擔心會擱淺在前述的沙洲上。

問題是當海象惡劣時，上面教的這一招就很冒險了。一世紀之前，朝聖者狄奧多里克（Theodoric）曾宣稱這種走法「非常危險，尤其是風從南風吹來，岸邊接連被浪頭拍打撼動時。」三世紀後來訪的義大利旅人多門尼可・拉腓覺得阿卡港「很不安全，且面對動輒可達到風暴等級的西風毫無防備。」許多位他所搭船隻的船長都寧捨阿卡而選擇海法，主要是海法有屏障不受惡劣天候的影響，「相較於（海法），阿卡港的海床都是銳利的岩石，足以劃斷最堅韌的纜繩。」阿卡的地理條件讓從事貿易與航行都格外小心的威尼斯人，在一二八八年造訪阿卡時，曾在船隊裡多備有三、四十個鐵錨以備不時之需。

的確在海象不佳時，船隻很難在阿卡靠港。之前比薩安裝在船上的拋石機會被海浪摧毀，適足以說明捉摸不定的春天天氣讓局勢有個什麼萬一時，想對阿卡進行補給或是想疏散那裡的平民會是一件多麼困難的事情。讓這些航海上的不便更加棘手的，是阿卡港連外港都偏小的事實。因為港不夠大，所以大船會傾向於在港外下錨，貨物與人員再由緩慢的小船來回接駁，而這自然是效率很差的做法。

*

這些狀況都在四月中下旬成為阿卡城內許多人念茲在茲的事情，畢竟隨著城內的氣氛愈來愈低迷，很多人都想著是不是該走海路逃命。食物供應接續從賽普勒斯運抵阿卡，而亨利國王即將蒞臨的消息也已經被告知了阿卡城。但事實是從五月初開始，若干負擔得起的人就開始花錢上船，跟著來阿卡城貿易的船隻一起離開。早先的信心慢慢變成了焦慮。

「我們在阿卡城內的居民，因此陷入了折磨與哀嘆的狀態中，」泰爾的聖殿騎士在鬱悶中下了個結論，「但有消息傳開說亨利國王即將親自從賽普勒斯帶來強力的支援，於是大家天天都盼著他來。」

「他們總是把臉朝著海邊，」一名希臘僧侶阿爾賽尼爾斯（Arsenius）說，「望穿秋水地期待著西風能吹來他們萬般期待的船帆。」

第十一章

談判

一二九一年五月四日至十七日

圖25　闔上頭盔而群集的騎士。

五月四日星期五，亨利國王率四十艘船的船隊揚著紅色獅子跟金色十字的王家旗幟，終於可以在西方的地平線上被看到。希望再次升起。亨利二世作為耶路撒冷王國名義上的統治者，其實對於阿卡城內喋喋不休的派系爭端插不太上手，唯即便如此，他的蒞臨還是受到了狂熱的歡迎。連圍在城外的軍隊都看得見的營火，在街上點了起來。大傢伙擺出了筵席，教堂的鐘聲也響了起來。國王年僅二十歲且患有癲癇症，而病體也似乎延誤了他從法馬古斯塔出發的行程，唯他帶來了所有他叫得來的部隊，也帶來了尼科西亞主教（Bishop of Nicosia）來提供精神上的支持。國王的部隊由為數不多的騎士與步兵組成（至多七百人），遠不足以扭轉劣勢。他評估了局勢，並為防務注入了新的氣象，唯守軍的士氣一有起色，哈利勒就會立刻有所反應來打阿卡一個耳光。

因為知道城內的歡愉鼓譟若傳到自家官兵的耳裡，對圍城的士氣恐有不利，為此蘇丹強化了轟炸的力道。漸強的彈丸與箭矢攻勢，那用拋石機甩來或在城下用陶土手榴彈的形式扔過來的一灘灘希臘火、紛飛的箭雨、打在城牆上的石丸，都持續不斷未見頹勢。「黑公牛」也持續扔來裝著糞便的容器、燃燒的木塊，還有帶火的鍋釜。自始至終在這樣的空襲掩護下，馬穆魯克人都依托著防護屏幕在地面上不斷前進。城裡固然不缺食物，但守軍已經快要沒有大型彈丸可以裝填他們的拋石機具，而且迫於無奈，他們也只能拿木頭跟棉墊來修補城牆。事實上，來自城外的疲勞轟炸跟城內到處有牆要修、到處有要撲滅的火，已經把守軍搞到快精神耗弱。至於城內的意見不同與行動不一致，不同史官給出了不同的描述，而他們把矛頭指向誰，還是要看他們自身的國族與宗教歸屬。

在安全距離外放起馬後砲的希臘僧侶阿爾賽尼爾斯，把他最尖銳的指控留給了義大利商人：「比薩人跟一旁的威尼斯人都不聽從（教廷使節）的宗教權威指揮。」威尼斯人固然談不上多全心全意參與守城，但比薩人絕對是不遺餘力在操作他們的拋石機具。能逃脫阿爾賽尼爾斯毫不留情之批評者，鮮矣。他想像力豐富地描繪出一幅眾人在萬丈深淵邊上手舞足蹈的景象：「我們對十字軍的期望是他們能為了十字架的勝利而賭上自己的靈魂，但實際上他們卻縱情於飲酒，而當號角響起要人拿起武器時，他們卻耽溺於享樂，視戰鬥如無物，甚至不肯從胸膛上跟懷裡放開愛神的擁抱。更糟糕的是醫院騎士團與聖殿騎士團的弟兄們，因為相互看不順眼而無法合作。他們既不肯輪流站哨，也不肯分攤作戰的重責大任。」雖然他們還是最起碼地共同出了城夜襲。這之後的其他角度有大相逕庭的描述，只是反映了阿卡城的派系爭端。相對於阿爾賽尼爾斯把他的褒揚留給了「表現傑出的亨利國王」，《阿卡城的毀滅》（*Destruction of Acre*）一書的無名作者則對國王萬箭齊發。另外德國旅人魯道夫．馮．蘇塞姆在事過境遷後許久所寫下的文字裡，對條頓騎士團的老鄉有說不完的好話。

城內各種歷來的夙怨暫且不論，情勢本身的惡化就足以讓亨利國王的任務從一開頭就甚是絕望。他來時或許風光，而且做足了王家的派頭，但這位年輕的國王仍不失為是個實事求是之人。他很快就下了個結論是自己帶來的援軍不足以扭轉阿卡的頹勢，畢竟他們與對手的力量相差太過懸殊，而且他無論如何也擠不出威信來弭平阿卡城內部的緊張關係。還有一件事他做不到，那就是攔阻有能力的人搭船棄城而去。有了以上的認知之後，他決定設法求和。

＊

對於透過談判來取得戰果，哈利勒或許也不是完全沒想過，畢竟有反對者蠢蠢欲動，所以局勢在馬穆魯克的權力核心中也不是那麼穩妥。雙方於是安排了停火。五月七日有短暫的一個空檔，戰爭機器一台台安靜了下來，轟炸也踩住了煞車。在相對的沉靜中，哈利勒從丘頂之尊走了下來，並讓人在城牆外、正對臨海宗主教之門（塔）的地方，搭起了一個小營帳。兩名卸除了武裝的特使出現，其中一名騎士是紀堯姆．德，維利爾，還有一名是有博熱家臣身分的聖殿騎士，紀堯姆．德．卡夫蘭（Guillaume de Cafran）。他們在蘇丹面前行了三次五體投地的大禮，但哈利勒不為所動。「阿卡的鑰匙你們帶來了嗎？」他問。使者回答說阿卡城不能如此輕率地拱手讓人，但他們還是想前來請蘇丹放過阿卡的百姓。他們似乎是想要透過進貢來留住阿卡城。

哈利勒的回覆意在無血開城，並且包含了一絲勝利者的寬宏。談判出的投降，通常意味著百姓可以幾乎身無分文地安全離去，但蘇丹開的條件比這還好。「我願意大發慈悲，我只要這座城的每一塊石頭，其他的財物你們儘管帶走。我這麼做是看在你們國王的面子上，他願意親自過來而且又是個年輕小伙子，我也是年輕過的。但我能給的就這麼多了。」哈利勒的謀臣從一開始就都反對議和。

勝利似乎已然唾手可得，他們再推一把就可以把異教徒趕進海裡。謀臣們哀求蘇丹不要放棄他父王的神聖遺志，因為「這座城堡是他們最了不起的一座，而且殘存在海岸邊上的異教徒也只剩這一些。征服這裡是阿什拉夫（哈利勒）之父身為一名烈士，堅定不移的決定，而蘇丹也在即位之初決定過要按父親的遺願拿下這裡。我們已經傷了穆斯林、死了穆斯林，而百無一用是和平。」同一時間，巨大的叫囂聲從穆斯林的兵營中傳了過來，原來是他們聽說了蘇丹提出的條件。身懷聖戰熱忱加上想要大撈一筆的心情，讓基層官兵甘於從軍，他們當中有尋常百姓、有城市裡的暴民、有職業駱駝騎士，當然還有軍人，眾人都鼓譟著說城一定要圍下去。「喔，我們的大人啊，烈士墓中的先王若地下有知，絕不會同意跟那些該死的傢伙議和！」

特使聽完蘇丹提出的特赦條件，其實也沒有什麼轉圜的空間，因為不准獻城應該就是亨利國王畫下的底線，畢竟獻城會在基督教世界裡留下惡名，而且退此一步，基督教勢力在聖地就再無立足之地，於是特使回答說他們必須回絕這個提議，「因為海外的基督徒會視我們為叛徒」。「那你就不用待在這兒了，」哈利勒撂下了狠話，「因為我不可能再讓步了！」

就在此時，任何臨別的客套話都白說了，因為不遠處的宗主教之門（塔）有一台拋石機突然在此時射出了一顆巨石，砸破了原本的和氣。「我不明白怎麼會發生這種意外。」泰爾的聖殿騎士寫道，「石頭就落在蘇丹與特使都在的營帳邊上，以至於蘇丹出於直覺的勇武一躍而起，把手放在配劍上，拔出了一個手掌長度的劍身，然後對著他並非真正想傷其一根寒毛的特使大叫：『啊！你這隻骯髒的豬玀，說說看我為什麼不應該砍下你們的頭？』」

埃米爾舒翟趕忙敦請蘇丹停手。「主上，你讓豬血髒了劍的鐵，神會不高興的！叛徒是那些發砲的人。您應該讓這兩個人離開，因為他們剛剛就跟您在一起。」這名埃米爾的主張，是在尊重雙方說好交戰不斬來使的君子協定，也代表他相信兩名特使的清白。

於是乎，泰爾的聖殿騎士困乏地下了一個結論，「特使返回阿卡，雙方的拋石機也回到相互轟擊的日常，就像兩組正常敵人會做的事情一樣。」短暫的和談契機就這樣來了，又走了。

⁂

相較於士氣與希望在基督教陣營持續流失傾頹，哈利勒對於某些埃米爾的懷疑則堅定不移，而其中又有兩人成了哈利勒的眼中釘，一位是阿拉姆·哈瑪威（Alam al-Hamawi），一個是胡薩姆丁·拉金，這兩人都曾支持過殺害突蘭泰，也就是哈利勒在蓋拉溫死時爭奪蘇丹大位的對手。做為拉金下屬的法克里逃往大馬士革一事，很顯然陷了拉金於不義，也讓哈利勒不得不殺雞儆猴。議和未果的隔日，蘇丹軍中便鬧出了營中情勢動盪的傳聞。哈利勒派了百里加急的驛差去通知代理的大馬士革總督，要他拘捕法克里。由此法克里的身家被充公，他本人則在刀光劍影中被押回阿卡城外。拉金得知自己也將是泥菩薩過江，自身難保，因為有人來警告他說蘇丹打算把他也抓起來。擔心性命不保的拉金打包起行李，在夜幕掩護下準備逃跑，卻被另一名蘇丹派的埃米爾阿拉姆·達瓦達里（Alam al-Dawadari）給逮了個正著，因為達瓦達里就在他的旁邊紮營。達瓦達里快馬加鞭，追在逃命的拉金後面，然後並駕齊驅地求他不要一走了之：「不要因你一人而讓穆斯林的大業有損。因為若法蘭克人知悉你臨陣脫逃，他們肯定會受到鼓舞，這對眼看就要城破的我們絕對不利。」拉金聽勸回到了營中，隔天蘇丹令他來見，授予了他榮譽之袍，藉此要他放十二萬個心。但這種懷柔的態度只維持了兩日。第三天，蘇丹就逮捕了拉金，把他關進門禁森嚴的采法特堡。假以時日，哈利勒對拉金的提防會以人命為代價得到證實。

唯基層官兵呼喊中的自信，還有讓拉金懸崖勒馬的那番道理，似乎都被坐實在了接下來的數日。伴隨掩護的轟炸晝夜不停，伊斯蘭軍的地下坑道與機動柳條屏幕都持續推進，而這當然也順便推進了屏幕保護下的舒翟大軍。他們一寸寸朝著關鍵的城牆夾角與凸出的于格三世稜堡前進。在談判不成後的那一週，馬穆魯克人推進的意義昭然若揭。五月八日星期二，多半因為地道之故而搖搖欲墜的于格三世稜堡遭到十字軍棄守。他們走前放了把火，毀掉連接稜堡與外城牆的步道，然後退守到後方的國王塔。「阿卡城危如累卵，」泰爾的聖殿騎士記錄下說，「因為……（外）城牆下已經被挖了地道，而塔樓（稜堡）也無法倖免。」環狀的國王塔作為外城牆防務的樞紐，也作為內層詛咒之塔的捍衛者，如今已空門大開。

這對阿卡城的守軍而言，是一整週災難的開端。在其沿這段城牆興建的地底房室中，

圖26　手抄本中繪製的阿卡城被圍圖。拿著鐵鎬的地道工在工兵的掩護下挖著外牆的牆腳。

刻苦耐勞的阿勒坡地道工點起了火，弱化了好幾處地基。於是一處接著一處，塔樓的外壁開始崩落，牆體開始倒塌。沿著同一道城牆，在國王塔一側的布魯瓦女伯爵塔也說垮就垮，再來輪到的是另一側的英格蘭人之塔，乃至於左右兩側更遠處，與一段段旁邊就是聖安東尼門跟聖尼古拉門這兩處重地的外城牆，也都不支倒地。從外頭傳來石牆塌陷進溝渠的不祥之音，讓城內原本就委靡的士氣更加低迷。舒翟的人馬也在挖著國王塔的塔底。

*

隨著士氣不斷遭受壞消息的打擊，愈來愈多基督徒開始逃離阿卡的危局。春天是商船駛抵阿卡的季節，而在外城牆倒塌的同時，不缺錢的義大利商人階層跟貴族成員都已經在逃亡的路上絡繹不絕。截至五月中，走掉的人數已達三千，另外不少老弱婦孺也已連同珍貴的聖髑、城中的珍寶、貨品與民眾的財物，一起疏散掉了。能做到這樣，是趁著天氣還好，阿卡港的吞吐還不算太困難的時候，而多數人都是渡海到了賽普勒斯。若干資料來源顯示這波逃亡潮在後續的發展中，受到了亨利國王親自加速，至於實際的逃亡時間與人潮規模，則已不得而知。唯可以確定的是時間來到五月十五日，阿卡城內的士氣已經一瀉千里。

在那一天，哈利勒的地道工斬獲了極具戰略價值的大獎：在外城牆東邊毫無保護的突出部上，作為詛咒之塔屏障的國王塔底下有了地道。很有可能，守軍自己的反地道也在國王塔的命運中推了一把，但總之讓看著的泰爾的聖殿騎士很心酸的是，國王塔虛弱到「其正面開始向前崩塌成壕溝中的一堆瓦礫，但要從石堆頂端翻過去談何容易。」國王塔的倒塌對圍城者而言是契機也是挑戰。因為破落的石牆碎塊如今堆滿了壕溝跟通往壕溝的路上，因此想越過這障礙物來控制國王塔，並滲透仍由十字軍死守的外城牆，其實並非易事。硬要這麼做，他們就得暴露在被攻擊的危險之下。馬穆魯克軍利用其工程實務技術與資源，臨機應變出了一個堪稱很聰明的解決之道。拜巴爾．曼蘇里身為一名埃米爾，挑起了解決這個問題的責任，而他思考著的是如何建立一條適於大軍發動總攻的堤道：

在這一片亂局當中，我試著找出一個地方可以等到機會來敲門，或許是一個可以讓我們有計可施的角落，但始終毫無所獲。就在轉動著腦筋，讓視覺與各種感官四處游移之際，我突然注意到一座被拋石機損毀的塔樓不再遙不可及了。在這座塔與城牆之間，出現了一道寬敞的空間，唯由於周遭的制高點上有十字弓，因此不先在全區架起屏幕保護，人想活著過去是辦不到的。為此我取來了一些毛氈，將它們一片片縫成一朵巨大的雲，又長又寬。在殘破塔樓對面的兩根柱子間，我安排了類似船隻用的滑輪，裝上繩索，然後升起了毛氈雲，使之在天空中像個水壩一樣。這是在夜幕掩護下完成的作業，阿卡人對此一無所知，而等他們早上起身，看到這屏幕，並對其發射拋石與箭矢時，被砸到的毛氈會先凹陷然後吸收掉石丸的動能，至於十字弓兵則無法用箭射穿毛氈。我們於是得以順利通行，並找著路穿越外城牆破口，讓我們與敵人之間只剩下一牆之隔（內城牆）。我們開始拿馬匹的鼻套裝土，再加上就地取材的各種木頭，設法把內外牆之間的壕溝填起來。填平之後的壕溝就是條可通行的路，那真是一幅蒙福的美景。

從城中望出去，泰爾的聖殿騎士也能觀察到馬穆魯克人把握此良機的速度與效率，而那也確實反映了他們的衝勁、高度的組織性，還有充沛的人力。「撒拉森人製作了裝滿沙子的小麻布袋，讓每一名騎兵都在馬脖子上帶著一袋，經過同一牆段躲在掩體後的同袍就丟給他們。等夜幕降臨，手上多了這些沙包的士兵就會從掩體後跑出來，將之鋪在倒塌的城牆瓦礫堆上，然後設法將其表面弄平，就像是鋪面道路一般。」這麼一來，通往半倒塔樓的路徑就開通了。

根據沾沾自喜的拜巴爾．曼蘇里所言，蘇丹非常滿意這個策略。他決意在隔天分兩處發動總攻：一路走搖搖欲墜的國王塔，另一路走國王塔西邊連往阿卡城正門聖安東尼門的城牆。

如今進駐這些城牆的部隊，是從被毀稜堡退守下來的亨利國王部隊，加上條頓騎士團的成員。五月十五日，蘇丹志在必得的進攻在這一段城牆遭到擊退。此時防線上上下下都繃緊了神經，守軍們也都筋疲力竭。隔天早上，這段城牆士氣崩盤的傳言，眾說紛紜地流進了城內；相互矛盾的時間線跟恐怕是馬後砲的責難也爬進了基督教的史冊裡。

亨利親兵與在地守軍之間，似乎並沒有很融洽的關係。五月十五日黃昏，他們按照八小時的輪值，把這一段城防交到了條頓騎士與其團長手中，預定隔天破曉回來接班。《阿卡城的毀滅》的無名作者引用了目擊者的描述，宣稱說在十六日的日出之時，城邊完全看不到亨利部隊的人影。關於這一點，有人指控亨利國王因為看到和談無望，加上他壓不住城內的各派系傾軋，所以就丟下帶來的部隊不管，自個兒默默上了船離開，而且走時還帶上了城裡大批的貴族人脈。或許他考量到情勢之糜爛已無可返還，或許他絕望於守軍內部的無謂爭端，而做成了這樣一個理性的決定，那就是身為耶路撒冷的國王，他必須要留得有用之身，他日再求東山而起。他被控是個懦夫。「喔，但願那風與海能將他們沉入深淵！」是史冊中對亨利的詛咒。真相不可考，但泰爾的聖殿騎士作為整體而言很冷靜的見證者，在兩天後宣稱說亨利國王人仍在阿卡城內。這會是他孤臣孽子在捍衛國王的名聲嗎？更有可能的狀況是即將發生的慘事需要一個解釋，也需要一個替罪羔羊；或許在不同效忠對象的糾結之間，在活過圍城的不同派系交代裡，《阿卡城的毀滅》的無名作者只是引用了對國王有敵意的觀點。

不論這羅生門的實情如何，蘇丹軍隊似乎真的趁虛而入，在十六日破曉時對於這段通往聖安東尼門城牆，發動了他們的攻擊。在十字弓、箭矢、標槍像大雨落在城牆上的掩護下，（已不再由拉金統領的）敘利亞部隊扛著盾牌牆步步進逼。蘇丹為這次的攻勢做足了計畫，其洶湧的兵鋒讓稀薄的守軍難以抵擋。隨著蘇丹的攻勢打來如波浪，一隊人馬用隨手各種東西填滿了壕溝：土壤、石頭、成材跟不成材的木頭、倒地的馬屍，一股腦被扔進了溝中來為通往頭頂長牆的斜坡創造出平地的感覺，梯子被架在了城牆上。守軍卯起來對著來犯者丟石頭、擲標槍、發射十字弓。牆上有徒手的肉搏戰，有士兵近距離持劍棍槍互砍，「就像匠人在打鐵……雙方都有不少人被對方劈死。」在刀劍的叮噹碰撞與血肉橫飛中，守軍終究抵擋不住攻方的「十字弓兵、標槍兵與擲石兵一波波湧上來。」就這樣，守軍密度十分稀疏的牆段遭到席捲，倖存者被迫退進城中十字弓的射距外，至於死者與傷員則都顧不上了。至為關鍵的聖安東尼門作為通往城中心的門徑，就此落入馬穆魯克人手裡，唯門本身仍封死未開。

戰線上的喧囂怒吼聲浪傳進了城內，大批人潮開始背著前線逃命。唯各派系與軍事修會間的關係依舊緊張。有些人不願出力協防，因為他們覺得一開始違反與蘇丹和約的也不是他們，還有些人只願自掃門前雪，把自家的地方擋好擋滿，但城破的消息最終還是激起了同仇敵愾的心情。醫院騎士團的將軍馬提厄・德・克雷芒召集少數騎士出戰，而在三兩下上了馬之後，他們從不遠處的醫院之門中現身，史冊中形容他們「全副武裝加一身盔甲，頭頂拋光的頭盔，手臂上套著臂甲，人坐在戰馬上手持長槍。」而他們一出現就發現身邊盡是瘋狂逃竄的城民「人沒怎麼樣，腦袋卻已經嚇壞了」，而這波人潮也妨礙了他們的去路。克雷芒倏地轉了個身，朝著在驚慌失措中棄城牆而逃的騎士喊話：「你們瘋了嗎？盔甲尚且完好無缺、頭盔跟盾牌也都沒有斷裂、身上更是毫髮無傷，這就想逃跑了嗎？我求你們為了基督的信仰，回來戰鬥吧！」語畢把腳上的馬刺往戰駒側腹一插，克雷芒便秉持著與蘇丹本人交鋒的心願，衝進了混戰當中。他先是拿下了一名「看似最驍勇善戰的」埃米爾，用手中的長槍貫穿了埃米爾的胸膛，讓他從馬上摔下。此後他欲罷不能地伸手拔劍、在砍劈之間取走項上人頭，以兵刃劃在敵人背上，然後在輕裝的穆斯林行伍中來回衝殺。克雷芒殺紅了眼，重創了蘇丹的軍隊，而這也讓雙方心理上的優劣勢逆轉了過來。原本如狼似虎的穆斯林停下了腳步，轉身「像綿羊一樣要逃離大野狼」。

但人多好辦事，哈利勒就是有本錢在同一時間另行發動總攻。在城牆的另外一頭，他正用拜巴爾．曼蘇里獻計建成的沙包堤道來攻擊國王塔。在接近晚禱時分，他的人馬一湧而上。泰爾的聖殿騎士看到「拱頂面對阿卡城中的這一半仍完好無缺」，且由大批人員堅守著，「但這仍無濟於事，撒拉森人還是拿下了塔樓，並在上頭升起了蘇丹的旗幟。對此我們報以裝填好的拋石機，並將之對準塔樓發射。由此我們殺死了一些撒拉森人，但無法把他們驅趕回去。」國王塔還是丟了。一心想讓戰情停損的守軍搭建了「一種木材結構上覆蓋皮革，並號之為『木貓』，裡頭搭載人員，希望藉此讓進占塔樓的撒拉森人無法繼續進軍。」此一堅實的防禦工事不負眾望，發揮了阻斷敵人去路的效果，唯如今詛咒之塔已無國王塔的屏障，一整個暴露在敵人攻勢下，且守軍也在從聖尼古拉門到聖安東尼門的這一大段距離間，被逼退到了內城牆。守住詛咒之塔將是接下來的勝敗關鍵。

同一時間在聖安東尼門，克雷芒的衝鋒在一小隊醫院騎士的掠陣下，對十字軍的士氣產生了電擊的效果。心生慚愧的落跑騎士回到了戰局，而跟在騎士身後，步兵們開始向前衝擊，並用手中的劍刺入撒拉森騎兵的馬腹。

來犯者開始掉頭狂奔，並在街頭巷尾遭到追擊。有些敵人想把還封住的城門撬開，也被趕了回去。

夜幕降臨，蘇丹終於在捨棄了「一日亡阿卡」的希望後鳴金收兵。「勝利！勝利！」

的呼聲響徹阿卡城的大街小巷。在讓人熱血沸騰的一幕中，守軍們衝出了城門進行最後的掃蕩，並讓旗幟在他們身後飄揚。垂死的穆斯林被當場補刀，負傷或累倒在地上的守軍則被攙扶回家。陣亡的基督徒被收了屍以便埋葬，敵人的屍首則被扔出城外，任其曝屍荒野。克雷芒單槍匹馬，為阿卡的城防注入了生機。守軍堅守有成的捷報傳遍了大街小巷，慶祝的騷動聲嗡嗡作響，守望相助的精神一時間在城民心中活了過來。

夜深了，居民們仍在同心協力地幫忙修復城牆，大量的木材與石頭被用推車運到城破處附近，來修補城牆並建立柵欄。塔樓上集結起了武器儲備，包括有架設在木質支撐結構上，由起重轆轤（絞盤）來負責拉弦，那大型的圍城用十字弓，其發射時具有強大的穿透力，且這還是兩英尺高、由腳蹬來進行十字弓箭裝填的版本。此外也有輕型的十字弓，配合上數量可觀的

圖27　歐洲的十字弓兵與長弓兵。

弩箭與一般箭矢。弓手被指派到各個位置上，衛隊也被組織起來。在因為戰鬥與修建而累了一整天後，大部分的守軍受命回家休息幾個小時，並預定在破曉的一小時前回到醫院騎士團集合。

在突如其來的幸福感當中，阿卡城的處境依然十分嚴峻。傷亡慘重不說，而且雖然浴血奮戰過了，但從倒塌了的國王塔到聖安東尼門全長五百五十公尺的這一整段，守軍如今還是被壓制到了內城牆以內。這一夜他們在城內全力搶修的同時，牆外仍不斷傳來節奏規律的撞擊聲。那證明了撒拉森人的攻城錘正在摧毀各段外牆，而英格蘭人之塔也轟然倒塌，他們在城內只能捶胸頓足而無能為力。時間來到早上，外城牆的破口已經寬達六十公尺。「城一被占，」泰爾的聖殿騎士回憶說，「大家都變得像喪家犬，並紛紛把妻小往船上送。」但能在船上占有一席之地的人，無疑都是身家不凡的富人，窮人只能另尋生路。「大家都嚇壞了，一時間大家都不知所措到動彈不得。」

五月十七日星期四，注定是悲慘的一日。這天一早天色陰霾，海上也風雨欲來。在破曉前的一個小時，各路人馬的隊長、指揮官與宗教領袖集結在醫院騎士團商討如何救亡圖存。現場氣氛十分低迷。哈利勒如今控有了一大段的外城牆，而人員的持續折損也讓城防日漸單薄。他們現在只有頂多七千名可用之兵，而要防禦的牆段卻超過一英里，更別說一波波來犯的敵軍感覺永無止境。

在醫院騎士團的會議上，有一個人鶴立雞群。尼古拉・德・阿納普以手示意要大家安靜，並以耶穌基督之名發表了一場強有力的佈道，他意欲讓眾人堅定信仰，讓眾人寧死不屈，也讓眾人拿出勇氣。現在投降，就是把全城交由異教徒擺布，而他強調那多半就等於他們的女眷會被成群姦淫，他們的孩子將淪為奴隸。「因為別忘了，不論你們當中誰被神選來捍衛自己的榮譽，也捍衛這座城不受一個或多個敵人的侵襲，我們都毫無疑問被因耶穌基督的信仰而連結在一起，而我們對主的信念，也將成為我們最終的救贖。」最終他為自己口若懸河的演講，給出了這樣一個結尾：「相互向彼此認罪，希望經由神的慈悲，你們可以得救並獲得永生。」

他的話語加上之後簡短的彌撒，讓在場者得以奮起。他們領用了聖餐，承認了罪孽，並擁抱了彼此，以親吻做出和解，然後掉下了眼淚。這如同桶箍一樣把城防擰成了一圈，那些原本暗地裡打算要乘船溜之大吉的人，如今都下定決心要回去戰鬥，「他們磨利了佩劍，揮動著長槍，鼓舞著彼此。」接下來一直到入夜，阿納普都會馬不停蹄地在前線梭巡，並用言語鼓勵著將士要秉持信仰，不成功便成仁。

在城牆邊，出現了一段暴風雨前的寧靜。這多半是因為目睹自己的部隊從聖安東尼門抱頭鼠竄，多少也讓哈利勒蘇丹心中產生了幾分顧忌。考量到敗仗對他領導威信的威脅，加上為數眾多的志願者可能見風轉舵而離心離德，他絕對不容許也禁不起部隊在牆邊再一次踢到這樣的鐵板。但從另一方面看，他的權力基礎也達到了令人難以置信的強度：他掌控了一大段外城牆。他利用白天的時間確保最後的突破能夠在硬體上萬事俱備，並在心理上盡可能燃起將士的鬥志。他最擔心的是內外城牆間既深又陡、寬達十公尺的壕溝。他的人若想重創最後的內城牆防線，就不能不先突破這一條棘手的壕溝。用來聲東擊西的小規模進攻，加上持續的拋石機轟炸，目的都在讓守軍無法休息，以免他們有空來干擾他的計畫。所有能有助於提供一條穩定之路通往內城牆牆腳的東西，都由駱駝拖到了壕溝的邊上。這當中除了土石跟木材以外，動物跟陣亡戰士的屍體也都管不了什麼敬與不敬地被倒進了壕溝中。嗆鼻的臭味在城牆上飄散。在此同時，哈利勒開始讓將士準備好進行最後的進攻。宗教的熱忱必須要在營中被撩撥起來，而這也就是何以穆拉會趁此時在四處巡迴。有時有刻的禱告突然變得非同小可，而蘇丹也表示了在最後攻勢中的英勇表現將獲得金錢上的重賞。

在阿卡城中，基督徒也在進行他們的準備。他們把拋石機對準國王塔與英格蘭人之塔的破口來阻卻進攻。佩劍被重新磨利，盾盤與彈藥被重新補齊，衛哨任務被重新指派；敵人的屍體被持續扔到牆外，城牆的缺口被用手邊找得到的材料盡可能補上。詛咒之塔絕對要守住。除了守軍，民眾也奮起進行了民防的強化。狹窄而蜿蜒的通道迷宮裡有死路一條的巷弄，有屬於阿卡內部的門徑，還有小小的廣場跟結實的塔樓——這些就城市的質地而言都是一系列可以固守的核心，也為最後一搏的巷戰提供了充分的可能性。具有戰略意義的路口被用木質路障封死，並派以武裝人員的分隊駐守；石丸被囤積在屋頂上，預定要朝入侵者的頭頂砸下。

想要用船隻疏散婦孺的計畫因為天公不作美而被打亂。原本就不利於船隻入港的阿卡港遇上惡劣的海象，更顯得運勢也不站在阿卡城居民這邊。「天氣糟透了，」泰爾的聖殿騎士回憶說，「海面顛簸到上了船的婦孺根本沒人受得了，最後這些女人跟小孩只能下船回家。」在黑暗裡，十字軍守軍開始各就各位，平民百姓待在家裡。所有人都心知肚明太陽一升起，他們就將面對決定性的一役。

第十二章

你們看我傷的！

一二九一年五月十八日，從黎明至正午

圖28　聖殿騎士的印璽。

五月十八日星期五。天色陰暗，海象依舊沒有平靜下來。哈利勒的大軍已經在拂曉前完成備戰，蘇丹也上了馬背，因為主帥出現在將士眼前對士氣的影響非常正面。伊斯蘭的聖者與苦行僧已經穿梭在軍營中煽動起聖戰的熱情，而哈利勒的傳令官也四處巡迴承諾較為現世而具體的獎勵。泰爾的聖殿騎士聽到了攻擊發起的訊號。隨著大鼓鼓聲在黑暗中轟隆響起，「聽來讓人膽顫心驚，撒拉森人就此從阿卡的四面八方發動攻擊。」一開始的策略雖然仍是要迫使守軍將有限的人力分兵到整條前線上，但哈利勒真正的重心仍放在從聖安東尼門到聖尼古拉門的這一段，因為這一段的外城牆已經掌握在蘇丹手中。在英格蘭人之塔與國王塔崩落的城破處對面，也就是詛咒之塔暴露在攻擊下的地方，守軍設下了拋石機，決心要為了守住城中心而奮力一搏。

部隊挺進發出的噪音，是伊斯蘭部隊一種用來把恐懼打入守軍心坎裡，並讓自身的將士忘卻害怕的雙重「震撼技」，而為此他們造成的聲勢可謂滔天，宛若一道巨大的音牆：三百頭駱駝背負的鍋鼓敲擊出蠻風十足的進軍節奏，外加銅鈸的鏗鏘敲擊，號角的刺耳高音，還有成千上萬大軍的叫喊聲四起。牆上的守軍等待著敵人進入射程，拋石機與十字弓都已經完成裝填，石丸、方頭簇箭與弓箭也做好儲備；百姓站在住宅屋頂，做好了巷戰時

圖29　音牆：用來恫嚇敵人與鼓舞自身士氣的鼓聲與號角聲。

要往下砸東西的準備，另外也有人駐守在木質的路障前。宗主教不厭其煩地鼓勵守軍要以基督之名與敵死戰：「以祢無法突破的牆圍繞著我們吧，主啊，用祢的武器保護我們啊！」教堂的鐘聲在空中迴盪。

哈利勒的部隊井然有序地前進，行伍中每一排都由一百五十到二百名在戰技上各有所長的士兵組成。你會看到最前排是狂熱的苦行僧與法基爾[1]，而他們一邊狂放地向前衝刺，一邊口中用神的各種名字在念念有詞，而推動著他們的不外乎是神聖的熱忱與死在牆腳下後的天堂即景。沒錯，他們就是要捐軀在牆腳下來搭成一座人肉之橋，好讓後續的士兵可以踏著他們的屍體前進。而被這些先鋒推著前進，有如一道人肉盾牌的，則是來自被強納入蘇丹疆域的基督徒。他們是在威逼利誘下前來參戰：如果他們活了下來而阿卡城沒有陷落，那他們的稅負將會加倍；反之只要阿卡陷落，他們跟他們的子孫都可以永世豁免於稅負。

在這些勉為其難或滿腔熱血的自殺部隊背後，出現的是提供保護的方陣，當中有士兵拿著修長而堅實的木盾，來抵禦第一波攻擊來襲。然後是火攻部隊，它們拿著油壺跟在黑暗中發出耀眼光芒的火炬，也拿著即將扔過城牆的陶土希臘火炸彈。他們會製造出一道煙與火的掩護幕牆，好讓身後的弓兵可以出其不意地放出箭雨，而十字弓兵也會站出來用簇箭放出冷箭；在弓兵背後是配備有短劍和皮盾，來跟人短兵相接的近戰部隊，而近戰部隊身邊則有士兵帶著梯子、鋤頭、鐵鎬、攻城錘與鐵爪衝向前去爬牆或拆牆。持盾的部隊比肩向前推進，看上去就是一道綿延的人牆使人不寒而慄。除了彈弓以外手無寸鐵的志願者，會用小石頭暗算牆上的守軍。再往後，拋石機仍繼續拿石頭往城市裡砸去。

但守軍有著居高臨下的優勢，還有由木桶與草草建成的壁壘來提供保護，再者就是十字軍明顯比較善於在城牆上作戰。隨著人潮湧上來，十字弓的簇箭開始對前排的敵軍大開殺戒。幾乎是垂直向下瞄準的守軍會朝陡坡下牆腳處的敵人，「連發每輪三支的簇箭，射穿最前線的盾牌，讓盾牌被插在持盾者的身上；並且除了用一般的十字弓，他們也有不少簇箭是用攻城用的強力十字弓發射，而後者會貫穿毫無防備者的身軀，如入無人之境。」在此同時，守軍還把石頭雨砸在想挖城牆牆腳的人身上，「由此他們就像蟾蜍一樣被壓扁在自己的盾牌下」。在這樣一片亂局中——耶穌基督與穆罕默德的呼聲以法語、阿拉伯語、義語、日耳曼語、突厥語、英語、加泰隆尼亞語、希臘語的版本混在一起，守軍在進逼的集團軍中撕開了一個大洞。

＊

起初沿著整條城牆發起的攻擊，目的是要讓守軍盡量分兵，所以用意只在於聲東擊西，分散守軍的注意力。在阿卡城中欠缺整體戰略指揮的狀況下，這種戰法確保了善戰的聖殿騎士與醫院騎士會被牽制在屬於郊區的蒙特穆薩德。由於守軍一開始讓來犯者流了不

---

1 法基爾（fakir），蘇菲派的伊斯蘭修士。

少血，哈利勒於是啟動了計畫的第二階段。他的目標是要讓分身乏術的守軍在特定的點上被雙方人數的懸殊壓垮，且不能在過程中讓敵人有任何集結兵力或喘息的機會。在一次多半是有預謀的行動中，他悄悄且緩緩地從外圍的牆段抽回了部隊，並「以密令要他們帶著所有裝備前往城牆的破口處」。集結完成的這些部隊在號角的訊號下以緊密的方陣向前忘我衝鋒，並用手中的鏟子、鐵鎬或鐵爪去破壞城牆或攀越城牆。

在城牆上，守軍正被閃避砲彈、發射砲彈、裝填砲彈、再次發射砲彈的反覆流程弄得疲憊不堪。馬穆魯克人的作戰資源就像取之不盡、用之不竭。他們會不斷有人來接手換班。若遇攻勢受阻，「他們會重新整隊然後加入新血，相對於基督徒的氣力放盡，他們會針對性地施壓來找到突破口。利用這些策略，他們往往可以在眨眼間讓基督徒連呼吸的時間都沒有。」噪音與混亂成了戰線上的主調。「那些（敵人）投擲希臘火的頻率是如此密集，」泰爾的聖殿騎士回憶說，「以至於煙霧大到人都看不到人。」火一旦燒著就不可能撲滅。怕被這些呼嘯而來的火球烈焰活活燒死，是一種極具威懾力的恐懼，畢竟你可以四處聽到這些火球飛來的風切聲。騎士約翰·德·茹安維爾曾栩栩如生地描述過希臘火發出的聲響，他說希臘火「會一面飛來一面發出聽來像是天界降雷的聲音，彷彿有條火龍劃過空氣。」泰爾的聖殿騎士目擊了弓兵施展出一點也不遜於希臘火給人的壓力：「穿過煙幕，弓兵射來了極為密集的羽箭，結果是我們的將士與坐騎傷亡慘重。」倦怠開始在守軍體內累積，他們手邊的羽箭與簇箭儲備也不斷耗盡。而隨著十字弓的火力衰退，阿卡的守軍只能拿起劍、錘矛、石頭或手邊任何能用的東西來作戰。

突破出現在以詛咒之塔為中心的激烈纏鬥中。有好幾個小時的時間，阿卡守軍阻擋住了想從外城牆塔樓崩塌處攻入的馬穆魯克人，為此他們把拋石機對準這些破口。但光有拋石機，彈丸水位卻不斷降低，由此來犯者的人數優勢便開始顯現出來。十字軍的「木貓」面臨密集的砲火轟擊，而隨之而來的便是害怕被活活燒死的恐懼感。攻擊者「全都步行前進，人數多到無法計數。最前排出現的是手持大盾的士兵，後面的人得負責投擲希臘火，再後面的人扔標槍、射羽箭，而且速度快到你會覺得天空下起了槍跟箭雨。我們原本躲在木貓裡的弟兄紛紛棄『貓』而逃。」在由木貓提供的額外防線消失殆盡後，守軍只得從詛咒之塔退守到城內的狹窄巷弄裡。

這是個決定性的瞬間。阿卡的城中心如今已對來犯者敞開了大門。

有些亨利國王的部隊撤退到內城牆內並轉進到聖安東尼門，而攻擊者則得以湧入內外城牆之間的空間散開。「他們兵分二路，」泰爾的聖殿騎士描述說：

因為他們位於內外兩道城牆之間——更精確地說是外城牆（稜堡）與壕溝跟內城（大）牆與壕溝之間。他們有些人穿過名為詛咒之塔的高塔城門入城，然後朝聖羅曼諾努斯（教堂）前進，而那兒有比薩人部署了大型拋石機在等著。另一路人繼續沿（兩道城牆之間的）路前進，朝聖安東尼門而去。

詛咒之塔的失守是重中之重。朝著比薩人所設拋石機前進的那隊馬穆魯克人，如今對阿卡城中心構成了嚴重的威脅。在此同時，距海不遠的聖安東尼門與聖尼古拉門也面臨了極大的壓力，由此呼喚援軍的號角聲在城內各隅此起彼落。聖安東尼門兩天前還有守軍在此熱戰，如今局勢卻隨時都會逆轉。雙方為了爭奪城牆控制權而血腥地徒手肉搏，守軍使盡渾身解數抵抗。基督徒有一度似乎擊退了一擁而上的來犯者，只可惜後來有不少守軍被抽調去守衛詛咒之塔。驚覺於戰局的漸趨不利，聖殿騎士與醫院騎士於是奔赴城門，想在日益混亂的戰局中擋下敵軍的進展。博熱在心急如焚間只草草地披上了輕型甲冑。

人在客棧（總部）的聖殿騎士團團長，跟捍衛該據點的弟兄一起聽到了擊鼓聲，於是他知道撒拉森人發起了進攻。團長領著十或十二名騎士弟兄跟他的部隊，出發前往聖安東尼門，進入了內外城牆之間。他在通過由醫院騎士戍守的牆段時，呼喚了醫院騎士團團長加入他。醫院騎士團團長於是帶上了些自家兄弟、若干賽普勒斯跟在地的騎士，還有步兵，與聖殿騎士團一同去到了聖安東尼門，並在那裡遭遇了步行前進的撒拉森人，然後進行了反擊。

＊

這段出自泰爾的聖殿騎士之手的描述，用力強調了博熱與其麾下騎士的英勇貢獻，也或許扭曲了阿卡最終防務的功勞簿組成，因為其他人的貢獻可能更加關鍵。「他（博熱）姍姍來遲。」有人信誓旦旦地寫道，而他沒有事先穿好戰甲，沒有進行備戰，且看似更加在意自家距離城牆尚遠的總部安危，都在在顯示出阿卡城都危在旦夕了，其防務卻還是深受派系私利的耽誤。但話說回來，博熱本身多半已經年近六旬，傳統上已經過了實戰的年齡，但他確實仍全心投入了第一線的作戰。馬提厄．德．克雷芒作為醫院騎士團的將軍，「戰技高超且獨具適於作戰的體格」，又再一次於城門的爭奪戰中表現突出。一而再再而三，穆斯林被逼退回去。「我們的守軍跟（醫院騎士）團員，」約翰．德．維利爾在紀錄上寫道，「在聖安東尼門阻擋著他們，那兒有多得數不清的撒拉森人。儘管如此，我們還是三次把他們趕回到那個俗稱為詛咒之塔的地方。」很顯然，醫院騎士的目標不僅是把聖安東尼門的防務補起來，也想同時替防線更遠處的缺口止血。

把入侵者從詛咒之塔趕出去，並讓城牆內環獲得固守，是至為關鍵之事，「但他們實在無能為力，」泰爾的聖殿騎士解釋說，「因為撒拉森人實在多得不像話。等聖殿騎士與醫院騎士的兩名團長都抵達現場並加入戰鬥，那感覺就像他們在把自己往銅牆鐵壁上砸。」馬穆魯克人基於紀律的實戰戰術，在狹小空間中效果極為卓著。如今如潮水般湧過阿卡窄巷中的人數，已經徹底站穩了腳步，做困獸之鬥的守軍只能被各個擊破。約翰・德・維利爾描述了「在那次（設法奪回詛咒之塔的）作戰與其他各個行動中，我們修會的弟兄是如何為了阿卡城、為了自己的生命，也為了國家奮戰。我們一點一滴失去了凝聚在基督信仰下的所有成員，修會就此畫下了句點。」

*

戰鬥的過程閃動著一幕幕混亂而血腥的文字敘述，且全都是出自基督教的角度，當中所有的序列與描寫都糾結成一團而雜亂無章。阿卡守軍最害怕的莫過於敵人扔來的希臘火，因為那效果真的是十分駭人。泰爾的聖殿騎士眼睜睜看著「一名可憐的英格蘭騎士學徒被撒拉森人的希臘火扔個正著，結果他的騎士外衣整個陷入了火海。沒有人幫得了他。他的臉燒了起來，接著全身也燒了起來。他燒得就像是一鍋煤炭，當場便一命嗚呼。事發的時候他正用腳在走路，因為他的馬已經在他胯下被殺。」

其他人則描述了血腥的徒手相搏：

你可以看見許多人的頭顱被從脖子上割下，被從臂膀上割下，或是手從手臂上被砍下，還有些人是胸骨被劈開，或是人被長矛或劍劃過，或人被切成兩半。你可以看見垂死之人倒在血泊中，或是不斷翻著白眼的人在痛苦中掙扎蠕動，其中有人的頭被扭到了身後，有人臉朝下倒著，還有人伸著舌頭在劇痛中殞命。當然也有些人明明命將休矣，卻還是虛弱地想爬起來負傷戰鬥。雙方的屠戮是如此激烈，你根本不可能找到沒有屍體的地方下腳。

關鍵人物的陣亡或脫逃，往往是壓垮士氣的最後一根稻草。維利爾與其他想要阻止馬穆魯克人推進的醫院騎士，顯然都已經撤退到城內巷弄的路障之後，但即便退到此處，他還是「被射穿路障的一支長槍擊中而差點一命嗚呼」。在詛咒之塔附近某處，守軍承受了又一次心理上的打擊，而事發之際可能正好有泰爾的聖殿騎士在現場目擊：

此地發生了一宗重大的慘劇，一件讓撒拉森人入城更加肆無忌憚，也讓我們士氣飽受摧殘的悲劇。當時的情況是有支標槍瞄準了正好把左手舉起來的聖殿騎士團團長。他手中沒有盾牌，只有右手握著一支矛，而標槍就這樣擊中了他的胳肢窩下方，槍柄陷入了他的身體有一個手掌的深度，原來剛好兩片甲冑有個沒有接合的空隙。他此時所穿並非平日的重裝盔甲，而是方便緊急狀況下要奔赴戰場時的輕甲。

意會到自己遭受致命一擊後，他轉身要走，而在場有些人以為他是要自救。他的司旗手看到團長轉身，也追隨在團長身後，然後他所有的團員就都跟著走了。就在他這麼做的時候，足足有二十名來自（義大利）斯波萊托山谷（Valley of Spoleto）的十字軍以為自己看到了他臨陣脫逃，於是便大叫：「喔，大人，看在上帝的份上，別走！否則這座城市就真的萬劫不復了！」而他對此則回覆以在場所有人都能聽到的音量：「諸位大人，我已經無能為力了，因為我命將休矣，你們看我傷的！」

然後我們就看到了插在他身上的標槍。話聲剛落，手中的矛就掉在了地上，頭垂了下來，人也開始要滑落到馬下。他的家臣從馬上跳下扶住了他，將他從馬背上攙扶下來，放到一張他們發現被棄置在地上的大型盾牌上。

從泰爾的聖殿騎士的描述中，我們得知他們似乎是從內外城牆間將博熱扛離現場。（團員）意圖從聖安東尼門進入阿卡城，但他們發現城門是關上的。他們於是穿越壕溝上的橋來到（內城牆上的）一個小門，進入了安條克瑪利亞夫人（Lady Maria of Antioch）的公館……他的家臣在那裡替他卸除了盔甲，切開了他肩膀上的甲片，但此外他們也無法再多做什麼，因為他的傷實在太嚴重了。他們為墊肩（肩膀護具）仍在身上的團長蓋上了毯子，將他扛到了海邊位於動物屠宰場跟泰爾領主府邸之間的海灘上。

他們意圖要用船載走他。馬穆魯克人的破城之勢如今已不可擋，主要是在狹小的空間裡，他們的持盾戰法形成了一堵沒有漏洞的牆。「撒拉森人會暫停一下，舉起盾牌往前移動一點，而後一遇到守軍衝上來，他們就會立刻停下腳步把一面面盾牌鎖住。一整天下來他們無時無刻不在丟擲希臘火跟標槍。這樣的對峙一直持續到上午。」他們會把想丟他們石頭的人從屋頂上拉下來，然後持續推進。

在博熱負傷被扛走後的某個點上，聖安東尼門的防務開始鬆動瓦解。馬穆魯克人成功縱火於門對外的那一面，而在門塔上的守軍則繼續以石頭跟箭矢往下射擊，只是這樣的防守實在難以長久。「最終，」按照基督教史官的說法，「城門垮掉了，多到讓人窒息的異教徒穿過拱廊下，持槍駕馬衝了進來，把基督徒撞得東倒西歪。」

再無阻礙的馬穆魯克人開始攀牆的攀牆、破門的破門，原本的見縫插針，變成了滔滔洪流漫進阿卡城。「消息傳開了，加上大家看到聖殿騎士團團長被扛到海邊，所有人都開始擅離職守各自逃命。至於同一時間的撒拉森人……則勢如破竹地通過了詛咒之塔，取道聖羅曼諾努斯教堂，然後焚毀了比薩人的巨型拋石機。」

*

對於受了傷的約翰·德·維利爾個人而言，處境自然是極端危急：

四面八方的撒拉森人從沿著現今已然千瘡百孔的城牆，走陸路或水路（沿著海岸）進了城，流竄於大街小巷，直到被我們的路障堵住去向……我跟我們死傷慘重的弟兄們，一直與敵人奮戰直到最後一刻，而由於我們當中有些人已經奄奄一息不支倒地，在敵人面前毫無還手之力，於是副手與僕役們便跑來把只剩一口氣的我們跟其他弟兄扛離現場，為此他們甘冒非死即傷的風險。

醫院騎士團遭到擊退，維利爾被用擔架抬送到港邊。克雷芒還在與其他被困在城內迷宮中的小隊人馬一起設法斷後。至於其他地方則已都看不見有組織的抵抗，守軍早已紛紛逃亡。

在一部分馬穆魯克人快速進入城中心的同時，也有一批人在猛攻通往港區的城門與城牆。聖尼古拉門被從內部拉開。「他們沿筆直的街，長驅直入到條頓騎士團的修院，並持劍沿路逢人就殺。」在他們設立於聖尼古拉教堂不遠處的收容所，條頓騎士被徹底殲滅；而在附近的聖萊諾教堂（St Leonard's），來自英格蘭的聖托馬斯騎士遭到輾壓。

就在其隨從嘗試要讓重傷的博熱走波濤洶湧的海路撤走時，有人驚呼附近由格朗松跟格萊伊把守的宗主教之門陷落了，而這就代表港區屏障盡失，隨時都會成為被攻擊的對象。博熱的隨從與僕役顯得驚惶失措：「有些他的家臣縱身往海中一跳，想要攀上停在港中的兩艘三桅帆船。會就只有這兩艘船，是因為海象實在太過狂暴，巨大的浪高讓大部分的船隻根本應付不了，事實上很多人都因為船翻了而落海淪為波臣。」事已至此，眾人只能各自求生。

由於情勢急轉直下，想把博熱循海路撤走的計畫也就此作罷。驚懼中顧不了太多的「其他家臣在旁人的協助下，把博熱送回到了聖殿騎士團的城堡，而城堡也接納了他——不是走聖殿騎士不想打開的正門，而是經由一處堆肥用的庭院。」

放眼所及，阿卡城內盡是拔腿奔逃的人群，四起的火焰持續延燒到市中心：「撒拉森人見著拋石機或木製路障就燒，阿卡的土地上由此照亮著熊熊的火光。」在零星的地方仍有人繼續抵抗。有人英勇地戰鬥到最後一刻，唯這些人是會獲得褒揚還是遭到撻伐，端視記錄者是站在法蘭克還是撒拉森的視角。

在聖殿騎士城堡的範圍內，撐著一口氣的博熱聽著遠方的戰鬥聲在耳中慢慢消逝如煙，為此身邊的人對他說了白色的謊言：

他那日撐了一整天，但完全沒開口，事實上從他被人攙扶下馬之後，就幾乎沒說過隻字片語。唯一的例外是當他聽到被屠戮的眾人四處逃命的喧囂，他開口問了聖殿城堡裡的人們那是什麼，而旁人只告訴他那是大家在作戰發出的聲音，然後他就讓旁人不要打擾他了。講出那最後一句話後，他就把靈魂交託給了上帝。他被葬在他的禮拜堂前、聖殿騎士唱彌撒的講經台邊。而神也接納了他。話說他的死，真是不可承受之重！

聖殿作為一個安全的要塞，已經成了尋求庇護者的聚集點。「那兒有聖殿騎士的將軍皮耶·德·賽福瑞，有一些聖殿騎士的弟兄，包括有些弟兄因傷倒在地上。此外就是俗家的騎士、女性、自由民，還有許許多多的阿卡百姓。」

但即便戰局糜爛至此，後防的作戰仍得有人去打。在面對馬穆魯克人的凶狠進逼而撤退到聖殿的守軍當中，包含了醫院騎士團將軍馬提厄·德·克雷芒。他看著已嚥下最後一口氣的博熱躺在地上，決心要不成功便成仁地最後一次力挽狂瀾，於是他「回到了戰鬥中，並在身邊召集了他所有的弟兄，因為他不會拋棄當中的任何一人，另外聖殿騎士也有幾人加入了他們。他們一行人來到熱那亞人勢力範圍中的一處上頭完全沒蓋屋子的廣場，馬提厄便在那裡衝入了戰鬥。」在這個封閉的狹小空間中，騎在戰駒上的克雷芒戰到筋疲力竭，連人帶馬一動不動，那英勇壯烈的一幕也在後來獲得了許多人可能有點加油添醋的歌頌：「他的戰馬已經筋疲力竭到再也無法衝鋒，牠對馬刺失去了反應，只是直挺挺地站在街道中央，像是腳下生了根似地被矛射中而向前倒下。而戰馬既倒，他也被一根根長矛刺穿，基督的忠勇戰士就這樣把靈魂繳回到他的造物者手中。」

場景拉到海岸邊，馬穆魯克人已經成功撬開了延伸進海裡的帶刺格狀鐵圍籬，那東西放在那裡，原本的用意就是要預防有人沿海岸線入城。突破此一障礙後，馬穆魯克人便策馬長驅直入，從後方將殘餘的守軍團團圍住：

然後為數眾多的撒拉森人騎馬進了城。約翰·德·格萊伊爵士偕奧托·德·格朗松爵士與效忠法王的人員發起了頑強的抵抗，而結果便是大量的死傷。唯格萊伊與格朗松爵士還是不敵來自撒拉森的壓力，開始撤退以求自保，其中格萊伊爵士已經有傷在身。亨利身兼耶路撒冷與賽普勒斯的國王，在看到這片慘狀之後找上了醫院騎士團團長，而很顯然在明白再行用計或用兵都無力回天後，他們為了自救而搭上槳帆船。

維利爾多半是真的搭上了這些船，走了。日後在阿卡淪陷後的相互指責中，史官會在安全無虞的修道院與圖書館裡參考目擊者的口述，擬定出了他們自行認定的功勞簿與戰犯名單，上頭記錄著誰捨命出戰、誰又惜命畏戰，並根據國族與宗教的效忠對象不同而對其口誅筆伐或大加褒揚。唯那都是後話，人不為己天誅地滅才是現場的實況。

第十三章

慘烈的一日

一二九一年五月十八日中午至五月二十八日

圖30　伊斯蘭的騎兵與身披盔甲的戰馬。

「你要知道，那天慘不忍睹。」泰爾的聖殿騎士在痛苦中回憶說。一座選擇不投降的城池，不會得到任何憐憫。如今隨著蘇丹大軍深入到阿卡的核心且砲火繼續襲擊，所有有組織的反抗都難以為繼。穿過狹窄巷弄朝港區集合成了阿卡城內的全民運動：「仕女、自由民與尚未出閣的閨女，加上其他中下階層民眾，紛紛開始在街上死命狂奔。他們手裡牽著、懷裡揣著孩子，臉頰上掛著絕望的眼淚，然後跑到水手的面前哀求不要見死不救。」維利爾筆下的低階醫院騎士逃起命來，也不會比一般民眾有秩序多少。「我們的副官、我們的義勇兵、我們僱來的傭兵等人，都陷入了徹底的絕望，並開始朝著船的方向飛奔，丟盔棄甲說的就是他們。」

船隻數量之於想走之人可謂僧多粥少，且海上起伏著由風勢助長的惡水，阿卡港先天不足之處更讓井然有序的逃亡變成幻夢一場。此時岸邊有在威尼斯人名下的若干帆船與槳帆貨船，外加屬於教宗跟賽普勒斯國王的六艘槳帆船。碰巧，兩艘熱那亞籍槳帆船在安德烈．皮洛（Andrea Peleau）的指揮下，於此時駛抵要進行貿易，而一反熱那亞人平日的名聲，這些船「做了很多好事，因為眾所周知，他們從岸邊救了很多人，把他們安置在帆船與其他船隻上。」這是困難而危險的作業，主要是天候欠佳，因此他們必須把接駁的槳艇拋到顛簸的海面上。聖殿騎士與醫院騎士似乎並沒有為了可能的疏散而未雨綢繆，唯聖殿騎士在岸外停泊了一艘極大的帆船——獵鷹號（The Falco），據說「在當時的大小無人能出其右」，且多半能夠容納至少一千五百人搭乘。指揮獵鷹號的是羅傑・德・佛洛爾（Roger de Flor），而他固然身為修會的成員，其身邊卻縈繞著他擔任傭兵或從事海盜行為等充滿爭議的傳言。

能夠乘船從烽火與屠戮中脫身的，主要都是有錢有勢、有頭有臉之人。亨利國王與阿馬里克、負傷的維利爾、格萊伊、格朗松，還有他們身邊的人，盡皆登上了船，航向了賽普勒斯。羅傑・德・佛洛爾用獵鷹號「帶走了貴婦與千金大小姐，也帶走了金銀財寶跟各界要員。」很多這些細軟都似乎進了他的口袋，而這也讓他後來遭控發了筆國難財：他勒索了這些非富即貴的仕女，要苦苦哀求他救命的她們把值錢的東西都拿出來，至於窮人則被他拒於千里之外，只能在燃燒的阿卡城中三聲無奈。尖銳的批判，也同樣落在了許多用錢買命的達官顯要身上。就只有熱那亞的槳帆船長因為來者不拒地把沒錢的城民接駁到帆船上活命，獲得了一致好評，只不過天候畢竟惡劣，船隻也畢竟有限，所以逃出來的還是只有全城人口的一小部分。

海邊的景象變得愈來愈瘋狂：富人衝到碼頭獻寶求上船，窮人帶孩子在岸邊磕頭求上船。太多人想要被接駁到暗潮洶湧的港外商船上，以至於現場一片混亂，包括有人為了漁

圖31　逃命時落水的冤魂，出自講述阿卡圍城戰的手抄本。

船或小艇上的位子大打出手，而有些船則因為太多人擠上去，在一波波湧浪中直接翻覆。有些人想靠泳技游上船，有些人則在留下來被姦殺或跳入海裡溺斃之間選擇了後者，如緊抱嬰孩在胸脯上的婦女就是這樣一步步涉水走向生命的終點。此時的海面已被遇難者的鮮血染紅，被迫留下來的人也得面對苦果。

關於阿卡城破被屠

的敘述，存在於一系列由恐怖與自我犧牲交織出的雜亂描寫。而當中有一樣悲慘程度不遜於任何其他元素的東西，叫做現場的背景音：「男女老幼的淒厲哀號聲，他們連逃都沒機會逃——有些人吃飯吃到一半，有些人在廣場、街道、房舍或城市的一隅被堵到無路可走。」社會秩序蕩然無存。很多狀況下人都只能自求多福；史官的用詞，讓讀過聖經某些段落的人感覺似曾相識：「惻隱之心的良能斷了線。父親顧不上兒子、兄長管不了幼弟、丈夫拋下了妻子。哪怕是稍微伸出手就可以助鄰人一臂之力，也沒有人願意。」

四目所及，映入眼簾的盡是恐怖與錯亂。祝融肆虐著家家戶戶、呼聲迴盪在街頭巷尾，「無主的馬兒被四面八方的狂暴噪音、嘈雜聲與嘶吼聲嚇得失魂落魄，宛若無頭蒼蠅在廣場上下飛奔，一雙瞪大了的眼睛在前後左右瘋狂尋覓，就希望能瞥見任何一點主人的身影，唯牠們最後往往會被用轡繩套住頸子，由敵人捕獲領走。」為了逃跑而湧向港邊的人潮，多到使人窒息。泰爾的聖殿騎士回憶說：「小小孩被馬撞倒踐踏搞得肚破腸流，看了讓人心有不忍；世上無論如何也不會有人鐵石心腸到不會目睹這場屠殺而不潸然淚下；我確信見證此事的基督徒全體都哭了。即便是撒拉森人，如我們後來發現，也覺得這些孩子很可憐而掉下眼淚。」在這殘殺的嘉年華當中，部分穆斯林也有感於孩子的命運多舛而熱淚盈眶，但由於城內有組織的抵抗幾已畫下句點，這一天的注腳也只能是燒殺擄掠。入侵者挨家挨戶掃蕩守軍並加以殺害。「奴隸、烏合之眾與暴民開始打家劫舍。」女人與小孩成了戰利品，其下場不是被套上鎖鏈拖離，就是被禽獸不如地蹂躪。勝利者之間甚至會為了搶奪俘虜而上演全武行：

當撒拉森人堵到他們時，其中一人抓住了母親，另外一人則抓住了孩子。各自被人當成戰利品一路帶著走，也代表著母子分離。甚至有一例是兩名同為撒拉森人者彼此脣槍舌戰，為的就是一個阿卡女人，而這女子最終也命喪這兩人手中。在另外一例中，有名女性被人擄走，而原本趴在她胸前的嬰兒則被甩到地上在前，被眾馬踏過在後，由此這孩子自然是有死無活。有些身懷六甲的婦女被困在洶湧的人潮窒息而亡，一屍兩命。有些案例是女子的丈夫或孩子因病或受箭傷而躺在家中，結果這些女人竟為了逃命而拋夫棄子，任由撒拉森人奪走她們丈夫與孩子的性命。

趁火打劫的行為在撒拉森人之間可以說是十分熱切外加別開生面。儘管城內的財富已經在圍城之前就運走了不少，伊斯蘭資料來源仍記錄下除了人員的俘虜之外，他們在無生命的戰利品上也大有斬獲：「各種寶物、價值難以估量而鑲嵌有黃金與珍珠的水晶容器，另外也有裝東西的銀器與金皿」，以及數量可觀的威尼斯貨幣與一錠錠的金條。在為了贓物而你爭我奪的過程中，許多美麗的藝術品遭到砸毀，只因為撒拉森人貪圖的只是當中的原料，而為發財而殺紅眼的穆斯林之間甚至會相互殘殺。唯戰利品中的最大獎，落到了懂生意經又有行動力的穆斯林手上：「若干平民百姓從奴隸、駱駝騎士、烏合之眾、部隊與部隊追隨者手中買下了帶回的戰利品，然後藉此發了筆橫財。」

*

隨著城牆遭到棄守，蘇丹大軍開始在愈來愈多點上有所突破，裡頭全都是等不及要在戰利品上分一杯羹的撒拉森官兵。當聖殿騎士與醫院騎士轉移陣地想奪回詛咒之塔時，蒙特穆薩德的防務便呈現空虛，而駐於右翼的哈瑪軍也就趁虛而入，全殲了獨木難撐大局的聖拉撒路騎士團。

教堂與修道院是來犯者的眼中釘，而這一方面是因為當中的財富遭到覬覦，一方面是因為它們吸收了穆斯林對基督徒的恨意，由此殉教的烈士故事會一個個獲得傳誦。道明會的修院在城防崩潰後，有三十位修士拒絕撤走，最後他們就與一大群加入他們的修士同志在念彌撒的聲中赴義，據說只有七位道明會士活了下來，而方濟各會則只活下來五個。同樣地，道明會的修女也據報在教堂裡唱著詩歌而遭到屠殺。其他難以考證的捨身成仁之舉也各有其不同的版本在坊間流傳。

某些角落仍有人在負隅頑抗，包括各十字軍群體仍不肯棄械投降：「徹底被困在城內廣場上與角落裡的他們持續進行著武裝抵抗，誓言要把入城的敵人趕出去……出身軍事修會的戰士與信仰堅定的平民不分階級貴賤，就這樣不眠不休地奮戰了兩天，而他們的人數也在此間不斷削減，主要是沉重的盔甲讓他們疲累，飢渴與壓力也讓他們的力量消退，直到他們秉持基督之名死到一個不剩。」他們最終都獲頒了烈士的身分。

尼古拉・德・阿納普以身作則地遵循了在自己所寫的《取自聖經的行事範例》中，生死存亡時該如何表現的教誨。決意要戰到最後一兵一卒然後捨身取義的他，最後是被人強架到港邊，但期間他仍不斷地大聲抗議：「我太氣你了，竟然違逆我的意願將我拖走，讓我拋下了我所看顧、有被屠殺危險的羊群。」他被渡船接駁到一艘威尼斯的商船上，但老天注定他不會活下來。關於阿納普之死眾說紛紜，有人強調他的精神聖潔，也有人反差極大地凸顯他的行為卑劣。他有可能是心懷教眾到最後一刻的慈愛教長，否則也不會由著太多難民爬上船而導致船隻翻覆，讓自己溺斃在海裡；他也有可能像在泰爾的聖殿騎士的描述裡：「被一名水手抓住了手，但他沒抓牢而掉進了海中溺斃。阿納普是真的手滑抓不住，還是因為被水手看到他帶了金銀財寶上船而故意鬆手，後世不得而知，但不論如何，這位好人是溺死的沒錯。」話說阿納普會在這個節骨眼在意身外之物的安危，聽著有點匪夷所思。

＊

許多被困在城市迷宮中的人因為到不了港邊，所以只好前往城內的各要塞求援，諸如聖殿騎士的城堡、醫院騎士跟條頓騎士團的據點、威尼斯人與比薩人區域的堡塔，甚至可能包括王家城堡。倖存者擠爆了巍然矗立在岸邊的聖殿城堡，而被困在此處的他們只能眼巴巴地望著海上的船隻把人救走離去：「當所有的船隻都揚起風帆，聖殿裡的大家發出了眾口一聲的巨大哀嘆，目送著船朝賽普勒斯離開。此時還在聖殿裡的男男女女不論多麼無奈，也只能默默接受命運對他們的安排。」

接下來的發展就是這些要塞一個個要麼被攻下、要麼主動投降。位於城中心的醫院騎士團在五月二十日接受特赦條件投降，而做出同樣抉擇的除了條頓騎士總部，恐怕也包括王家城堡。倖存者的命運並無定論；有些貴族成員被留了活口好做為日後的肉票使用，但阿布・菲達提出的見解則是集體斬首：「蘇丹下達了命令，於是他們就自阿卡城各隅被一個個砍頭，直到一個都不剩為止。」這讓很多人想起了理查國王在一世紀前對穆斯林將士的處置。

但聖殿騎士的城堡撐了下來。對此泰爾的聖殿騎士留下了詳細的描述，讓人可以想像該城堡範圍內的扎實與強大：

大部分的人（男女與兒童）都前來聖殿騎士的碉堡尋求庇護。那兒聚集了不下萬人，只因為聖殿是整座城裡最堅強的地方，就像城堡一樣坐落在海邊一塊寬敞的基地上。其入口處可見一座強悍的塔樓，其外牆足足有二十三英尺厚，且塔樓的各個角落都配有一個砲塔，每個砲塔上都聳立著舉起利爪的雄獅塑像，大小與驢子相當。這四頭獅子包含其鍍金與工藝，共耗資一千五百枚撒拉森。[1]那一幕頗為雄壯威武。在園區的另外一隅靠近比薩街區的角落，有另外一座塔，而鄰近這座塔在聖安妮街之上是一座極盡精美之能事的宮殿，而那也就是團長的官邸……聖殿的園區還有另外一座可以虎視海洋的百年塔樓出自薩拉丁之手。這座塔緊鄰著海，以至於浪頭會拍打在塔身上。聖殿內部還有其他頗有可觀之處的建築，我在這裡就不多提了。

聖殿城堡強大的防禦力與臨海的優越位置，確保了它不致於被包圍，想拿下它只能使盡吃奶的力氣攻堅。入內尋求庇護的人數或許有點誇大，但無論如何說，這座城堡確實是一個可以收容很多人的大型地標。唯聖殿固然強大，但倖存者的處境依舊令人絕望。聖殿畢竟是身處於無險可守的岩岸邊，除非敵方願意保證通行安全，否則聖殿本身絕不可能進行大規模的撤退。博熱死後，修會倉促選出了希奧博德．戈丹（Theobald Gaudin）來繼任。而在他的領導下，聖殿騎士團將軍皮耶．德．賽福瑞在五月二十日開始嘗試進行特赦的折衝工作，而蘇丹也准了。由此他們將獲得安全通行的權利，並可以在卸除武裝且每人只帶一件衣服的條件下，從港邊登船前往賽普勒斯。基督徒接受了這些條件，並得到了一面白旗。撤退啟動時，這面白旗將升起來在城牆上來作為沒有敵意的保證，而四百名馬穆魯克騎兵則在埃米爾薩伊夫丁．阿克布嘎．曼蘇里（Sayf al-Din Aqbugha al-Mansuri）的率領下進入園區來監督人員疏散。特赦講求的是雙方的互信，而誰也沒想到後來會發生那麼

1 最初的 bezants（拜占庭金幣）是指由拜占庭帝國發行的金幣，但從十一世紀起，這個詞也被用來指來自東方伊斯蘭政權製作的金第納爾幣，至於由十字軍政權在耶路撒冷王國與的黎波里鑄造的金幣則被稱為「撒拉森拜占庭金幣」，因為它們同樣是以撒拉森人的金第納爾做為為製作藍本。

可怕的事情。

事情的起源是前往監督的部隊禁不起現場婦孺的誘惑，而率隊的埃米爾又控住不住場面，結果就出了亂子。「這些軍人看到現場一大堆人，就忍不住想抓幾個有姿色的過來洩欲。對此基督徒感覺士可忍孰不可忍，於是就攻擊了撒拉森人。基督徒殺了撒拉森人不說，還砍下了他們的頭，甚至也不想讓他們任何一個人活著逃走。」大門被關了起來，撒拉森人的屍體被拋出牆外。「之後基督徒就決心要捍衛自己的肉身到死。」他們毀掉了作為和談信物的白旗，將之扔出塔外。

唯事實上，困在聖殿城堡範圍內的穆斯林並沒有被趕盡殺絕。有一位無名的士兵對於這是誰的錯提供了一款不同的記述，而且重點是他有命活下來訴說：

蘇丹同意了特赦是經過下述的特使——埃米爾薩伊夫丁·巴克塔穆·西拉達、埃利克·法里西·哈吉布（宰相）、在此塔內殉難的埃米爾薩伊夫丁·阿克布嘎·曼蘇里，還有負責對法蘭克人宣誓後提供安全通道讓他們疏散的伊本·卡迪·塔吉丁·伊本·拉沁。但儼然是暴民的群眾朝特使團撲了上來，殺死了其中一人（薩伊夫丁·阿克布嘎·曼蘇里）。之後法蘭克人就關上了大門，驅逐了穆斯林。亂局一爆發，另外三名埃米爾就趕緊離開而保住一命。我連同一名叫做卡拉布嘎．舒克里的同伴也在前往聖殿城堡的行列中，而當大門一關，我們便與許多人一同困於其中。法蘭克人殺了許多人，然後來到了包含我跟同伴等一小群人在躲避的地方。我們反抗了一個小時，結果含我同伴在內的大部分人都死於他們之手。但我跟一群大約十個人逃脫了。在寡不敵眾下，我們縱身跳入海。結果有些人沒能活下來，有些人跛了，還有些幸運兒逃過一劫。

雙方都把握了機會來指控對方失信，基督徒被控不僅屠殺了代表團，而且還惡意挑斷了馬匹跟騾子的腳筋。唯整體而言，穆斯林的資料來源也沒否認和談之所以破裂，是因為去經手疏散事宜的人，「搶掠財物並非禮聖殿騎士的孩子與家眷」。

在特赦搞砸後，雙方出現了僵局。泰爾的聖殿騎士陳述說：「蘇丹為此事怒不可遏，但並沒有將情緒表現在臉上。相反地他再次派人前去表示說是自己的人犯蠢，而這所引發的眾怒確實就是穆斯林被屠殺的主因。蘇丹表示他對基督徒沒有惡意，還說他們可以安全離去，請他們相信他的話語。」穆斯林的資料來源陳述說雖然發生了前一天的慘劇，但基督徒還是再度提出了特赦的要求，因為他們很清楚自己只有這麼一條生路。

在某個點上，一艘小船成功來到了城堡的海堤邊，聖殿騎士的將軍說服了新任的團長戈丹帶著修會的錢財與少數幾名非戰鬥人員突圍。戈丹並不情願拋下城堡令其自生自滅。「他認為自己身為騎士團團長的地位正遭受攻擊，由此他實在不該新官一上任就丟下城堡離去。他徵詢了弟兄們的意見，並在他們的認可下留下從賽普勒斯發兵來援的承諾，航向了賽普勒斯。」其實離開阿卡後，他先行來到了北方沿岸的西頓，那裡也有聖殿騎士的城堡。這有可能是由泰爾的聖殿騎士親眼目睹的最後一則事件紀錄。這位生動記錄下阿卡末日的史官，很顯然對修會具有一定的價值，因此也多半跟著戈丹一起航向了安全之地，而他攜於身上的故事也述說了阿卡城的命運。

＊

關於阿卡的最後立足地眾說紛紜。蘇丹先是再次提出了相同的特赦條件，然後五月二十一日，皮耶・德・賽福瑞帶著若干名騎士出堡討論投降事宜，結果立馬被五花大綁，還在眾目睽睽下被想替埃米爾報仇的蘇丹斬首於城堡前。穆斯林的資料來源描述當時他身邊有眾多騎士跟非戰鬥人員隨行，留在堡內的都是傷者。而當賽福瑞一群人浩浩蕩蕩出了城堡，「逾兩千人的他們就被砍了頭，婦孺則淪為俘虜」。唯比較有可能的狀況是賽福瑞只帶著一小隊人，要在最終疏散前與蘇丹重新議約。

不論真相為何，哈利勒「一把將軍跟聖殿騎士抓起來後，就砍掉了騎士團弟兄一干人等的所有腦袋。病到什麼忙也幫不上，所以還留在塔內的騎士團弟兄一聽聞將軍等人遭到處決，便決意要堅守到底。」他們多丟了五名穆斯林俘虜到堡外，然後準備孤注一擲，與來犯者進行最後的攻防戰。雖說守軍的人數又再大幅減少，但要對堅若磐石的聖殿城堡進行攻堅仍是蘇丹的一大挑戰。他派了地道工去設法把外牆弄倒。而隨著城牆應聲而倒，守軍也被迫撤退到園區內最後的一座塔樓。時間來到五月二十八日，這最後一座塔樓也前後左右都是埋設了支架的地道，就差地下放一把火，樓就要塌了。眼看繼續抵抗意義不大，倖存者只能投降被抓，其中男性多數被斬首，僅有少數有勒贖價值的被蘇丹留了活口。婦孺照例被抓去當奴隸。

日耳曼埃爾富特（Erfurt）聖彼得修道院的史冊，提出了一個撰於事發數月之後，內容迥異的版本：「但當逃到那裡的聖殿騎士等人意識到他們已經彈盡援絕，也不可能等到救兵後，他們決定與其愁眉苦臉，不如苦中作樂迎向自己的死期。經過虔誠的禱告跟告解之後，他們把靈魂交託給了耶穌基督，然後勉力衝向在外頭的撒拉森人，不少敵人也確實被他們撲倒。但最終他們還是寡不敵眾盡數死在撒拉森人手中。」

而這也為劇力萬鈞的大結局揭開了序幕。在穆斯林方的描述中：「當法蘭克人都走了出來而大部分的內容物也都被清空之後，塔樓就倒塌在一群看熱鬧與趁火打劫者的身上，讓這些人無一生還。」泰爾的聖殿騎士取得了一個事件的版本可以解讀為當「塔內的人投降之後，太多撒拉森人朝塔的內部一擁而上，以至於（塔底地道的）支架支撐不住，塔身崩塌導致塔內的聖殿弟兄跟撒拉森人全數罹難。此外，當塔樓倒塌時，土石瓦礫傾瀉到了街道上，壓扁了逾兩千名突厥騎士。」唯這不可能是泰爾的聖殿騎士親眼目睹。不論真實的細節為何，聖殿騎士這座地標城堡的垂死掙扎都具有極強烈的象徵意義，就好像那倒塌的不只是一座城堡或一座塔樓，而更是基督教勢力在這塊耶穌降生與犧牲的土地上，前後長達兩百年的冒險也一起應聲倒地。

第十四章

萬事休矣

圖32　挖掘某座塔時出土的陶器破片。

不久之後，一封耀武揚威加上語帶威脅的信件，寄到了基督教的奇里乞亞亞美尼亞的海屯國王手中：

我們的蘇丹哈利勒・阿什拉夫聖王，睿智、正直、健壯而強大……他為被壓迫者與被踐踏者伸張了正義，也是王國的建立者，阿拉比亞、突厥與波斯的蘇丹、法蘭克人、亞美尼亞人與蒙古人軍隊的征服者……這樣的他致函給尊榮而有智慧的海屯，英勇如雄獅的基督民族一員……

我們想告知你們的是我們已征服了阿卡城、真十字架[1]的所在地。我們只短短圍了沒幾天的城，因為他們的官兵即便竭盡各種資源，也無力守住阿卡城，他們的大軍就這樣被我們用圍城戰拿了下來。我們時而接戰、時而包圍他們。他們當中雖然有為數眾多的貴族與騎士，但仍因死傷慘重而難以招架我們的攻勢。曾經在整整一個小時裡，他們全數被俘而遭到橫掃。我們用閃閃發光的劍刃解決掉了醫院騎士與聖殿騎士這些阿卡城與城內法蘭克人的背叛者……他們沒能逃脫毀滅的命運，就跟條頓騎士一樣。我們將他們的教堂夷為平地，而他們也在講經台前遭到屠戮，甚至連宗主教本人都被送回了老家。而您可以看到大量的財寶進了我們的人馬之手……女子多到以一個人只賣一枚德拉克瑪[2]。然後您可以看到阿卡城的一座座塔樓被剷平變成一片荒地……

而您應該當我們的來信就是證據，相信死者的屍體已經被我們的攻城機具擊倒後燒成灰燼。曾經統治阿卡軍民的騎士與諸侯已被上了枷鎖、被綁縛，而成了階下囚。而您，喔國王陛下，若您能明察阿卡城的下場，您就能明哲保身。否則您將會泣出血淚，就跟阿卡城的人一樣……睿智如您若能從阿卡城的身上學到教訓，就應該親率王公貴族外加兩年份的進貢來到我們的高聳門前，這才是把自身跟王國安全當一回事的王者所當為，而不要妄想逃離我們的手掌心。在阿卡的毀滅後，您可以確信不會有東西可以逃過我的追擊。我建議您三思而後行，免得您落入相同的陷阱。

拜巴爾的雄獅，也曾經這樣用利爪逗著老鼠玩耍。

❈

1 真十字架（True Cross），釘死耶穌的十字架真跡。
2 德拉克瑪（drachma），中世紀通用的小額硬幣。

這算是先給海屯一個警告。之後沒多久他就又收到一封信也是類似的脈絡，這次信中昭告的是泰爾城的毀滅。泰爾對十字軍與他們的敵人都有不凡的意義。一個世紀前，這裡曾象徵著薩拉丁一生中可能最嚴重的戰略誤判。在摧枯拉朽於哈丁之役得勝後，他選擇了跳過泰爾，任其成為十字軍在海岸邊的據點，而也就是因為有了這個根據地，十字軍後來才得以蠶食鯨吞收復了土地，並在聖地一待就是又一個百年。哈利勒決意不要重蹈覆轍。他著手掃平基督教在巴勒斯坦與黎巴嫩沿岸的所有殘餘據點。五月十八日，泰爾單薄的兵力可以從二十五英里外看到在南方的地平線上，浴火的阿卡城所冒出的煙。隔天一支軍隊出現在他們的城牆前。泰爾的防務算是牢靠，無奈兵力實在太少；守軍於是不戰而降，乘船回到了賽普勒斯。接著輪到的就是在更北邊的西頓，如今由帶著修會財富來此的希奧博德·戈丹所統領的聖殿騎士。埃米爾舒翟帶著大軍出現，聖殿騎士於是撤退到岸邊的一座島上。他們英勇地抵抗，但等馬穆魯克人開始修築堤道後，他們便也揚帆朝賽普勒斯而去。就這樣，沿海的十字軍如骨牌般一一失守：貝魯特、海法、屬於聖殿騎士並撐到七月三十日朝聖堡、撐到八月三日的托爾托薩（Tortosa），無一倖免。時間來到八月，基督教王國在聖地僅存的據點是聖殿騎士團所占據的一座小島，托爾托薩外海兩英里處的魯阿德島（Ruad）。

哈利勒發狠了起來。城堡被剷平，港口設備被搗毀，肥沃的海岸平原遭到蹂躪，果園被縱火或連根拔起，磨坊與灌溉系統遭到毀棄。可以供十字軍東山再起的灘頭堡，一個都沒有留下，其中阿卡更是被毀滅得格外徹底。城內絕大部分區域都遭到烈焰焚身，城牆任其頹圮倒塌。「神甚欣喜！」卡迪[3]阿布・提納（Abu al-Tina）寫道，「在阿卡城牆倒塌之後，（隔海相望的）異教徒將再也無處可以在我們的海岸線上見縫插針。」

兩造都了解這一連串事件所代表的深意，主要是這次的攻勢遍及整片聖地。「由此，」泰爾的聖殿騎士寫道，「各位恐怕已然得知，敘利亞已經盡皆淪陷，撒拉森人攻占並摧毀了一切……這一次萬事休矣，基督徒在敘利亞已連一片棕櫚葉大小的立足之地都不再擁有。」伊斯蘭陣營對此也心裡也數。「多虧有您，」歷史學者伊本・富拉特（Ibn al-Furat）後來在筆下這麼讚揚哈利勒，「非信者再無殘餘的城鎮可以另起爐灶，基督教信仰再無希望可以懷抱。」蘇丹被捧成「這個世界與宗教的誠實典範……十字架的壓抑者，海岸沼澤的征服者，阿拔斯國家的復興者。」

死亡人數無以估計。以阿卡城內的軍民而言，重複出現在基督教資料來源中的死亡人

3 卡迪（qadi），法官之意。

數在三萬人之譜，但這恐怕遭到了嚴重誇大，因為許多婦孺其實是被迫為奴：「一個人只賣一枚德拉克瑪」的說法應該是伊斯蘭征服者的比喻，但這也確實反映出俘虜之多。道明會修士李柯爾多・德・蒙提・克羅切（Ricoldo de Monte Croce）在旅行到中東時，曾聽說有修女被納入埃米爾與哈利勒麾下軍官的後宮，而軍事修會的成員肯定有人被俘虜而活下來，包括一部分人被用贖金贖了回來，一部分沒有勒贖價值的則淪為奴隸。「我看到老人，」他寫道，「少女、兒童跟嬰兒，一個個消瘦、蒼白而虛弱地懇求人施捨麵包，他們寧可成為撒拉森的奴隸也不想活活餓死。」

圖33　在由柯尼里厄斯・德・布魯伊金（Cornelius de Bruijn）繪製的這幅圖中，聖安德魯教堂的牆壁一直屹立到十七世紀，未受到阿卡城被哈利勒所毀的影響。

不在少數的倖存者皈依了伊斯蘭教。一位名叫皮耶的騎士就被提及曾在一三二三年時為馬穆魯克人的蘇丹效命。僅有關於穆斯林傷亡的數字紀錄小得出奇：七名埃米爾、六名其他的指揮官，還有八十三名正規軍，唯用這些數據去算，軍官陣亡比例有點高得不像話，正規軍的傷亡則低得十分異常，畢竟像攻堅城牆一定會讓正規軍與龐大的志願軍傷亡慘重，只是到底有多慘重我們也無從猜想。

勝利者沒怎麼因為最終的屠城而內心過意不去。百年前發生的事情對他們而言記憶猶新，而這種各人造業各人擔的想法也反映在穆斯林寫手的筆下。「在我看來，」阿拉伯史官于尼尼（al-Yunini）寫道，「他們當年在從烈士蘇丹薩拉丁手中征服阿卡城的時候，就已經種下了這業報的果。他們前一手答應給予穆斯林居民特赦，後一腳卻在得勝後背叛了這些居民，殺死了除卻幾名高階埃米爾以外的所有人。這些人換得了高昂的贖金，一名埃米爾有相當於五萬迪拉姆（dirham）起跳的價值。真主看著這些非信者對穆斯林的所作所為，拋棄了他們。」「喔，你們這些黃臉的基督徒，」一名詩人寫道，「真主的復仇總算降臨在了你們身上。」

奇蹟似出土的通訊中強調這是真主對獅心王理查屠殺穆斯林給出的報應。人在圍城現場，所以心知肚明最後攻擊發生在一二九一年五月十八日（基督教曆法）的阿布・菲達，只為了凸顯一報還一報的對稱性，便把這個日期往後移動了兩個月到一二九一年七月：「出於一種奇妙的巧合，當年的法蘭克人是在第二主馬達月[4]十七日星期五正午（一一九一年七月十二日）從薩拉丁手中攻下阿卡城，當時他們擒住了城內所有的穆斯林，並殺光了他們。全能的神靠祂的預知能力，下令讓阿卡城在今年的第二主馬達月十七日星期五，由也叫薩拉丁（Salah al-Din）的哈利勒拿下。這是為了讓阿卡城的收復發生在相隔百年後的同一日，並由頭銜與名號相彷的蘇丹來為前人雪恥。」

在伊斯蘭世界裡，阿卡的圍城衍生出了許多鄉野軼聞。有一名負責拆毀阿卡的埃米爾發現一塊希臘文鉛板，而他將之送大馬士革翻譯後所得出的內容是：

> 寫於二二二年。板上記錄著阿拉伯先知的族人將踏足這片土地。這名先知被昭示了宗教與法律，而他的宗教是最偉大的宗教，他的法律是最偉大的法律，他滌清了地面上的非信徒，而他的法律將延續到時間的盡頭。他的族人將吸納波斯人、法蘭克人與其他人的所有宗教，而時間進入到主後第七百年，他的族人將入主所有法蘭克人的土地。

實情多半是那名「譯者」賣給了埃米爾一個山寨的紀念品。

哈利勒大言不慚對海屯提到的戰利品，多半是誇大了，而且還誇大得很瘋狂，因為很多戰爭財都被人神隱了起來。許多人在各種故事裡因著金銀財寶或奴隸而致富：「他們有些人的總收益達到了兩千第納爾，打家劫舍並把贓物賣給平民的人賺得更多。有個叫做薩拉吉丁·札比安（Sarraj al-Din Zabyan）的傢伙，靠阿卡賺到了約一千七百第納爾，外加兩萬兩千迪拉姆，回到故鄉時他身後有三隊滿載著商品的駱駝行列。」除了家戶的財物以外，阿卡城遭到劫掠的還有大量的大理石柱與建材，包括聖安德魯教堂的雄偉哥德式門廊，而那後來也被搬回了開羅，融入了一所伊斯蘭學校（madrasah）的外觀設計。

⁂

六月七日，哈利勒離開阿卡前往大馬士革，並在大馬士革獲得了瘋狂的英雄式歡迎：

城市被妝點得美不勝收，成塊的綢緞被鋪在了貫穿城市的凱旋大道上，一路通往

4 第二主馬達月（Jumada II），伊斯蘭曆法的六月。

總督的宮殿。展現王者之風的蘇丹讓兩百八十名帶著手鐐腳銬的戰犯在前面開路，其中一人扛著反掛的法蘭克軍旗，另外一人則帶著一面軍旗跟一支上頭掛著死去同袍頭髮的長矛。阿什拉夫受到大馬士革全體居民的恭迎，同時周邊的鄉村人口也夾道歡迎。雖然遊行辦在正午前，但烏拉瑪[5]、清真寺的官員、蘇菲派的錫克[6]、基督徒與猶太人，全都還是手捧著蠟燭。

第二場排場更大的遊行辦在了開羅，為戰無不勝的英雄接風。哈利勒為啟動於六個月前的功績畫下了完美的句點，他在父王的陵墓前，用凱旋表達了感激之意。再一次，這些活動都會繞回到同一個主題，那就是將哈利勒與薩拉丁相提並論，並在兩人的豐功偉業中間畫上一個等號，甚至拐彎抹角地批判了哈利勒蘇丹的前任雄主，如拜巴爾與蓋拉溫：「真主從非信者的手中把阿卡城營救出來，」拜巴爾·曼蘇里寫道，「借用的是馬利克·阿什拉夫·薩拉丁（哈利勒）之手，就好似其第一次征服阿卡城是借用了薩拉丁·尤蘇夫·伊本·埃宥比之手。期間阿卡城就這樣在異教徒的手中待了一百零三年，期間沒有一個埃宥比的國王或突厥國的統治者挺身出來光復此地。」

＊

狼狽逃往賽普勒斯的難民可以說孤苦伶仃；他們大部分人都兩手空空就離鄉背井，而大量的人口湧入造成了賽普勒斯島上嚴重的通貨膨脹。「食物短缺至極。原本年租金只要十枚拜占庭金幣的房子，現在變成要一百枚才租得到。」他們在同一時間成為了施捨的對象（亨利國王提供了一定程度的紓困給窮人），也連帶接收到鄙視的眼光，「賽普勒斯的親友都斷絕了與他們的關係，提起他們絕不會有好口氣。」泰爾的聖殿騎士的這句話恐怕是親身經歷。新任的聖殿騎士團團長戈丹似乎在島上陷入了深沉的憂鬱。

希臘修士阿爾賽尼爾斯這名無端被捲入圍城戰的朝聖者，在八月份告知了教宗尼古拉四世這個壞消息。他把所發生的事實講得天花亂墜，然後指責的砲火也四處紛飛：他罵威尼斯人和比薩人跟異教徒交易，他罵軍事修會自私自利且拙於合作，他罵亨利國王臨陣脫逃。事實上就連教宗也當面被他點名不專心致力於阿卡的危局，而滿腦子都是西西里的所

5 烏拉瑪（ulama），意為法學家。
6 錫克（shiek），意為長老。

有權問題：「聖父啊，若您不曾聆聽到我們的哀愁，那我將懷抱著內心的苦楚向您揭露。我願上帝曾讓您不要一心只想著收回西西里。」亦即除了人的罪孽以外，梵諦岡沒有用心擔任聖地的後盾也是事情會落到這步田地的主因。他接著說道：「上帝沒有准許賽普勒斯島被一併由異教徒占領，真乃奇蹟。」但野心勃勃的蘇丹也確實很快就會琢磨起趁勝追擊。

阿卡城的陷落，是多年來始終存在的一種可能性；在有識之士的圈子裡這被視為是一場挫敗，但不是最終的結果。由此這並沒有撩撥起跟百年前耶路撒冷淪陷時同等的失落感。如果上帝只是以此來懲罰人的罪孽，那就表示事情還有轉圜的空間。當然含泰爾的聖殿騎士在內，那些接近決策核心且看法較為務實的一群人，其想法就不會如此天真爛漫。泰爾的聖殿騎士曾第一手領略到馬穆魯克人的驍勇善戰，更何況這回基督教世界是屍骨無存地失去了聖地沿岸的全數據點。教宗尼古拉四世原本策劃要在一二九三年發動大型的十字軍運動，但他一二九二年就出師未捷身先死。旅經伊朗而深知伊斯蘭戰力的道明會修士克羅切從這些事件中解讀出末日的可能性，他認為「如果撒拉森人繼續展現這兩年在的黎波里跟阿卡城的凌厲攻勢，那不出數年，世界上就再也不會有基督徒可以殘存。」

*

倖存者心中那股想找戰犯的心情，跟為了獨活下來而產生的內疚感，都不可避免地在事後隨之而來。在流通的描述中，烈士的無形冠冕被加諸於馬提厄・德・克雷芒等戰死者的頭上。尼古拉・德・阿納普是聖地十字軍史上唯一一個被教宗封聖的人。在此同時，質疑的手則指向了那些活了下來的領導階層。就像鐵達尼號事故的倖存者一樣，格朗松與格萊伊被控「不戰而逃」。格朗松被額外指控捲走了可觀的金錢，唯有實證顯示格萊伊確曾負傷，且他在賽普勒斯是一窮二白到連教宗都下令在倫敦的聖保羅教堂教長付給他薪金。約翰・德・維利爾寫了一封信，在信中他除了簡要描述醫院騎士團在戰鬥中扮演的角色，並在信尾撕心裂肺地暗示自己該為活下來道歉，唯他們幾乎已經戰到全軍覆沒的地步。「上帝可鑑。」他執筆解釋起自己是在什麼樣的狀況下倖存下來。他表示自己能活著並非他欲苟活而是上帝所願：重傷將死的他被僕役扛到船上，「於是我們跟一部分的弟兄逃出生天，這是上帝所樂見方能成事，但其中大多數人都傷重到無望復原。我們被帶到了賽普勒斯島上，並在那兒待到這封信於滿心哀戚、愁雲慘霧裡寫成的這日。」對於自己活了下來，聖殿騎士團團長博熱卻戰死沙場，醫院騎士團團長恐怕是引以為恥。在這樣的氣氛中，自認有連帶責任的亨利國王覺得自己應該要尋求教宗的寬恕。

圍城戰中的表現該如何獲得品評，始終是火熱的話題，也經常反映了派系立場的迴異。一般而言，史官會傾向站在醫院騎士團這邊，他們會拿克雷芒的壯烈殉城來對比博熱慢上好幾拍的反應，唯兩個修會都免不了被馬後砲批評，主要是他們彼此間的嫌隙與各自的自利都明擺在那裡。這兩個修會都以其獨特的方式，跟聖地十字軍運動之間畫上了等號，尤其聖殿騎士團作為軍事修會的元老，更是在一百七十二年間不間斷地為聖地效命。如今隨基督教據點不復存在於聖地，軍事修會的存在意義也遭受到質疑。軍事修會原是十字軍運動的核心，如今他們卻成了眾矢之的，被各方指控自私與偽善的罪名。

在阿卡城陷落之後，許多新的十字軍策略被提了出來：把各軍事修會合而為一；善用基督教的海上霸權來經濟封鎖亞歷山卓，切斷其貿易貨源，使其無從取得香料、軍事奴隸與戰爭物資帶來的稅收，藉此打擊馬穆魯克王朝；放棄原本「號召天下」式的做法，改由職業軍人作為十字軍運動的主力，其中又應以軍事修會為核心，由歐洲各君主以國家力量提供支持。這些提案中講得最詳細的，得算是曾於一二八六年走訪過阿卡的威尼斯政治家馬里諾・薩努多・托塞羅所提出的論述。他對於是哪些貿易路線在滋養著馬穆魯克王朝，可謂知之甚詳。由此他精心策劃出的策略牽涉到回歸路易九世的雄大十字軍方略——先打埃及。教會開始為了這些計畫收稅，而接連幾任教宗也為此召開了會議。有那麼一段時間，民間對於十字軍的熱情居高不下。一三〇九年，數以千計來自歐洲各地的小農與鎮民來到了地中海沿岸的各港口，懇求重啟全面性的十字軍東征，但那股民氣很快就因為欠缺教廷的後續支持而不了了之。

十字軍要成行，不能沒有偉大的君主率領。英王愛德華一世跟法王腓力四世都承諾要去，但最終兩人都沒有去成。因為每次節骨眼上都會有更高的國家利益要顧、更優先的敵人要剷除，不然就是有地方上的戰爭要打、有亂事要平定。聖殿騎士團與醫院騎士團團長都排斥合併的建議，由海上進行封鎖的經濟作戰則必然需要威尼斯與熱那亞的參與，而這兩地都割捨不下與伊斯蘭世界貿易的豐厚利益。打著十字軍旗號徵收的稅款，就這樣消失在教廷的帳房裡，而穩定世俗領導與政治意願的欠缺，加上讓人倒退三步的成本開銷，都使得新的十字軍運動看不到實際的作為。一名辛辣的史官記述教宗克雷芒五世在十四世紀初的表現，他是這麼說的：「教宗握著錢，他的侯爵姪子也握著一部分錢，（法國）國王等宣示加入十字軍的傢伙毫無動靜，薩拉森人仍在那兒過著太平日子，而我在想他們的好夢應該繼續不會有人打擾。」到了一三七〇年，所有意欲收復聖地的具體大計，都已經死透到嗅不到一點生機。

*

但耶路撒冷之夢可沒有那麼容易壽終正寢。在賽普勒斯島上，貴族仕女身穿黑色喪服來哀悼聖地的失去，已長達一世紀，但這座聖城仍持續牽引著歐洲貴族的騎士精神與想像力，令其魂縈夢牽，至於光復耶路撒冷的各種理論，也持續在長達數百年的時間長河裡屢見不鮮。曼紐一世（Manuel I）作為瓦斯科．達伽馬（Vasco da Gama）初次航行至印度時的葡萄牙國王，是個懷抱彌賽亞之夢的男人，而他曾擘劃過以左右夾攻的鉗形作戰，來擊潰此時已步入衰亡的馬穆魯克王朝。他曾嘗試說服由英格蘭、法蘭西與西班牙共同派船走地中海直搗聖地，然後葡萄牙則同步派艦隊從印度洋發動攻擊。野心不小的他打算奇襲麥地那，綁架穆罕默德的遺體，然後以此來勒贖穆斯林交出耶路撒冷。唯這些計畫最終也在無聲無息裡石沉大海，主要是到了十六世紀初，鄂圖曼人已成為基督教世界以全副軍事力量鎖定的假想敵，至於奪回聖地的願景則愈飄愈遠、愈來愈不切實際。

在其存在意義遭到挑戰的關鍵時刻，醫院騎士團很聰明地調整了自身的定位。在從賽普勒斯撤退之後，他們去圍困了希臘的羅得島（Rhodes），並在一三〇八年拿下了該島，然後讓自己儼然以基督教再征服世界的前線自居，對伊斯蘭教發動了劫掠式的戰爭，並一度在土耳其沿岸的博德魯姆（Bodrum）取得了立足點。作為「基督教世界之盾」，他們又多存活了五百年，一開始在羅得島上，後來則在馬爾他，為基督教世界扮演起抵抗鄂圖曼帝國的屏障。條頓騎士團撤退到他們的第二條防線，與在北歐的異教徒作戰。聖殿騎士團的改革步伐就稍微嫌慢。他們不再有角色可以扮演，且作為遭到猜忌的國中之國，他們的富有也令人眼紅。在該修會的老家法國，他們成為法王腓力四世的眼中釘，由此他們的殞落可以說來得既突然又充滿戲劇性。對於這些遭控偶像崇拜、行巫術與雞姦等罪名的聖殿騎士，圍捕行動在一三〇七年展開。高調的公開審判與用刑求取得的自白，成了讓聖殿騎士萬劫不復的災難。他們英勇戍守阿卡城的鐵證被視若無睹。時間來到一三一四年，他們的末日終於降臨，最後一任團長被綁在火樁上活活燒死，臨終前他不屈地呼喊：「錯的是誰，犯了罪的又是誰，上帝都清楚。誣害了我們的人很快就會受到來自上帝的報應。上帝會為了冤死的我們報仇！」腓力四世跟教宗都在年內暴斃。

聖殿騎士的消亡，他們那種狡兔雖未死但走狗亦得烹的多餘，還有他們在歐洲朝民族國家過渡時的尷尬處境，凸顯了西方基督教世界在心境與意識上的微妙演化。在信徒之間，聖地的崩潰標注了精神層面的一種危機。基督教終將戰勝伊斯蘭的信念已經維持不下去了。而把範圍擴大到整個歐洲社會，基督教信仰更在緩緩地變遷。曾經讓早期十字軍東征一呼百應的宗教熱忱，已無法再理所當然地感動廣大的歐洲草根，主要是罪愆能因此獲得救贖的保證，已無法再輕易說服誰。退一萬步說，就算誰真的有想扮演十字軍的衝動，敵人也就在家門口：普魯士或立陶宛的森林裡就有異教徒，伊比利半島的平地跟山區則都有摩爾人。以十字軍的旗號東征聖地，已經成為職業軍人搭著義大利海洋共和國的船隻去做的事情，但如今要兵沒兵、要船沒船。歐洲君主滿腦子都有他們自己的仗要打。英格蘭與法蘭西正走在要陷入百年戰爭泥淖的路上；威尼斯人與熱那亞人總是商人無祖國地忍不住想跟伊斯蘭做生意而棄守原則，更別說他們彼此間也有長年在貿易上的衝突。教廷本身早已因為把神聖羅馬帝國趕出西西里島而打起了自己的「小十字軍戰爭」，而這連同販賣贖罪券牟利的行徑都讓他們聲譽掃地。

十三世紀跟十一世紀是兩個世界。歐洲開始慢慢被拉出了存在主義的悲觀思想中，商業革命見證了貨幣取代以物易物，封建制度開始緩緩崩落，都會開始累積出更多的人口，新穎的金融基礎建設開始從無到有，諸如銀行、保險、票據交換，而這些都有助於貿易規模的擴大與物質生活的進步，這一點只因為後來的黑死病才被稍微拖緩了進度。在波斯，蒙古人的王朝皈依了伊斯蘭教，而這也讓基督教少了一個潛在的盟友。有長達兩百年的時間，點燃在教宗烏爾班二世手中的火花綻放出耀眼的光芒，為聖地而戰的光環緊扣住眾人的想像力：中世紀騎士精神、為基督而戰的動武正當性、罪孽受到寬恕與救贖的許諾，還有對基督曾行於其上之土地的鮮明嚮往——這集四者於一身的組合，叫人如何不為之神往。唯事實證明時間一拉長，十字軍終將難以為繼。補給線太長、贊助太零星、十字軍王國間欠缺足以形成長期策略與常備軍隊的凝聚力。話說到底，失敗只是遲早的問題。

*

哈利勒給基督教亞美尼亞王國的威脅信，不是講講而已。隔年他說到做到地入侵了亞美尼亞，劫掠了海屯的王國一部分，唯國王本人避開了蘇丹信中提到的命運。反倒是在此同時，蘇丹狂放的自信與高飛的野心，為他的末日揭開了序幕。他發想了雄大的計畫要從蒙古人手中搶占巴格達，並下令興建上百艘船艦來為進攻賽普勒斯做好準備。結果是他兩頭落空。這些天馬行空的計畫讓位高權重的一干埃米爾發現這傢伙判斷力有問題，因此開始跟他保持距離。這個蘇丹如今在埃米爾的眼裡，已經成為對他們自身利益與對馬穆魯克國祚的一種威脅。他在阿卡圍城戰時對拉金的猜忌，最終報應到了他自個兒身上。一二九三年十二月，一群包含拉金在內的埃米爾密謀要刺殺他。如今被放逐到賽普勒斯的泰爾的聖殿騎士取得了關於此次暗殺的某種陳述，而哈利勒的死則讓阿卡城陷落的故事變得有始有終。

事情的發生是有天趁蘇丹出去狩獵時，他們襲擊並殺死了他。而給他第一刀的是他的叔叔貝達拉，也就是他母親的手足，但這一刀砍得不是很有力，所以沒有當場要了哈利勒的命。然後是一名名喚拉金的埃米爾補了第二刀，並同時對貝達拉說：「你這種軟趴趴的攻擊，根本不像是個想當蘇丹的人在殺人，還是由我來示範男人該怎麼出手吧。」而他也確實狠狠給了哈利勒一刀，讓他當場一分為二，而這也算是間接替基督教報了血海深仇。

哈利勒一死，馬穆魯克人的蘇丹國就陷入了一段混亂而血腥的王位爭奪戰，且那血腥的程度直讓拜巴爾跟蓋拉溫的暴政感覺像是黃金時代。蘇丹大位在五年內易主了三回，其中拉金自己從一二九六幹到了一二九八年，直到他被刺客持刀送上了西天。在所有參與了阿卡圍城戰的埃米爾當中，有一名幸運兒得算是法克里，也就是博熱的雙面諜。他雖然被哈利勒懷疑過，但他的結局似乎是一三〇六年在開羅家中壽終正寢。泰爾的聖殿騎士消失在賽普勒斯，直到最後都是個無名氏。他對於事件的紀錄停留在大約一三一四年。

在撐到最後才步下人生舞台的阿卡城故事主角中，有一個人是奧托・德・格朗松。他一三二八年才以九十歲的高壽過世於瑞士。他終其一生都代表著其主上兼摯友，英王愛德華一世，進進出出著聖地。一二七一年，也就是他死前將近六十年前（以中世紀的標準等於是上輩子的感覺），他曾經與愛德華並肩從阿卡城出擊，並於一二九二到一二九三年間陪同聖殿騎士與醫院騎士前往基督教亞美尼亞王國共抗馬穆魯克人，最終鎩羽而歸。他位於瑞士洛桑大教堂（Lausanne Cathedral）那陵墓上身穿鎖子甲的塑像，是僅存唯一參與過阿卡之戰的歷史人物形象。而讓人起雞皮疙瘩的是在阿卡城陷落的五十年後，朝聖者魯道夫・馮・蘇塞姆邂逅了兩名上了年紀的樵夫住在死海附近且操著法語。曾經是聖殿騎士的他們後來轉而為蘇丹效力，接著便在此落地生根，娶妻生子。他們與家人被帶回了歐洲，並在亞維儂教廷[7]受到熱烈歡迎。搞不清楚狀況的他們宛若是來自失落的世界，充滿異國風情的活化石。

7　亞維儂教廷時期（一三〇九至一三七八年），又稱亞維儂之囚，是指聖座遷移到法國亞維儂（當時亞維儂是教宗領地）的一段時期，期間的七任教宗和大部分樞機主教為法國人。

結語

蛇居之地

圖34　繪於十七世紀，已成寂寥廢墟的阿卡地景。

根據敘利亞貴族阿布・菲達所說，阿卡的教堂與城牆均遭搗毀，城市被剷平，港灣被傾倒入岩石來使其無法供船舶停靠。總歸一句，這是要讓未來的十字軍無法以此為立足地捲土重來，唯相關的毀滅工作並不如穆斯林陣營所宣稱的那麼徹底。基督教的朝聖者與行旅仍能前往聖地與耶路撒冷，而阿卡也繼續有人來此作客。

當魯道夫・馮・蘇塞姆於一三四〇年途經此地時，映入眼簾的阿卡城仍頗具存在感，即便撒拉森人確實嘗試「徹底顛覆並連根摧毀所有的牆垣、塔樓、城堡，免得基督徒會將其重建。但事實是不論撒拉森人怎麼做，他們都幾乎沒辦法把任何一處的牆、塔、堡拆到低於人的身高，由此全數的教堂、牆壁與塔樓，外加為數眾多的碉堡與宮殿架構都還幾乎大體完整，而若蒙上帝眷顧，這些設施都可以在人為的細心照料下恢復到原本的狀態。」蘇塞姆得以從細部描述了城牆與塔樓的模樣，並在其腦海中重建並緬懷了阿卡城鼎盛時期的風華。一小支部隊被駐紮在那兒，以鴿子與在廢墟中啼叫的松雞為生。怪的是早在一三〇四年，威尼斯人就已經跟在地的總督議定了讓他們在阿卡城居住並貿易的協約，只不過相關的實證並沒有留存至今。隨著日子慢慢過去，阿卡城殘破的輪廓開始大半被來自長灘的風飛沙覆蓋，唯日後的數百年間，那鬼魅般的教堂與宮殿遺跡仍如地標般供過往的船隻舉目可見。就像奧茲曼迪亞斯[1]的名諱，阿卡城的廢墟始終盤踞在往來旅者的心思中，令人又愛又怕。

維洛那的詹姆斯（James of Verona）在一三三五年抵達，並在此為了曾經風光一時，但如今卻破落到「只適合蛇類與野生動物」跟少數撒拉森人居住的阿卡城「仰天長嘆」，唯他依舊能瞧見「美麗的塔樓與眾多宮殿，乃至於許多大型建物」矗立。絡繹不絕的訪客，為阿卡城牆留下了時而顯得矛盾的珍貴敘述。法蘭切斯科・蘇里安諾（Francesco Suriano）在一四六〇年提到「三組城牆，相隔十字弓的射程，並有用裁切石塊建成的斷崖形壕溝，壕溝內有間隔四十步距離的塔樓，還有極其堅固的堡壘。」圍城的證據仍散落四處。他看到「距城不遠處有一個半英里長的圓丘有抵禦砲火的作用。而時至今日，轟炸用的石頭留在那兒地面上，活像一群羊。」亨利・蒙德瑞爾（Henry Maundrell）也在一六九七年來此時注意到這些散落在地表上的石丸，直徑「至少有十三或十四英寸」，而它們正是一部分當年被用來轟擊城市的彈藥。雖然這地方在另一名英國旅者喬治・山迪斯（George Sandys）看來飽受摧殘，但他依舊形容阿卡「強大、有雙層城牆保障，還有堡壘

1 奧茲曼迪亞斯（Ozymandias），埃及法老，自詡「萬王之王」的拉美西斯二世（Ramses II）的希臘化名稱，詩人雪萊曾為詩一首寫到沙漠中有殘破的石像上刻著奧茲曼迪亞斯的名諱。

與塔樓可以固守；每面牆都有一條壕溝，表面鋪著石頭，溝底下則有繁複的密道……但如今這些巨牆都已經變得東倒西歪，攤在那兒就像地基上的岩塊。」理查．波科克（Richard Pococke）在一七三八年評論認為阿卡是個相當現代化的堡壘：「雙層壁壘加上一條鋪上石面的壕溝；內層壁壘由半圓形的稜堡戍守。」這是座裡頭有許多建築物搖搖欲墜的鬼城。房舍的地窖積滿了雨水，以至於整個地方散發著駭人的惡臭，季節更迭中不時會籠罩在濃厚的瘴氣裡。

從十七世紀末開始，藝術家就開始前來這裡尋覓浪漫的東方。一六八二年，荷蘭藝術家科內利斯．德．布魯因（Cornelis de Bruijn）畫下了阿卡城內若干倖存的建物。三年後，法國藝術家葛哈維．德．歐提耶（Gravier d'Ortières）銜路易十四之命來到阿卡，並從船隻甲板上繪製了整座城市的全景圖。圖裡阿卡城修長而低伏的側影，凸顯出了岬角上一座鶴立雞群的教堂遺跡、氣勢猶存的醫院騎士團宮殿主體、塔樓還有廢棄的城門弧頂，還有從城牆外頭一路延伸到哈利勒紅色大帳所在的山丘腳邊，那城牆坍落而四散的瓦礫。

物換星移來到十八世紀，大部分上述的地景都已經消失的消失、重建的重建、改建的改建。僅存的中世紀城牆遭到拆毀，得到的石材被用來興建新的建築與要塞來在一七九九年抵禦拿破崙。新的清真寺與商隊驛站被蓋了起來；教堂的基底、義大利商人的庫房還有塔樓則如同養分，被吸收成為了鄂圖曼帝國建築的一環。

＊

時至今日，我們依舊能從阿卡舊城的雄偉壁壘上一邊俯瞰、一邊想像城內的防務，還有當時城外的撒拉森人是如何屯兵在二十一世紀阿卡城的路街上。唯外觀是會騙人的。這些壁壘實際上建於十八世紀末與十九世紀初，中世紀的城牆、鋪石的壕溝，還有名字十分嚇唬人的那些塔樓，早就已基本消失無蹤，現在還能供後人憑弔的只剩某面牆腳邊的一小段。當年的十字軍之城，早已化身為一系列讓人心癢的碎片，被後來的鄂圖曼帝國建築一而再再而三地加蓋於其上，唯在蜿蜒中通往狹小廣場的巷弄多半還沿襲著十字軍的腳印，而十字軍又曾追隨過更早期阿拉伯人的城市布局。海堤邊的一塊大石標注了比薩人港口的位置，而另外一個在海上孤伶伶的殘塊則曾是戍守阿卡港入口那「蒼蠅之塔」的一部分。

阿卡是由一個又一個歷史建物堆疊出的蜂巢。阿拉伯人把東西蓋在希臘羅馬人的基礎上，十字軍又把東西蓋在阿拉伯人的基礎上，鄂圖曼人則把東西蓋在十字軍的基礎上。很多地方都有深藏不露的地下層，包括許多房舍有拱狀的地窖跟儲藏室，外加更深處有挖空的洞穴，而這都證明了人類在此定居過悠遠的歲月。在聖殿城堡舊址的對街，一條門徑會帶你走入黑暗，而那紀念的正是他們曾經有過的富有與輝煌。走入那條三百公尺長的石頭隧道，你會在昏暗的照明中聽到耳語般的潺潺流水，從城市的地底流過。從另一頭重見天日後，你會眨著眼看見港邊離你不遠。往前來到今日的城牆邊，醫院騎士團的園區仍聳立著一部分遺跡，仔細看那是一個迷宮，而迷宮裡有著柱廊、拱頂與天井；坐落在入口處是一些巨岩，那多半是由哈利勒的拋石機所打過來的彈丸。

聖殿騎士在退無可退時所堅守的雄偉城堡，已經蕩然無存，取而代之的是一個算不上深的海中盆地，其中你還能勉強瞥見城堡的基底輪廓。人很適合來此坐著親水，並瞭望海上的船隻來來往往，要知道苦等不到援手的守軍

圖35 出自畫家歐提耶之手，海上眺望阿卡的光景，圖中可以看到醫院騎士團碉堡的主體，還有聖約翰教堂的骨幹。

也曾經這樣痴痴地望向西方。如今你可以在此聽聞到教堂的鐘響，還有呼喚人該祈禱了的聲音飄揚。大家現在會來到這處海堤，在燈塔邊點杯咖啡啜飲，也在這裡漫步或與朋友相聚。阿拉伯的轟隆電音傳自於海上的快艇，原來它們正帶著觀光客在海灣裡繞行並尋求刺激，在海灣中風馳電掣的船體掀起了船首那壯觀的浪花與漣漪，弄得遊客尖叫不已。入夜之後一切歸於寂靜，只餘海浪拍打著水岸，伴隨著燈光未滅的水果攤，照見燈塔的聳立與星夜的月明。

聖地十字軍大事年表

一〇九五年	教宗烏爾班二世於法國宣揚十字軍理念。
一〇九六至一〇九九年	第一次十字軍東征。
一〇九九年	十字軍包圍並劫掠耶路撒冷。
一一〇四年	鮑德溫國王拿下了阿卡城。
一一四七至一一四九年	第二次十字軍東征。
一一七一年	薩拉丁成為埃及之主，埃宥比王朝誕生。
一一七一至一一八五年	薩拉丁將巴勒斯坦與敘利亞納入埃宥比王朝版圖。
一一八七年	薩拉丁在哈丁擊敗十字軍，占領阿卡並收復耶路撒冷。

一一八九至一一九二年	第三次十字軍東征。領兵者分別為法王腓力・奧古斯都（腓力二世）、神聖羅馬帝國皇帝腓特烈一世與英格蘭國王理查一世。
一一八九至一一九一年	十字軍圍攻阿卡城。
一一九二年	理查一世與薩拉丁之間簽訂條約；理查在收復耶路撒冷未果後撤離。
一二〇二至一二〇四年	第四次十字軍東征從威尼斯出發，但中途改道去攻打屬於基督教的君士坦丁堡。
一二一七至一二一九年	第五次十字軍東征直取埃及，但在尼羅河三角洲吞敗。
一二二八年	腓特烈二世靠條約收復了耶路撒冷。
一二三九至一二四一年	香檳伯爵希奧博德與康瓦爾伯爵理查分別率領了小規模的十字軍出擊。
一二四四年	花剌子模人洗劫耶路撒冷。聖城終於陷落。
一二四五年	教宗英諾森四世遣使蒙古。
一二四七年	法王路易九世籌劃十字軍東征。

一二四八至一二五四年	第七次十字軍東征。
一二四八年	路易九世入侵埃及，但在尼羅河兵敗被俘。
一二四八至一二五〇年	埃宥比王朝結束。埃及落入軍事奴隸出身的馬穆魯克人之手。
一二五〇年代	拜巴爾崛起成為馬穆魯克人的巴赫里耶軍團之首。
一二五八年	蒙古人洗劫巴格達。
一二五九年	馬穆魯克人庫圖茲控制住埃及。
一二六〇年	旭烈兀領導下的蒙古軍劫掠了阿勒坡，並攻得大馬士革。蒙古軍在阿音札魯特遭到馬穆魯克人擊敗。庫圖茲遭暗殺而拜巴爾成為馬穆魯克蘇丹。
一二六〇至一二六四年	拜巴爾收緊權力並改革大軍。
一二六五至一二七一年	拜巴爾發動對十字軍城堡的系統性掃蕩。阿卡反覆遭到突襲。
一二六八年	拜巴爾拿下安條克。
一二七〇年	第八次十字軍東征。路易九世攻擊（迦太基的）突尼斯並死在當地。

一二七七年	英格蘭愛德華王子發動十字軍前往阿卡。拜巴爾攻下克拉克騎士堡。
一二七七年	拜巴爾死去。蓋拉溫成為馬穆魯克蘇丹。
一二八九年	蓋拉溫拿下的黎波里。
一二九〇年	穆斯林在阿卡被屠殺一事給了蓋拉溫進攻的託辭。馬穆魯克軍開始動員。蓋拉溫死而哈利勒成為新蘇丹。
一二九一年	哈利勒擊潰阿卡城。海外的十字軍據點全數陷落。
一二九三年	哈利勒遭一群馬穆魯克埃米爾刺殺身亡。

阿卡城陷落的史學證據

這本書的內容，奠基在兩世紀之久的十字軍研究。一二九一年發生的大事件，餘波盪漾在整個歐洲，由此一代代的歷史學者都前仆後繼地勤於挖掘出報告、書信、史冊，以及教會跟國家的紀錄來拼湊出從基督教的視角看去，海外王國的末日是怎麼一幅光景。唯即便如此，目擊者的陳述仍寥寥可數。其中最值得一提的，自然是以引用篇幅而言，我在書中十分倚重的泰爾的聖殿騎士。這名聖殿騎士本身就是個很有趣的存在；他的神祕特務身分與通曉阿拉伯語的能力，都讓他得以直搗阿卡城體制內的決策核心，乃至於馬穆魯克世界裡的種種祕辛。他時而全盤托出，時而又故意賣起關子：「我可以告訴你們他們是誰，但我偏不想。」他所描述的若干事件，包括英格蘭士兵被希臘火射中慘死，或是紀堯姆・德・博熱受到致命一擊，都顯示他人在現場目擊。但同時他又感覺像是第三者似的置身事外。他有參與戰鬥嗎？這點從書面上看不出來。抑或他只是文書員？還有他何德何能能從陷入火海的阿卡城脫身？從歷史現場倏地消失的他，提供了最詳細的倖存者供述，而站在這樣的制高點上，他的意見也或許扭曲而偏袒了聖殿騎士的表現，誇大了博熱之死對阿卡淪陷的重要性。

除了無名的聖殿騎士，我也沒少引用兩本作者不詳的史冊裡所蒐集的倖存者說詞：一本是*Excidium Aconis*，也就是前面提到的《阿卡城的毀滅》，另一本則是不假修飾地叫做《賽德斯》（*Thadeus*），而這也就是作者的名字。此外我還參考了一些書信的殘篇如醫院騎士團團長約翰・德・維利爾的手書、希臘僧侶阿爾賽尼爾斯呈給教宗的報告，乃至於在其他史冊與紀錄中所覓得的蛛絲馬跡。

伊斯蘭版本的事件描述比起基督教，就沒有那麼嚴重被「精挑細選」過的感覺了。西方對這些描述最先進權威的分析，出自唐諾・李托（Donald Little）之手，主要是他以一篇論文檢視了所有現存的史料，並重建出一個具有可信度與出處的事件樹狀圖。他的論述令我獲益良多，主要是我得以順藤摸瓜地找著了阿拉伯的資料來源，也得以理解從他們的視角，阿拉伯是如何去看待一二九一年的大小事件。但一如李托所指出的，阿拉伯的資料或許在「圍城前」與「圍城後」的對比上讓人一目了然——包括當中的政治運作、決策過程與後續影響，但其在軍務上的說明就沒有太大參考價值了。所幸可補足這缺憾的有幾份珍貴的第一人稱目擊紀錄，包括阿布．菲達講述了拋石機是怎麼被拖到城邊、拜巴爾．曼蘇里解釋他打造了甚具巧思的屏幕來阻擋阿卡守軍的拋石機轟炸，還有一位無名士兵提到他是如何在聖殿之塔內的圍剿中活了下來。事件的陳述與序列在伊斯蘭資料裡顯得十分混亂，有點牛頭不對馬嘴。關於馬穆魯克人的作戰技術，尤其是在最後攻擊中採用的做法，我們的認識大部分來自基督教的資料來源，而不是阿拉伯的資料來源。唯在就同一批事件拿阿拉伯的資料來跟泰爾的聖殿騎士等人的說法進行交叉比對後，我相信自己的陳述應具有一定程度的報導平衡性。

除了寫成文字的書面紀綠以外，還有一些證據存在於地面上，或地底下。阿卡是座耐人尋味的歷史古城，其不同時代的居民以讓人霧裡看花的方式堆疊成一層層的史蹟，但如我在結語中想表達的，這些混亂的史蹟極不易理出頭緒。任何人想要介紹一二九一年發生的事件，都得一而再再而三地在文中提到塔樓、稜堡、內城牆、外城牆，乃至於壕溝與突出部所扮演的角色，而這就會使人遭遇到一個很基本的問題：我們根本不太知道這些東西確切的位置跟外觀，我們頂多就只能合情合理地相信，它們應該大同小異於聖地其他十字軍要塞的建築結構跟防務思路。

關於城牆與塔樓的相對位置與身分確認，我們大抵參考了馬里諾・薩努多・托塞羅的作品，他曾於一二八六年到過阿卡城，當時城內正在為了趕在馬穆魯克人來犯前趕建一波塔樓。不同版本的地圖源自他不同版本的敘述，如本書頁三四的圖五（或彩圖四）就是其中一幅，重要的據點與建物上頭都有標注，唯盡信地圖不如無地圖，因為薩努多某版本的地圖就曾將詛咒之塔標在了外城牆上，但該塔很顯然是在內城牆上。這點薩努多本人不可能不知道，畢竟國王塔在興建來保護詛咒之塔的期間，他人就在阿卡。詛咒之塔對民心士氣的重要性，如馬修・派瑞斯（Matthew Paris）版的地圖（彩圖三）所示，有時候大過於實際上的重要性。這張地圖上的詛咒之塔，一如圖中所見是圓形的。我們有理由相信圓形的塔身在兵家必爭的位置上，是較受青睞的塔樓設計；唯蓋起來比較辛苦的圓塔也被認為對比有稜有角的方塔，較不易被地道工弄垮。但很不幸地，我們沒有任何建築上的證據可以繼續這樣的推論。

大部分的城牆，連同塔樓跟鋪石的壕溝，被一直保留到十八世紀都還看得到，由此許多人到此一遊的記敘與藝術家的寫生作品，都提供了寶貴中又有點相互矛盾的視覺證據。比方說我們從法蘭切斯科・蘇里安諾的觀察裡得知，哈利勒的大軍建構了長長的土堤來保護營地，而相隔數百年仍大量散落在那裡「活像一群羊」的彈丸則證明了拋石機的存在，但城牆與塔樓本身在哪，乃至於阿卡外城牆的確切走法，仍舊無人可回答。在實地前往阿卡考察時，接待我的以色列古文物局人員丹尼．西昂（Danny Syon）博士帶我去看了一眼十八世紀城牆基底的一小段，而那也就是十字軍結構體僅存於地表上的全部東西了。數十載的考古工作，讓城牆、壕溝、塔樓、商號、街巷與房舍等架構驚鴻一瞥地接續出土，但阿卡新城（New Akko）的發展已經覆蓋掉了百年前空照圖上的地面範圍，因此蒙特穆薩德古郊區與阿卡古城的城牆輪廓，如今都徹底消失無蹤。

而查無實證的一個後果就是考古學者與歷史學者之間，為了十字軍的阿卡城規模爭論不休，尤其是城東的外牆最遠朝「土宏」（哈利勒蘇丹指揮若定的小山丘）的方向延伸到哪一點，還有就是阿卡城牆的兩端分別在哪一點與海岸相交。在這一點上，認為阿卡城是「燕瘦」或「環肥」的立場都有。一九九七年，班傑明．凱達（Benjamin Kedar）發表了極具說服力的看法，認為阿卡要比我們原先所想大上一號。為此除了考古證據，凱達這一派還引用了葛哈維．德．歐提耶繪製於一六八九年的長版全景圖來救援，本書結語所附的兩張圖就是當中的一段。按照此圖所繪，阿卡的建築物廢墟似乎相當靠近蘇丹的土宏，唯也有反對者主張那些結構很可能是獨立於阿卡城牆外的建物或橋梁，與阿卡無關。另外就是歐提耶的透視比例也遭到了質疑。在思考要如何提供一張必要的地圖來幫助讀者了解歷史事件發展的時候，我最後選擇站在了環肥派這一邊，而成果就是由戴尼斯．普林戈（Denys Pringle）根據凱達之研究所勾勒出的地圖，而該圖也確實（任性地）將阿卡的身形向東拉長到接近土宏的地區。說任性，是因為我們確實拿不出可以一錘定音的考古證據。我們至多只能說拿本書開頭的地圖去比對同時代的資料來源，城牆的蜿蜒與塔、門所在地跟馬穆魯克陳兵處的相對位置，在合理的範圍內算是較無爭議。

數十年的考古工作歷經了都市更新與在跟時間賽跑的搶救挖掘中，一些戰鬥發生過的證據也得以出土，這當中包括在城牆極北端，也就是比薩人肯定曾在圍城初期發動過兩棲奇襲處的邊上，考古學者找到了一座圓塔的基底；此外考古學者還找到了幾段壕溝，以及在其他地點有零星的殘留塔樓。一九九一年，以阿卡新城要興建法院為契機，考古學者發現了一座方塔並啟動了挖掘工作，那是一座基座牆壁有三公尺厚但毀於祝融的塔樓。燒過的梁木堆與被摔碎的陶器殘片，見證了阿卡城最終的毀滅。曾有一說是這座塔就位在外城牆上靠近最脆弱突出部的地方，而且有可能就是史料上的威尼斯人之塔。二〇〇四年在十八世紀城牆內一次類似的挖掘工作，則顯示出建物曾沿馬穆魯克人最終的進攻路線遭到大範圍焚燒，而這也就證明了泰爾的聖殿騎士提到「阿卡的土地上照亮著熊熊的火光」，所言非虛。這類毀滅的歷史夾層被發現在了阿卡市內不同的地點，當中還摻雜了散落的十三世紀陶器破片跟玻璃、錢幣、炭化的木頭與崩塌的屋頂——這些都堪稱是十字軍的阿卡城在一二九一年五月戛然而止的時間膠囊。那之後，孤寂的阿卡城廢墟就慢慢淹沒在風飛沙裡長達數百年之久，直到鄂圖曼土耳其的時代來臨，造鎮工作開始把新的建築蓋在原址的上面。

考古學者還挖出了箭矢、疑似是陶瓷手榴彈的殘片，還有大量尺寸不一的石頭砲彈。高密度的石彈被發現在不同的地點，有些在城內，有些在疑似城牆線的外面，感覺像是準備拿來發射的彈藥庫原址。本書的彩頁中有這些石彈群的一張開挖照片，有興趣的讀者可以參考。而針對這些彈丸進行深究過後，學者能夠判讀出的情報包括不同尺寸的射程，還有不同彈丸的地質成分，包括我們可以推論出馬穆魯克人或許從外地調度來了他們的砲彈。某部分的彈丸大小非常可觀，但小一點的石頭也肯定曾經連番砸在城牆上，只是它們要麼沒能撐過長年的風化，要麼變成了其他建築物的建材。在當年陷入大火而如今還能看得到的阿卡城遺跡裡，最顯眼的莫過於聖殿騎士團的團部舊址，包括走廊與地窖都還一應俱全，還有就是精心打造而貫穿阿卡城，很可能將聖殿騎士城堡與阿卡港區連結起來的地下隧道。許多關於十字軍阿卡城的祕密，還有其毀滅的遺跡，如今都早已長眠在地底。

關於名字的二三事

在本書中關於人名的傳統我走了一些捷徑，主要的用意是想讓讀者能更容易地辨別出一幕幕故事間，人物角色的過場與更替。一般而言，基督徒的姓名組成分幾個部分：首先是專屬於個人的名字，比方說 Jacques（雅克），再來是他們家族的起源地，比方說 de Vitry（德．維特里，意思是「維特里的……」）。通常在指涉某人時，我們會用的是前者，也就是「某某某」，或者是前後者並用，也就是「來自哪裡的某某某」，而不會光用後者，也就是某人出身的地名。唯在快節奏的事件發展中，如果每次每個人都要稱呼他「來自哪裡的某某某」，行文會顯得十分笨重，讀者的理解也會十分混淆，所以我在書中會不定時用出身地來簡稱尼古拉．德．阿納普、奧托．德．格朗松、約翰．德．格萊伊等人，所以你會時不時看到維特里、阿納普、格朗松與格萊伊等用法出現在故事裡的萬箭齊發與漫天彈丸中，其目的就是希望大家能在兩軍廝殺中還記得誰是誰。

另一方面我下了個決心，那就是盡量不要把歷史人物的姓名英文化，所以你會看到 Matthieu de Clermont（馬提厄・德・克雷芒），而沒有看到 Matthew of Clermont（克雷芒的馬修）。我的希望是這樣的處理，可以讓讀者更切身體會到當年的那個人是誰，他有什麼樣文化背景。唯我不敢說自己能把這一點堅持做到百分之百，像獅心王理查其實準確來講，我們應該用 Cœur de Lion 來稱呼他，畢竟他幾乎一句（中世紀）英文都不會講，所以法文 Cœur de Lion 比起英文的 Heart of Lion 或 Lionheart，顯然更能反映他出身法國的文化背景，唯當然我在本書裡還是按約定俗成的用法，稱呼他 Lionheart。另外像賽普勒斯的亨利國王是阿卡城晚期（至少名義上）的統治者，而我在本書裡也是稱呼他 Henry of Cyprus，而非 Henri de Chypre。一言以蔽之，我的目標就是在易讀性與歷史感之間，取得一個平衡，希望大致兼顧閱讀的方便與歷史的氛圍。

名字的事情如果換成穆斯林，那狀況就又會變得更加複雜。我相信大部分西方讀者一看到書中介紹某人叫做 Sayf al-Din Baktamur al-Silahdar（薩伊夫丁・巴克塔穆・西拉達），大腦就會下意識地開始快轉，我也不例外。拜巴爾的全名是 al-Malik al-Zahir Rukn al-Din Baybars al-Bunduqdari（馬利克・札希爾・魯克丁・拜巴爾・布恩都克達里）。動輒長得像一列火車似的穆斯林人名，往往包括幾項元素：一是會講到他們的父親是誰（如出現等於英文son of的ibn，就是在說這人是誰的兒子）、從事什麼職業（al-Silahdar是在說拜巴爾是主掌軍備的埃米爾）、某種榮譽性的稱謂（如Rukn al-Din的意思是信仰的棟梁），或是會提到他們的出身地域或某個主人的名諱（如al-Mansuri就代表這人出身於不敗國王阿爾曼蘇爾．蓋拉溫的麾下），所以你就知道為什麼本書裡會有那麼多人，外加一台拋石機！都叫做曼蘇里了。

馬穆魯克人通常都會有個源自於突厥血統的名字。如埃及雄獅的拜巴爾這個名字，其實真正的意思比較接近「雄豹」。一如處理基督教的名字，我也希望盡可能把穆斯林的名字縮短。由此在初登板介紹完之後，我就會盡可能把角色的稱謂縮成一個字：比如說像拉金、拜巴爾等等。我就是希望這樣能讓讀者坐得穩，不要讀著讀著就「從馬上摔下來」（很不幸的我們確實在書中有兩個拜巴爾：一個是拜巴爾蘇丹，一個是拜巴爾．曼蘇里）。至於別無分號的Salah al-Din，我則馬上就將之縮為薩拉丁。我出於選擇，在正文中將阿拉伯名字中的變音符號（diacritics）拿掉，免得把事情搞得更加複雜。整體而言，我對於姓名的處理並不能說是百分百一以貫之，但我仍希望自己的努力可以有助於讀者知道誰是誰，跟他們來自何方。

謝詞

我欠很多人一句謝謝，謝謝他們在我執筆創作本書的過程中給我的幫助。首先是指派了這項計畫的朱利安・盧思（Julian Loose）跟耶魯大學的團隊，他們都在設法讓書更好的過程中展現出專業、熱忱與支持的態度。站在他們身後的是成群的顧問與投稿者。此外讓我銘感五內是兩位不屈不撓的譯者，其中馬丁・道（Martin Dow）讓我得以接觸到原本難以企及的阿拉伯文資料與建言，而史提夫・艾略特（Steve Elliott）則替我進行了德文翻譯。朗・莫頓（Ron Morton）暨史丹與湯姆・鈞恩（Stan and Tom Ginn）都以一般讀者的角度提供了他們的評點，至於兩名匿名的學術界讀者，則盡其所能地指正了我關於各次十字軍東征上的學說錯誤。在阿卡，我要感謝的有以色列文物局的丹尼・西昂（Danny Syon），謝謝他撥冗接待我，還不吝提供我好的建議，以及未曾付梓的考古學資料跟照片。喬瑟夫・蓋博（Joseph Gable）跟他家人的友誼與招待讓我在阿卡停留期間如沐春風，同時我也得透過他們窺見這個神奇城市的庶民生活。安德魯・阿巴多（Andrew Abado）帶我對迷宮般的阿卡城進行了精采的導覽。麥可・富頓（Mike Fulton）解答了我對拋石機的疑問，也讓我脫離對中世紀投石技術的狂野想像，回歸到現實。戴尼斯・普林戈（Denys Pringle）解釋了關於詛咒之塔得名的來龍去脈。謝謝我的經紀人安德魯・隆尼（Andrew Lownie）總是生龍活虎地想把我的作品推介出去。最後，一如以往，我要感謝珍，也感謝她言談中流露的智慧。

參考書目

主要資料

Abu'l-Fida. *The Memoirs of a Syrian Prince*, ed. and trans. P.M. Holt, Wiesbaden, 1983.

Aḥmad ibn 'Alī al-Maqrīzī. *Histoire des sultans mamlouks*, trans. M. Quatremère, 2 vols, Paris, 1837–45.

Al-Jazari. *La Chronique de Damas d'al-Jazari*, ed. and trans. J. Sauvaget, Paris, 1919.

Albert of Aachen. *Historia Ierosolimitana*, ed. and trans. Susan B. Edgington, Oxford, 2007.

Arab Historians of the Crusades, ed. Francesco Gabrieli, London, 1969.

Badr al-Dīn al-Ainī. *Iqd al-Jumān fī Tārīkh Ahl al-Zamān*, ed. Muhammad Amin, Cairo, 1987.

Bartholomei de Cotton. *Historia Anglicana*, ed. Henry Richard Luard, London, 1859.

Bartolomeo de Neocastro. *Historia Sicula, 1250–1293*, ed. Giuseppe Paladino, Bologna, 1921–22.

Baybars al-Manṣūrī. *Zubdah al-Fikra fī al-Tārīkh al-Hijrah*, ed. D.S. Richards, Beirut, 1998.

Cartulaire général de l'ordre des Hospitaliers de S. Jean de Jérusalem, vol. 3, *1261–1310*, ed. J. Delaville Le Roux, Paris, 1899.

Chroniques d'Amadi et de Strambaldi, ed. René de Mas Latrie, Paris, 1891–93.

Crusade and Christendom, ed. and trans. Jessalyn Bird, Edward Peters and James M. Powell, Philadelphia, 2014.

Crusader Syria in the Thirteenth century: The Rothelin Continuum of the History of William of Tyre with Part of the Eracles of Acre Text, ed. and trans. Janet Shirley, Aldershot, 1999.

Excidium Aconis, as *Excidii Aconis Gestorum Collectio*, in *The Fall of Acre, 1291*, ed. R .B.C. Huygens, Turnhout, 2004, pp. 46–96.

Fulcher of Chartres. *A History of the Expedition to Jerusalem, 1095–1127*, trans. Frances Rita Ryan, Knoxville, 1927.

Ibn al-Athir. *The Chronicle of Ibn al-Athir*, trans. D.S. Richards, Aldershot, 2006–08.

Ibn al-Furat. *Ayyubids, Mamlukes and Crusaders*, trans. U. and M.C. Lyons, Cambridge, 1971.

Ibn 'Abd al-Zāhir, Muh. yī al-Dīn. *Tashrīf al-ayyām wa-al-'us.u¯r fī sīrat al-Malik al-Mans.ur*, Cairo, 1961.

Ibn Jubayr. *The Travels of Ibn Jubayr*, trans. R .J.C. Broadbent, London, 1952.

Ibn Khaldun. *The Muqaddimah*, vol. 2, trans. Franz Rosenthal, London, 1958.

Jacques de Vitry. *Lettres de Jacques de Vitry*, ed. R .B.C. Huygens, Leiden, 1960.

Jean de Joinville. *Histoire de Saint Louis*, ed. and trans. M. Natalis de Wailly, Paris, 1874.

Joinville and Villehardouin: Chronicles of the Crusades, ed. and trans. Caroline Smith, London, 2008.

Les Gestes des Chiprois, in *Recueil des historiens des croisades: Documents arméniens*, vol. 2, Paris, 1906, pp. 651–872.

Les Registres de Nicolas IV, vol. 2, ed. Ernest Langlois, Paris, 1905.

Ludolph von Suchem. *Description of the Holy Land, and of the Way There*, trans. Aubrey Stewart, London, 1895.

Matthew Paris. *Matthew Paris's English History: From the Year 1235 to 1273*, 3 vols, trans. J.A. Giles, London, 1852–54.

Maundrell, Henry. *A Journey from Aleppo to Syria*, London, 1810.

Muntaner, Ramon. *The Chronicle of Muntaner*, trans. Lady Goodenough, London, 1921.

Rashīd al-Dīn Tabib. *The Illustrations to the World History of Rashid al-Din*, Edinburgh, 1976.

Sanudo Torsello, Marino. *The Book of the Secrets of the Faithful of the Cross*, trans. Peter Lock, Ashgate, 2011.

Shafi‘ b. ‘Alī. *Ḥusn al-Manāqib al-Sirriyyah al-Muntaza‘a min al-Sīrah al-Z. āhiriyyah*, Riyadh, 1974.

Thadeus. *Ystoria de desolatione et conculcatione civitatis Acconensis et tocius terre sancte*, in *The Fall of Acre,*

1291, ed. R .B.C. Huygens, Turnhout, 2004, pp. 97–164.

The Chronicle of Lanercost, 1272–1346, ed. and trans. Sir Herbert Maxwell, Glasgow, 1913.

The Chronicle of the Third Crusade: The Itinerarium Peregrinorum et Gesta Regis Ricardi, trans. Helen J. Nicholson, Aldershot, 2001.

The Conquest of Jerusalem and the Third Crusade, ed. and trans. Peter W. Edbury, Aldershot, 1998.

The Seventh Crusade, 1244–1254: Sources and Documents, ed. and trans. Peter Jackson, Aldershot, 2007.

The 'Templar of Tyre': Part III of the 'Deeds of the Cypriots', trans. P. Crawford, Aldershot, 2003.

'Umar ibn Ibrāhīm al-Awsī al-Anṣārī. *A Muslim Manual of War*, ed. and trans. George T. Scanlon, Cairo, 1961.

Usāmah Ibn-Munqidh. *An Arab-Syrian Gentleman and a Warrior*, trans. Philip K. Hitti, New York, 1929.

Walter de Hemingburgh. *The Chronicle of Walter of Guisborough*, ed. Harry Rothwell, London, 1957.

現代研究

Amitai-Preiss, Reuven. *Mongols and Mamluks: The Mamluk-Ilkhanid War, 1260–1281*, Cambridge, 1995.

—— 'The Conquest of Arsuf by Baybars: Political and Military Aspects', *Mamlūk Studies Review*, vol. 9, no. 1, 2005, pp. 61–84.

—— 'Diplomacy and the Slave Trade in the Eastern Mediterranean', *Oriente Moderno,* vol. 87, 2008, pp. 349–68.

Asbridge, Thomas. *The Crusades: The War for the Holy Land*, London, 2010.

Barber, Malcolm. *The Trials of the Templars*, Cambridge, 2012.

Boas, Adrian J. *Archaeolog y of the Military Orders*, Abingdon, 2006. Chevedden, Paul E. 'The Hybrid Trebuchet: The Half way Step to the

Counterweight Trebuchet', in Joseph F. O'Callaghan, Donald J. Kagay and Theresa M. Vann (eds), *On the Social Origins of Medieval Institutions*, Leiden, 1998, pp. 179–222.

—— 'Fortifications and the Development of Defensive Planning during the Crusader Period', in Donald J. Kagay and L.J. Andrew Villalon (eds), *The Circle of War in the Middle Ages*, Woodbridge, 1999, pp. 33–44.

—— 'The Invention of the Counterweight Trebuchet: a Study in Cultural Diffusion', *Dumbarton Oaks Papers*, no. 54, 2000, pp. 71–116.

—— 'Black Camels and Blazing Bolts: The Bolt-Projecting Trebuchet in the Mamluk Army', *Mamlūk Studies Review*, vol. 8, no. 1, 2004, pp. 227–78.

Chevedden, Paul E., Les Eigenbrod, Vernard Foley and Werner Soedel. 'The Trebuchet', in *Scientific American*, July 1995, pp. 66–71.

Clifford, Esther. *A Knight of Great Renown*, Chicago, 1961.

Cobb, Paul. *The Race for Paradise*, Oxford, 2014.

Concina, Chiara. 'Unfolding the Cocharelli Codex: Some Preliminary Observations about the Text, with a Theory about the Order of the Fragments', *Medioevi: Rivista di letterature e culture medievali*, no. 2, 2016, pp. 89–265.

Crowley, Roger. *Constantinople: The Last Great Siege*, London, 2005.

—— *City of Fortune*, London, 2012.

D'Souza, Andreas. 'The Conquest of 'Akkā (690/1291): A Comparative Analysis of Christian and Muslim Sources', *The Muslim World*, vol. 80, no. 3–4, 1990, pp. 234–49.

DeVries, Kelly. *Guns and Men in Medieval Europe, 1200–1500*, Aldershot, 2002.

Dichter, B. *The Maps of Acre, an Historical Cartography*, Acre, 1973.

—— *The Orders and Churches of Crusader Acre*, Acre, 1979.

—— *Akko: Sites from the Turkish Period*, Haifa, 2000.

Ellenblum, Ronnie. *Crusader Castles and Modern Histories*, Jerusalem, 2009.

Favreau-Lilie, Marie-Louise. 'The Military Orders and the Escape of the Christian Population from the Holy Land in 1291', *Journal of Medieval History*, vol. 19, no. 3, 1993, pp. 201–27.

Folda, J. *Crusader Manuscript Illumination at Saint-Jean D'Acre, 1275–1291*, Princeton, 1976.

France, John (ed.). *Acre and Its Falls,* Leiden, 2018.

Fulton, Michael S. 'The Development of Prefabricated Artillery during the Crusades', *Journal of Medieval Military History*, vol. 13, 2015, pp. 51–72.

—— 'Mining as a Medieval Siege Tactic: The Siege of Edessa', *Medieval Warfare*, vol. 7, no. 1, 2017, pp. 48–53.

—— *Artillery in the Era of the Crusades*, Leiden, 2018.

Hamblin, William J. 'Perspectives on the Military Orders during the Crusades', *Brigham Young University Studies*, vol. 40, no. 4, 2011, pp. 97–118.

Hartal, Moshe et al. 'Excavation of the Courthouse Site at 'Akko', *'Atiqot*, vol. 31, 1997, pp. 1–207.

Hill, Donald R . 'Trebuchets', *Viator*, vol. 4, 1973, pp. 99–104.

Hillenbrand, Carol. *The Crusades: Islamic Perspectives*, Edinburgh, 1999.

Holt, P.M. 'Qalāwūn's Treaty with Acre in 1283', *English Historical Review*, vol. 91, no. 361, 1976, pp. 802–12.

—— 'The Treaties of the Early Mamluk Sultans with the Frankish States', *Bulletin of the School of Oriental and African Studies*, vol. 43, no. 1, 1980, pp. 67–76.

—— *Early Mamluk Diplomacy (1260-1290): Treaties of Baybars and Qalāwūn with Christian Rulers*, Leiden, 1995.

Hosler, John D. *The Siege of Acre, 1189–1191*, London, 2018.

Housley, Norman. *The Later Crusades, 1274–1580*, Oxford, 1992.

Humphreys, R .S. 'The Emergence of the Mamluk Army', *Studia Islamica*, no. 45, 1977, pp. 67–99.

—— 'Ayyubids, Mamluks, and the Latin East in the Thirteenth Century', *Mamlūk Studies Review*, vol. 2, 1998, pp. 1–18.

Irwin, Robert. 'The Mamluk Conquest of the County of Tripoli', in Peter W. Edbury (ed.), *Crusade and Settlement*, Cardiff, 1985, pp. 246–9.

—— *The Middle East in the Middle Ages: The Early Mamluk Sultanate*, London, 1986.

—— *Mamluks and Crusaders*, Aldershot, 2010.

Jackson, Peter. 'The Crisis in the Holy Land in 1260', *English Historical Review*, vol. 95, no. 376, 1980, pp. 481–513.

Jacoby, David. 'Crusader Acre in the Thirteenth Century: Urban Layout and Topography', *Studi Medievali*, vol. 3, no. 20, 1979a, pp. 1–45.

—— 'L'Expansion occidentale dans le Levant: les Vénitiens à Acre dans la seconde moitié du treizième siècle', in idem, *Recherches sur la Méditerranée orientale du XIIe au XVe siècle*, London, 1979b, pp. 225–64.

—— 'Montmusard, Suburb of Crusader Acre: The First Stage of Its Development', in B.Z. Kedar, H.E. Mayer and R .C. Smail (eds), *Outremer: Studies in the Crusading Kingdom of Jerusalem*, Jerusalem,1982, pp.

205–17.

—— *Studies on the Crusader States and on Venetian Expansion*, Northampton, 1989.

—— 'Three Notes on Crusader Acre', *Zeitschrift des Deutschen Palästina- Vereins*, vol. 109, no. 1, 1993, pp. 83–96.

—— 'Pilgrimage in Crusader Acre: The Pardouns d'Acre', in Yitzhak Hen and Amnon Linder (eds), *De Sion exibit lex et verbum domini de Hierusalem: Essays on Medieval Law, Liturg y, and Literature in Honour of Amnon Linder*, Turnhout, 2001, pp. 105–17.

—— 'Aspects of Everyday Life in Frankish Acre', in Benjamin Z. Kedar and Jonathan Riley-Smith with Michael Evans and Jonathan Phillips (eds), *Crusades: Volume 4*, London, 2005, pp. 73–105.

—— 'Ports of Pilgrimage to the Holy Land, Eleventh–Fourteenth Century: Jaffa, Acre, Alexandria', in Michele Bacci and Martin Rohde (eds), *The Holy Portolano: The Sacred Geography of Navigation in the Middle Ages*, Munich, 2014, pp. 51–71.

Jones, Dan. *The Templars*, London, 2017.

Kedar, B.Z., H.E. Mayer and R .C. Smail (eds). *Outremer: Studies in the Crusading Kingdom of Jerusalem*, Jerusalem, 1982.

Kedar, Benjamin Z. 'The Outer walls of Frankish Acre', *'Atiqot*, vol. 21, 1997, pp. 157–80.

Kennedy, Hugh. *Crusader Castles*, Cambridge, 1974.

Khamisy, Rabei G. and Michael Fulton. 'Manjaniq Qarabugha and Thirteenth-Century Trebuchet Nomenclature', *Studia Islamica* vol. 111, no. 2, 2016.

Killigrew, Ann E. and Vered Raz-Romeo (eds). *One Thousand Nights and Days: Akko through the Ages*, Haifa, 2010.

King , E.J. *The Knights Hospitallers in the Holy Land*, London, 1931.

Little, Donald P. 'The Fall of Akka in 690/1291: The Muslim Version', in M. Sharon (ed.), *Studies in Islamic History and Civilization*, Jerusalem/Leiden, 1986, pp. 159–81.

Marshall, Christopher J. 'The French Regiment in the Latin East, 1254–91', *Journal of Medieval History*, vol. 15, 1989, pp. 301–7.

—— *Warfare in the Latin East, 1192–1291*, Cambridge, 1992.

Mas Latrie, M.L. de. *Histoire de l'île de Chypre*, Paris, 1861.

Mayer, L.A. *Saracenic Heraldry*, Oxford, 1933.

Meyvaert, Paul. 'An Unknown Letter of Hulagu, Il-khan of Persia, to King Louis IX of France', *Viator*, vol. 11, 1980, pp. 245–60.

Michaud, M. *Histoire des croisades*, vol. 5, Paris, 1828.

Morris, Marc. *A Great and Terrible King*, London, 2008.

Morton, Nicolas. *The Teutonic Knights in the Holy Land*, Boydell, 2009.

Musarra, Antonio. *Acri 1291: La Caduta degli stati crociati*, Bologna, 2017.

Nicholson, Helen. 'Images of the Military Orders, 1128–1291', PhD thesis, University of Leicester, 1989.

—— *Templars, Hospitallers and Teutonic Knights: Images of the Military Orders, 1128–1291*, Leicester, 1993.

—— *The Knights Hospitallers*, Woodbridge, 2001.

—— *The Knights Templar*, London, 2010.

Nicolle, David. *The Mamluks, 1250–1517*, Oxford, 1993.

—— *Medieval Siege Weapons (2),* Oxford, 2003.

—— *Acre 1291: Bloody Sunset of the Crusader States*, Oxford, 2005.

—— *Crusader Warfare*, 2 vols, London, 2007.

—— *Fighting for the Faith*, Barnsley, 2007.

—— *Mamluk 'Askari, 1250–1517*, Oxford, 2014.

Northrup, Linda. *From Slave to Sultan*, Stuttgart, 1998.

Prawer, Joshua. *The Latin Kingdom of Jerusalem*, London, 1973.

—— 'Military Orders and Crusader Politics in the Second Half of the XIIIth Century', in Josef Fleckenstein and Manfred Hellmann (eds), *Die geistlichen Ritterorden Europas*, Sigmaringen, 1980, pp. 217–29.

Pringle, Denys. 'Town Defences in the Crusader Kingdom of Jerusalem', in Ivy A. Corfis and Michael Wolfe (eds), *The Medieval City under Siege*, Woodbridge, 1995, pp. 69–121.

—— *The Churches of the Crusader Kingdom of Jerusalem*, vol. 4, Cambridge, 2009.

—— *Pilgrimage to Jerusalem and the Holy Land, 1187–1291*, London, 2012.

Rey, Emmanuel Guillaume. *Étude sur la topographie de la ville d'Acre au XIII siècle*, Paris, 1879.

Riley-Smith, Jonathan. *The Knights of St John in Jerusalem and Cyprus, c. 1050–1310*, London, 1967.

—— *Knights Hospitaller in the Levant, c. 1076–1309*, London, 2012. Riley-Smith, Jonathan (ed.). *The Atlas of the Crusades*, London, 1991. Röhricht, Reinhold. *Geschichte des Königreichs Jerusalem, 1100–1291*, Innsbruck, 1898.

Runciman, Stephen. *A History of the Crusades*, 3 vols, 1964.

Sadeque, Syedah. *Baybars I of Eg ypt*, Dacca, 1956.

Schein, Sylvia. 'The Patriarchs of Jerusalem in the Late Thirteenth Century', in B.Z. Kedar, H.E. Mayer and R .C. Smail (eds), *Outremer: Studies in the Crusading Kingdom of Jerusalem*, Jerusalem, 1982, pp. 297–305.

—— 'The Image of the Crusader Kingdom of Jerusalem in the Thirteenth Century', *Revue belge de philologie et d'histoire*, vol. 64, no. 4, 1986, pp. 704–17.

—— *Fideles Crucis: The Papacy, the West, and the Recovery of the Holy Land, 1274–1314*, Oxford, 1991.

Schlumberger, Gustave. *La Prise de Saint-Jean-d'Acre en l'an 1291 par l'armée du soudan d'Ég ypte*, Paris, 1914.

Shagrir, Iris. 'The Fall of Acre as a Spiritual Crisis: The Letters of Riccoldo of Monte Croce', *Revue belge de philologie et d'histoire*, vol. 90, no. 4, 2012, pp. 1,107–20.

Smail, R .C. *The Crusaders in Syria and the Holy Land*, London, 1973.

Stickel, Edwin. *Der Fall von Akkon*, Frankfurt, 1975.

Thorau, Peter. *The Lion of Eg ypt*, London, 1992.

Tschanz, David. 'History's Hinge: 'Ain Jalut', *Saudi Aramco World*, July/ August 2007, pp. 24–33.

Tyerman, Christopher. *God's War: A New History of the Crusades*, London, 2006.

Ziadeh, Nicola A. *Damascus under the Mamluks*, Norman, 1964.

圖片來源

隨頁圖

圖 1 The Accursed Tower. Artist Oliver Poole from Matthew Paris's map of Acre. The Parker Library, Corpus Christi College, Cambridge.

圖 2 Islamic cavalryman. From David Nicolle, *Horse Armour in the Medieval Islamic Middle East*, https://journals.openedition. org/cy/3293.

圖 3 The seal of Richard the Lionheart. From Guy Laking , *A Record of European Armour and Arms through Seven Centuries*, vol. 1 (London 1920).

圖 4 The seal of Jacques de Vitry. From N. Makhouly, *Guide to Acre* (Jerusalem 1941).

圖 5 A medieval map of Acre. From B. Dichter, *The Maps of Acre, an Historical Cartography* (Acre 1973).

journals.openedition. org/cy/3293.

圖17 Blows about to fall. Artist Oliver Poole from Rashīd al-Dīn Tabib, *The Illustrations to the World History of Rashīd al-Dīn* (Edinburgh 1976).

圖18 A Mamluk soldier. Artist Oliver Poole from the treatise of Abu Ma'shar al Balki, Bibliothèque Nationale de France.

圖19 Mamluk heraldic devices. From Leo Mayer, *Saracenic Heraldry: A Survey* (Oxford 1933).

圖20 A fragment from a medieval manuscript. From Philip Warner, *Sieges of the Middle Ages* (London 1964).

圖21 The operation of the counterweight trebuchet. From Ralph Payne-Gallwey, *A Summary of the History, Construction and Effects in Warfare of the Projectile-throwing Engines of the Ancients* (London 1907).

圖22 Unceasing bombardment. Artist Oliver Poole from Rashīd al-Dīn Tabib, *The Illustrations to the World History of Rashīd al-Dīn* (Edinburgh 1976).

圖23 Knights on the charge. From Guy Laking , *A Record of European Armour and Arms through Seven Centuries*, vol. 2 (London 1920).

圖24 The difficulties of Acre's harbour. From T. A. Archer, *The Crusades: the Story of the Latin Kingdom of Jerusalem* (London 1894).

圖25 Massed knights in closed helmets. From Guy Laking , *A Record of European Armour and Arms through*

Seven Centuries, vol. 2 (London 1920).

圖 26 The siege of Acre. Artist Oliver Poole from J. Folda, *Crusader Manuscript Illumination at Saint-Jean D'Acre, 1275–1291* (Princeton 1976).

圖 27 European archers. From Ralph Payne-Gallwey, *The Crossbow* (New York 1903).

圖 28 The seal of the Templars. From B. Dichter, *The Orders and Churches of Crusader Acre* (Acre 1979).

圖 29 The wall of sound. Artist Oliver Poole from Rashīd al-Dīn Tabib, *The Illustrations to the World History of Rashīd al-Dīn* (Edinburgh 1976).

圖 30 Islamic cavalryman. From David Nicolle, *Horse Armour in the Medieval Islamic Middle East*, https://journals.openedition. org/cy/3293.

圖 31 Death in the sea. Artist Oliver Poole from J. Folda, *Crusader Manuscript Illumination at Saint-Jean D'Acre, 1275–1291* (Princeton 1976).

圖 32 Pottery fragment. Israel Antiquities Authority.

圖 33 The walls of St. Andrew's church. From Cornelis de Bruijn, *Reyzen door de vermaardste Deelen van Klein Asia* (Delft 1698).

圖 34 Forlorn ruins in the landscape of Acre. Gravier d'Ortières, Bibliothèque Nationale de France.

圖 35 Acre from the sea. Gravier d'Ortières, Bibliothèque Nationale de France.

彩圖

圖 1 The siege of Acre, 1189–91.

圖 2 A gold coin. Crusader, Jerusalem (*c.* 1150–87), gold Bezant, 3.74g , imitating a Fatimid dinar of al-'Amir, with legible Arabic mint name and date, \Misr\\, "AH510" (Malloy 9a; A.720), extremely fine. Reproduced by kind permission of Spink and Son Ltd.

圖 3 Matthew Paris map. The Parker Library, Corpus Christi College, Cambridge.

圖 4 Map of Acre, *c.* 1320. From Marino Sanudo Torsello, 'Liber Secretorum fidelium crucis' (*c.* 1320–5), bodycolour on parchment, Vesconte, Pietro (fl.1310-30) / British Library, London, UK / © British Library Board. All Rights Reserved / Bridgeman Images.

圖 5 The departure of King Louis IX for the Seventh Crusade. From the fourteenth-century *Life and Miracles of St Louis*. Science History Images / Alamy Stock Photo.

圖 6 The Mongols and the Mamluks. BNF.

圖 7 An illustration of Mamluk cavalry from a manual on military training. akg-images / Pictures From History.

圖 8 The lion emblem of Sultan Baybars. Altosvic / Shutterstock.com.

圖 9 The refectory in the compound of the Knights of St John in Acre. Lev. Tsimbler / CC-BY-SA-3.0.

圖10 The Templars' tunnel from their castle to the port. Roger Crowley.

圖11 The portal of an Acre church. Martyn Smith / CC-BY-3.0.

圖12 Effig y of Othon de Grandson. AJ Marshall / CC-BY-SA-4.0.

圖13 An aerial view of Acre today. israeltourism / CC-BY-SA-2.0.

圖14 A glazed pottery fragment showing the figure of a knight. Courtesy of the Israel Antiquities Authority.

圖15 The excavation of artillery balls from Acre. Courtesy of the Israel Antiquities Authority.

圖16 Illuminated manuscript of the siege of Acre, early fourteenth century. Photo Department of the Uffizi Galleries.

【Historia歷史學堂】MU0044

1291阿卡圍城戰：十字軍保衛聖地的最後一戰

Accursed Tower: The Crusaders' Last Battle for the Holy Land

作　　者❖羅傑．克勞利（Roger Crowley）
譯　　者❖鄭煥昇
封面設計❖許晉維
排　　版❖張彩梅
校　　對❖魏秋綢
總 編 輯❖郭寶秀
責任編輯❖邱建智
行銷業務❖許芷瑀

發 行 人❖凃玉雲
出　　版❖馬可孛羅文化
104台北市中山區民生東路二段141號5樓
電話：02-25007696
發　　行❖英屬蓋曼群島商家庭傳媒股份有限公司城邦分公司
104台北市中山區民生東路二段141號11樓
客服服務專線：(886) 2-25007718；25007719
24小時傳真專線：(886) 2-25001990；25001991
服務時間：週一至週五9:00～12:00；13:00～17:00
劃撥帳號：19863813　戶名：書虫股份有限公司
讀者服務信箱：service@readingclub.com.tw
香港發行所❖城邦（香港）出版集團有限公司
香港灣仔駱克道193號東超商業中心1樓
電話：(852) 25086231　傳真：(852) 25789337
E-mail：hkcite@biznetvigator.com
馬新發行所❖城邦（馬新）出版集團 Cite (M) Sdn. Bhd.(458372U)
41, Jalan Radin Anum, Bandar Baru Seri Petaling,
57000 Kuala Lumpur, Malaysia
電話：(603) 90578822　傳真：(603) 90576622
E-mail：services@cite.com.my
輸出印刷❖中原造像股份有限公司
初版一刷❖2021年5月
定　　價❖480元

ISBN：978-986-5509-86-6

城邦讀書花園
www.cite.com.tw

國家圖書館出版品預行編目（CIP）資料

1291阿卡圍城戰：十字軍保衛聖地的最後一戰 / 羅傑.克勞利(Roger Crowley)著；鄭煥昇譯.
-- 初版. -- 臺北市：馬可孛羅文化出版：英屬蓋曼群島商家庭傳媒股份有限公司城邦分公司發行, 2021.05
面；　公分. -- (Historia歷史學堂；MU0044)
譯自：Accursed tower : the Crusaders' last battle for the Holy Land
ISBN 978-986-5509-86-6(平裝)
1.十字軍東征 2.戰史
740.236　　110005777